T&P BOOKS

ARABO

VOCABOLARIO

PER STUDIO AUTODIDATTICO

ITALIANO-ARABO

Le parole più utili
Per ampliare il proprio lessico e affinare
le proprie abilità linguistiche

9000 parole

Vocabolario Italiano-Arabo egiziano per studio autodidattico - 9000 parole

Di Andrey Taranov

I vocabolari T&P Books si propongono come strumento di aiuto per apprendere, memorizzare e revisionare l'uso di termini stranieri. Il dizionario si divide in vari argomenti che includono la maggior parte delle attività quotidiane, tra cui affari, scienza, cultura, ecc.

Il processo di apprendimento delle parole attraverso i dizionari divisi in liste tematiche della collana T&P Books offre i seguenti vantaggi:

- Le fonti d'informazione correttamente raggruppate garantiscono un buon risultato nella memorizzazione delle parole
- La possibilità di memorizzare gruppi di parole con la stessa radice (piuttosto che memorizzarle separatamente)
- Piccoli gruppi di parole facilitano il processo di apprendimento per associazione, utile al potenziamento lessicale
- Il livello di conoscenza della lingua può essere valutato attraverso il numero di parole apprese

T&P Books Publishing
www.tpbooks.com

ISBN: 978-1-78716-744-5

Questo libro è disponibile anche in formato e-book.
Visitate il sito www.tpbooks.com o le principali librerie online.

VOCABOLARIO ARABO EGIZIANO
per studio autodidattico

I vocabolari T&P Books si propongono come strumento di aiuto per apprendere, memorizzare e revisionare l'uso di termini stranieri. Il vocabolario contiene oltre 9000 parole di uso comune ordinate per argomenti.

- Il vocabolario contiene le parole più comunemente usate
- È consigliato in aggiunta ad un corso di lingua
- Risponde alle esigenze degli studenti di lingue straniere sia essi principianti o di livello avanzato
- Pratico per un uso quotidiano, per gli esercizi di revisione e di autovalutazione
- Consente di valutare la conoscenza del proprio lessico

Caratteristiche specifiche del vocabolario:

- Le parole sono ordinate secondo il proprio significato e non alfabeticamente
- Le parole sono riportate in tre colonne diverse per facilitare il metodo di revisione e autovalutazione
- I gruppi di parole sono divisi in sottogruppi per facilitare il processo di apprendimento
- Il vocabolario offre una pratica e semplice trascrizione fonetica per ogni termine straniero

Il vocabolario contiene 256 argomenti tra cui:

Concetti di Base, Numeri, Colori, Mesi, Stagioni, Unità di Misura, Abbigliamento e Accessori, Cibo e Alimentazione, Ristorante, Membri della Famiglia, Parenti, Personalità, Sentimenti, Emozioni, Malattie, Città, Visita Turistica, Acquisti, Denaro, Casa, Ufficio, Lavoro d'Ufficio, Import-export, Marketing, Ricerca di un Lavoro, Sport, Istruzione, Computer, Internet, Utensili, Natura, Paesi, Nazionalità e altro ancora ...

INDICE

GUIDA ALLA PRONUNCIA

Alfabeto fonetico T&P	Esempio arabo egiziano	Esempio italiano
[a]	[ṭaffa] طفّى	macchia
[ā]	[extār] إختار	scusare
[e]	[setta] ستّة	meno, leggere
[i]	[minā'] ميناء	vittoria
[ī]	[ebrīl] إبريل	scacchi
[o]	[oɣosṭos] أغسطس	notte
[ō]	[ḥalazōn] حلزون	coordinare
[u]	[kalkutta] كلكتا	prugno
[ū]	[gamūs] جاموس	luccio
[b]	[bedāya] بداية	bianco
[d]	[sa'āda] سعادة	doccia
[ḍ]	[waḍ'] وضع	[d] faringale
[ʒ]	[arʒantīn] الأرجنتين	beige
[ẓ]	[ẓahar] ظهر	[z] faringale
[f]	[χafīf] خفيف	ferrovia
[g]	[bahga] بهجة	guerriero
[h]	[ettegāh] إتّجاه	[h] aspirate
[ḥ]	[ḥabb] حبّ	[h] faringale
[y]	[dahaby] ذهبي	New York
[k]	[korsy] كرسي	cometa
[l]	[lammaḥ] لمّح	saluto
[m]	[marṣad] مرصد	mostra
[n]	[ganūb] جنوب	novanta
[p]	[kaputʃino] كابتشينو	pieno
[q]	[wasaq] وثق	cometa
[r]	[roḥe] روح	ritmo, raro
[s]	[soχreya] سخرية	sapere
[ṣ]	[me'ṣam] معصم	[s] faringale
[ʃ]	['aʃā'] عشاء	ruscello
[t]	[tanūb] تنوب	tattica
[ṭ]	[χarīṭa] خريطة	[t] faringale
[θ]	[mamūθ] ماموث	Toscana (dialetto toscano)
[v]	[vietnām] فيتنام	volare
[w]	[wadda'] ودّع	week-end
[χ]	[baχīl] بخيل	[h] dolce
[ɣ]	[etɣadda] إتغدّى	simile gufo, gatto
[z]	[me'za] معزة	rosa

Alfabeto fonetico T&P	Esempio arabo egiziano	Esempio italiano
['] (ayn)	[sab'a] سبعة	fricativa faringale sonora
['] (hamza)	[sa'al] سأل	occlusiva glottidale sorda

ABBREVIAZIONI
usate nel vocabolario

Arabo egiziano. Abbreviazioni

du	-	sostantivo plurale (duale)
f	-	sostantivo femminile
m	-	sostantivo maschile
pl	-	plurale

Italiano. Abbreviazioni

agg	-	aggettivo
anim.	-	animato
avv	-	avverbio
cong	-	congiunzione
ecc.	-	eccetera
f	-	sostantivo femminile
f pl	-	femminile plurale
fem.	-	femminile
form.	-	formale
inanim.	-	inanimato
inform.	-	familiare
m	-	sostantivo maschile
m pl	-	maschile plurale
m, f	-	maschile, femminile
masc.	-	maschile
mil.	-	militare
pl	-	plurale
pron	-	pronome
qc	-	qualcosa
qn	-	qualcuno
sing.	-	singolare
v aus	-	verbo ausiliare
vi	-	verbo intransitivo
vi, vt	-	verbo intransitivo, transitivo
vr	-	verbo riflessivo
vt	-	verbo transitivo

CONCETTI DI BASE

Concetti di base. Parte 1

1. Pronomi

io	ana	أنا
tu (masc.)	enta	أنت
tu (fem.)	enty	أنت
lui	howwa	هوّ
lei	hiya	هيّ
noi	eḥna	إحنا
voi	antom	أنتم
loro	hamm	همّ

2. Saluti. Convenevoli. Saluti di congedo

Buongiorno!	assalamu ʻalaykum!	السلام عليكم!
Buongiorno! (la mattina)	ṣabāḥ el χeyr!	صباح الخير!
Buon pomeriggio!	neharak saʻīd!	نهارك سعيد!
Buonasera!	masā' el χeyr!	مساء الخير!
salutare (vt)	sallem	سلّم
Ciao! Salve!	ahlan!	أهلاً!
saluto (m)	salām (m)	سلام
salutare (vt)	sallem ʻala	سلّم على
Come sta? Come stai?	ezzayek?	ازّيك؟
Che c'è di nuovo?	aχbārak eyh?	أخبارك ايه؟
Arrivederci!	maʻ el salāma!	مع السلامة!
A presto!	aʃūfak orayeb!	أشوفك قريب!
Addio!	maʻ el salāma!	مع السلامة!
congedarsi (vr)	waddaʻ	ودّع
Ciao! (A presto!)	bay bay!	باي باي!
Grazie!	ʃokran!	شكراً!
Grazie mille!	ʃokran geddan!	شكراً جداً!
Prego	el ʻafw	العفو
Non c'è di che!	la ʃokr ʻala wāgeb	لا شكر على واجب
Di niente	el ʻafw	العفو
Scusa!	ʻan eznak!	عن إذنك!
Scusi!	baʻd ezn ḥadretak!	بعد إذن حضرتك!
scusare (vt)	ʻazar	عذر
scusarsi (vr)	eʻtazar	أعتذر

Chiedo scusa	ana 'āsef	أنا آسف
Mi perdoni!	ana 'āsef!	أنا آسف!
perdonare (vt)	'afa	عفا
per favore	men faḍlak	من فضلك
Non dimentichi!	ma tensāʃ!	ما تنساش!
Certamente!	ṭab'an!	طبعاً!
Certamente no!	la' ṭab'an!	لأ طبعاً!
D'accordo!	ettafa'na!	إتّفقنا!
Basta!	kefāya!	كفاية!

3. Come rivolgersi

signore	ya ostāz	يا أستاذ
signora	ya madām	يا مدام
signorina	ya 'ānesa	يا آنسة
signore	ya ostāz	يا أستاذ
ragazzo	yabny	يا ابني
ragazza	ya benty	يا بنتي

4. Numeri cardinali. Parte 1

zero (m)	ṣefr	صفر
uno	wāḥed	واحد
una	waḥda	واحدة
due	etneyn	إتنين
tre	talāta	ثلاثة
quattro	arba'a	أربعة
cinque	χamsa	خمسة
sei	setta	ستّة
sette	sab'a	سبعة
otto	tamanya	ثمانية
nove	tes'a	تسعة
dieci	'aʃara	عشرة
undici	ḥedāʃar	حداشر
dodici	etnāʃar	إتناشر
tredici	talattāʃar	تلاتّاشر
quattordici	arba'tāʃer	أربعتاشر
quindici	χamastāʃer	خمستاشر
sedici	settāʃar	ستّاشر
diciassette	saba'tāʃar	سبعتاشر
diciotto	tamantāʃar	تمنتاشر
diciannove	tes'atāʃar	تسعتاشر
venti	'eʃrīn	عشرين
ventuno	wāḥed we 'eʃrīn	واحد وعشرين
ventidue	etneyn we 'eʃrīn	إتنين وعشرين
ventitre	talāta we 'eʃrīn	ثلاثة وعشرين
trenta	talatīn	ثلاثين

trentuno	wāḥed we talatīn	واحد وتلاتين
trentadue	etneyn we talatīn	إتنين وتلاتين
trentatre	talāta we talatīn	ثلاثة وثلاثين
quaranta	arbeʿīn	أربعين
quarantuno	wāḥed we arbeʿīn	واحد وأربعين
quarantadue	etneyn we arbeʿīn	إتنين وأربعين
quarantatre	talāta we arbeʿīn	ثلاثة وأربعين
cinquanta	χamsīn	خمسين
cinquantuno	wāḥed we χamsīn	واحد وخمسين
cinquantadue	etneyn we χamsīn	إتنين وخمسين
cinquantatre	talāta we χamsīn	ثلاثة وخمسين
sessanta	settīn	ستّين
sessantuno	wāḥed we settīn	واحد وستّين
sessantadue	etneyn we settīn	إتنين وستّين
sessantatre	talāta we settīn	ثلاثة وستّين
settanta	sabʿīn	سبعين
settantuno	wāḥed we sabʿīn	واحد وسبعين
settantadue	etneyn we sabʿīn	إتنين وسبعين
settantatre	talāta we sabʿīn	ثلاثة وسبعين
ottanta	tamanīn	ثمانين
ottantuno	wāḥed we tamanīn	واحد وتمانين
ottantadue	etneyn we tamanīn	إتنين وتمانين
ottantatre	talāta we tamanīn	ثلاثة وثمانين
novanta	tesʿīn	تسعين
novantuno	wāḥed we tesʿīn	واحد وتسعين
novantadue	etneyn we tesʿīn	إتنين وتسعين
novantatre	talāta we tesʿīn	ثلاثة وتسعين

5. Numeri cardinali. Parte 2

cento	miya	ميّة
duecento	meteyn	ميتين
trecento	toltomiya	تلتميّة
quattrocento	robʿomiya	ربعميّة
cinquecento	χomsomiya	خمسميّة
seicento	sotomiya	ستميّة
settecento	sobʿomiya	سبعميّة
ottocento	tomnomeʾa	تمنمئة
novecento	tosʿomiya	تسعميّة
mille	alf	ألف
duemila	alfeyn	ألفين
tremila	talat ʾālāf	ثلاث آلاف
diecimila	ʿaʃaret ʾālāf	عشرة آلاف
centomila	mīt alf	ميت ألف
milione (m)	millyon (m)	مليون
miliardo (m)	millyār (m)	مليار

6. Numeri ordinali

primo	awwel	أوّل
secondo	tāny	ثاني
terzo	tālet	ثالث
quarto	rābe'	رابع
quinto	χāmes	خامس
sesto	sādes	سادس
settimo	sābe'	سابع
ottavo	tāmen	ثامن
nono	tāse'	تاسع
decimo	'āʃer	عاشر

7. Numeri. Frazioni

frazione (f)	kasr (m)	كسر
un mezzo	noṣṣ	نصّ
un terzo	telt	ثلث
un quarto	rob'	ربع
un ottavo	tomn	تمن
un decimo	'oʃr	عشر
due terzi	teleyn	تلتين
tre quarti	talātet arbā'	ثلاثة أرباع

8. Numeri. Operazioni aritmetiche di base

sottrazione (f)	ṭarḥ (m)	طرح
sottrarre (vt)	ṭaraḥ	طرح
divisione (f)	'esma (f)	قسمة
dividere (vt)	'asam	قسم
addizione (f)	gam' (m)	جمع
addizionare (vt)	gama'	جمع
aggiungere (vt)	gama'	جمع
moltiplicazione (f)	ḍarb (m)	ضرب
moltiplicare (vt)	ḍarab	ضرب

9. Numeri. Varie

cifra (f)	raqam (m)	رقم
numero (m)	'adad (m)	عدد
numerale (m)	'adady (m)	عددي
meno (m)	nā'eṣ (m)	ناقص
più (m)	zā'ed (m)	زائد
formula (f)	mo'adla (f)	معادلة
calcolo (m)	ḥesāb (m)	حساب
contare (vt)	'add	عدّ

calcolare (vt)	ḥasab	حسب
comparare (vt)	qāran	قارن
Quanto? Quanti?	kām?	كام؟
somma (f)	magmūʿ (m)	مجموع
risultato (m)	natīga (f)	نتيجة
resto (m)	bāʾy (m)	باقي
qualche ...	kām	كام
un po' di ...	ʃewaya	شوية
resto (m)	el bāʾy (m)	الباقي
uno e mezzo	wāḥed w noṣṣ (m)	واحد ونصّ
dozzina (f)	desta (f)	دستة
in due	le noṣṣeyn	لنصّين
in parti uguali	bel tasāwy	بالتساوى
metà (f), mezzo (m)	noṣṣ (m)	نصّ
volta (f)	marra (f)	مرّة

10. I verbi più importanti. Parte 1

accorgersi (vr)	lāḥaẓ	لاحظ
afferrare (vt)	mesek	مسك
affittare (dare in affitto)	estʾgar	إستأجر
aiutare (vt)	sāʿed	ساعد
amare (qn)	ḥabb	حبّ
andare (camminare)	meʃy	مشى
annotare (vt)	katab	كتب
appartenere (vi)	χaṣṣ	خصّ
aprire (vt)	fataḥ	فتح
arrivare (vi)	weṣel	وصل
aspettare (vt)	estanna	إستنّى
avere (vt)	malak	ملك
avere fame	ʿāyez ʾākol	عايز آكل
avere fretta	estaʿgel	إستعجل
avere paura	χāf	خاف
avere sete	ʿāyez aʃrab	عايز أشرب
avvertire (vt)	ḥazzar	حذّر
cacciare (vt)	eṣṭād	اصطاد
cadere (vi)	weʾeʿ	وقع
cambiare (vt)	ɣayar	غيّر
capire (vt)	fehem	فهم
cenare (vi)	etʿasʃa	إتعشّى
cercare (vt)	dawwar ʿala	دوّر على
cessare (vt)	baṭṭal	بطّل
chiedere (~ aiuto)	estaɣās	إستغاث
chiedere (domandare)	saʾal	سأل
cominciare (vt)	badaʾ	بدأ
comparare (vt)	qāran	قارن

confondere (vt)	etlaχbaṭ	إتلخبط
conoscere (qn)	ʿeref	عرف
conservare (vt)	ḥafaẓ	حفظ
consigliare (vt)	naṣaḥ	نصّح
contare (calcolare)	ʿadd	عدّ
contare su ...	eʿtamad ʿala ...	إعتمد على...
continuare (vt)	wāṣel	واصل
controllare (vt)	et-ḥakkem	إتحكّم
correre (vi)	gery	جري
costare (vt)	kallef	كلّف
creare (vt)	ʿamal	عمل
cucinare (vi)	ḥaḍḍar	حضّر

11. I verbi più importanti. Parte 2

dare (vt)	edda	إدّى
dare un suggerimento	edda lamḥa	إدّى لمحة
decorare (adornare)	ẓayen	زيّن
difendere (~ un paese)	dāfaʿ	دافع
dimenticare (vt)	nesy	نسي
dire (~ la verità)	ʾāl	قال
dirigere (compagnia, ecc.)	adār	أدار
discutere (vt)	nāʾeʃ	ناقش
domandare (vt)	ṭalab	طلب
dubitare (vi)	ʃakk fe	شكّ في
entrare (vi)	daχal	دخل
esigere (vt)	ṭāleb	طالب
esistere (vi)	kān mawgūd	كان موجود
essere (vi)	kān	كان
essere d'accordo	ettafaʾ	إتّفق
fare (vt)	ʿamal	عمل
fare colazione	feṭer	فطر
fare il bagno	sebeḥ	سبح
fermarsi (vr)	waʾʾaf	وقّف
fidarsi (vr)	wasaq	وثق
finire (vt)	χallaṣ	خلّص
firmare (~ un documento)	waqqaʿ	وقّع
giocare (vi)	leʿeb	لعب
girare (~ a destra)	ḥād	حاد
gridare (vi)	ṣarraχ	صرّخ
indovinare (vt)	χammen	خمّن
informare (vt)	ʾāl ly	قال لي
ingannare (vt)	χadaʿ	خدع
insistere (vi)	aṣarr	أصرّ
insultare (vt)	ahān	أهان
interessarsi di ...	ehtamm be	إهتمّ بـ

invitare (vt)	ʿazam	عزم
lamentarsi (vr)	ʃaka	شكا
lasciar cadere	wa''aʿ	وقّع
lavorare (vi)	eʃtaɣal	إشتغل
leggere (vi, vt)	'ara	قرأ
liberare (vt)	ḥarrar	حرّر

12. I verbi più importanti. Parte 3

mancare le lezioni	ɣāb	غاب
mandare (vt)	arsal	أرسل
menzionare (vt)	zakar	ذكر
minacciare (vt)	hadded	هدّد
mostrare (vt)	warra	ورّى
nascondere (vt)	χabba	خبّأ
nuotare (vi)	ʿām	عام
obiettare (vt)	eʿtaraḍ	إعترض
occorrere (vimp)	maṭlūb	مطلوب
ordinare (~ il pranzo)	ṭalab	طلب
ordinare (mil.)	amar	أمر
osservare (vt)	rāqab	راقب
pagare (vi, vt)	dafaʿ	دفع
parlare (vi, vt)	kallem	كلّم
partecipare (vi)	ʃārek	شارك
pensare (vi, vt)	fakkar	فكّر
perdonare (vt)	ʿafa	عفا
permettere (vt)	samaḥ	سمح
piacere (vi)	ʿagab	عجب
piangere (vi)	baka	بكى
pianificare (vt)	χaṭṭeṭ	خطّط
possedere (vt)	malak	ملك
potere (v aus)	'eder	قدر
pranzare (vi)	etɣadda	إتغدّى
preferire (vt)	faḍḍal	فضّل
pregare (vi, vt)	ṣalla	صلّى
prendere (vt)	aχad	أخد
prevedere (vt)	tanabba'	تنبّأ
promettere (vt)	waʿad	وعد
pronunciare (vt)	naṭa'	نطق
proporre (vt)	ʿaraḍ	عرض
punire (vt)	ʿāqab	عاقب
raccomandare (vt)	naṣaḥ	نصح
ridere (vi)	ḍeḥek	ضحك
rifiutarsi (vr)	rafaḍ	رفض
rincrescere (vi)	nedem	ندم
ripetere (ridire)	karrar	كرّر
riservare (vt)	ḥagaz	حجز

rispondere (vi, vt)	gāwab	جاوب
rompere (spaccare)	kasar	كسر
rubare (~ i soldi)	sara'	سرق

13. I verbi più importanti. Parte 4

salvare (~ la vita a qn)	anqaz	أنقذ
sapere (vt)	'eref	عرف
sbagliare (vi)	ɣeleṭ	غلط
scavare (vt)	ḥafar	حفر
scegliere (vt)	eχtār	إختار
scendere (vi)	nezel	نزل
scherzare (vi)	hazzar	هزّر
scrivere (vt)	katab	كتب
scusarsi (vr)	e'tazar	إعتذر
sedersi (vr)	'a'ad	قعد
seguire (vt)	tatabba'	تتبّع
sgridare (vt)	wabbeχ	وبّخ
significare (vt)	'aṣad	قصد
sorridere (vi)	ebtasam	إبتسم
sottovalutare (vt)	estaχaff	إستخفّ
sparare (vi)	ḍarab bel nār	ضرب بالنار
sperare (vi, vt)	tamanna	تمنّى
spiegare (vt)	ʃaraḥ	شرح
studiare (vt)	daras	درس
stupirsi (vr)	etfāge'	إتفاجئ
tacere (vi)	seket	سكت
tentare (vt)	ḥāwel	حاول
toccare (~ con le mani)	lamas	لمس
tradurre (vt)	targem	ترجم
trovare (vt)	la'a	لقى
uccidere (vt)	'atal	قتل
udire (percepire suoni)	seme'	سمع
unire (vt)	waḥḥed	وحّد
uscire (vi)	χarag	خرج
vantarsi (vr)	tabāha	تباهى
vedere (vt)	ʃāf	شاف
vendere (vt)	bā'	باع
volare (vi)	ṭār	طار
volere (desiderare)	'āyez	عايز

14. Colori

colore (m)	lone (m)	لون
sfumatura (f)	daraget el lōn (m)	درجة اللون
tono (m)	ṣabɣet lōn (f)	صبغة اللون

arcobaleno (m)	qose qozaḥ (m)	قوس قزح
bianco (agg)	abyaḍ	أبيض
nero (agg)	aswad	أسود
grigio (agg)	romādy	رمادي
verde (agg)	axḍar	أخضر
giallo (agg)	aṣfar	أصفر
rosso (agg)	aḥmar	أحمر
blu (agg)	azra'	أزرق
azzurro (agg)	azra' fāteḥ	أزرق فاتح
rosa (agg)	wardy	وردي
arancione (agg)	bortoqāly	برتقالي
violetto (agg)	banaffsegy	بنفسجي
marrone (agg)	bonny	بني
d'oro (agg)	dahaby	ذهبي
argenteo (agg)	feḍḍy	فضي
beige (agg)	bɛːʒ	بيج
color crema (agg)	ʿāgy	عاجي
turchese (agg)	fayrūzy	فيروزي
rosso ciliegia (agg)	aḥmar karazy	أحمر كرزي
lilla (agg)	laylaky	ليلكي
rosso lampone (agg)	qormozy	قرمزي
chiaro (agg)	fāteḥ	فاتح
scuro (agg)	ɣāme'	غامق
vivo, vivido (agg)	zāhy	زاهي
colorato (agg)	melawwen	ملون
a colori	melawwen	ملون
bianco e nero (agg)	abyaḍ we aswad	أبيض وأسود
in tinta unita	sāda	سادة
multicolore (agg)	motaʿadded el alwān	متعدد الألوان

15. Domande

Chi?	mīn?	مين؟
Che cosa?	eyh?	ايه؟
Dove? (in che luogo?)	feyn?	فين؟
Dove? (~ vai?)	feyn?	فين؟
Di dove?, Da dove?	meneyn?	منين؟
Quando?	emta	امتى؟
Perché? (per quale scopo?)	ʿaʃān eyh?	عشان ايه؟
Perché? (per quale ragione?)	leyh?	ليه؟
Per che cosa?	l eyh?	لـ ليه؟
Come?	ezāy?	إزاي؟
Che? (~ colore è?)	eyh?	ايه؟
Quale?	ayī?	أيّ؟
A chi?	le mīn?	لمين؟
Di chi?	ʿan mīn?	عن مين؟

Di che cosa?	ʻan eyh?	عن ايه؟
Con chi?	maʻ mīn?	مع مين؟
Quanti?, Quanto?	kām?	كام؟
Di chi?	betāʻet mīn?	بتاعت مين؟

16. Preposizioni

con (tè ~ il latte)	maʻ	مع
senza	men ɣeyr	من غير
a (andare ~ ...)	ela	إلى
di (parlare ~ ...)	ʻan	عن
prima di ...	ʼabl	قبل
di fronte a ...	ʼoddām	قدّام
sotto (avv)	taḥt	تحت
sopra (al di ~)	foʼe	فوق
su (sul tavolo, ecc.)	ʻala	على
da, di (via da ..., fuori di ...)	men	من
di (fatto ~ cartone)	men	من
fra (~ dieci minuti)	baʻd	بعد
attraverso (dall'altra parte)	men ʻala	من على

17. Parole grammaticali. Avverbi. Parte 1

Dove?	feyn?	فين؟
qui (in questo luogo)	hena	هنا
lì (in quel luogo)	henāk	هناك
da qualche parte (essere ~)	fe makānen ma	في مكان ما
da nessuna parte	meʃ fi ayī makān	مش في أيّ مكان
vicino a ...	ganb	جنب
vicino alla finestra	ganb el ʃebbāk	جنب الشبّاك
Dove?	feyn?	فين؟
qui (vieni ~)	hena	هنا
ci (~ vado stasera)	henāk	هناك
da qui	men hena	من هنا
da lì	men henāk	من هناك
vicino, accanto (avv)	ʼarīb	قريب
lontano (avv)	beʻīd	بعيد
vicino (~ a Parigi)	ʻand	عند
vicino (qui ~)	ʼarīb	قريب
non lontano	meʃ beʻīd	مش بعيد
sinistro (agg)	el ʃemāl	الشمال
a sinistra (rimanere ~)	ʻalal ʃemāl	على الشمال
a sinistra (girare ~)	lel ʃemāl	للشمال

destro (agg)	el yemīn	اليمين
a destra (rimanere ~)	ʿalal yemīn	على اليمين
a destra (girare ~)	lel yemīn	لليمين
davanti	ʾoddām	قدّام
anteriore (agg)	amāmy	أمامي
avanti	ela el amām	إلى الأمام
dietro (avv)	waraʾ	وراء
da dietro	men wara	من ورّا
indietro	le wara	لورّا
mezzo (m), centro (m)	wasaṭ (m)	وسط
in mezzo, al centro	fel wasat	في الوسط
di fianco	ʿala ganb	على جنب
dappertutto	fe kol makān	في كل مكان
attorno	ḥawaleyn	حوالين
da dentro	men gowwah	من جوّه
da qualche parte (andare ~)	le ʾayī makān	لأي مكان
dritto (direttamente)	ʿala ṭūl	على طول
indietro	rogūʿ	رجوع
da qualsiasi parte	men ayī makān	من أيّ مكان
da qualche posto (veniamo ~)	men makānen mā	من مكان ما
in primo luogo	awwalan	أوّلاً
in secondo luogo	sāneyan	ثانياً
in terzo luogo	sālesan	ثالثاً
all'improvviso	fagʾa	فجأة
all'inizio	fel bedāya	في البداية
per la prima volta	le ʾawwel marra	لأوّل مرّة
molto tempo prima di...	ʾabl ... be modda ṭawīla	قبل... بمدة طويلة
di nuovo	men gedīd	من جديد
per sempre	lel abad	للأبد
mai	abadan	أبداً
ancora	tāny	تاني
adesso	delwaʾty	دلوقتي
spesso (avv)	ketīr	كثير
allora	waʾtaha	وقتها
urgentemente	ʿala ṭūl	على طول
di solito	ʿādatan	عادةً
a proposito, ...	ʿala fekra ...	على فكرة...
è possibile	momken	ممكن
probabilmente	momken	ممكن
forse	momken	ممكن
inoltre ...	bel eḍāfa ela ...	بالإضافة إلى...
ecco perché ...	ʿaʃān keda	عشان كده
nonostante (~ tutto)	bel raɣm men ...	بالرغم من...
grazie a ...	be faḍl ...	بفضل...
che cosa (pron)	elly	إللي

che (cong)	ennu	إنّه
qualcosa (qualsiasi cosa)	ḥāga (f)	حاجة
qualcosa (le serve ~?)	ayī ḥāga (f)	أيّ حاجة
niente	wala ḥāga	ولا حاجة
chi (pron)	elly	إللي
qualcuno (annuire a ~)	ḥadd	حدّ
qualcuno (dipendere da ~)	ḥadd	حدّ
nessuno	wala ḥadd	ولا حدّ
da nessuna parte	meʃ le wala makān	مش لـ ولا مكان
di nessuno	wala ḥadd	ولا حدّ
di qualcuno	le ḥadd	لحدّ
così (era ~ arrabbiato)	geddan	جداً
anche (penso ~ a ...)	kamān	كمان
anche, pure	kamān	كمان

18. Parole grammaticali. Avverbi. Parte 2

Perché?	leyh?	ليه؟
per qualche ragione	le sabeben ma	لسبب ما
perché ...	ʿaʃān ...	عشان ...
per qualche motivo	le hadafen mā	لهدف ما
e (cong)	w	و
o (sì ~ no?)	walla	ولّا
ma (però)	bass	بس
per (~ me)	ʿaʃān	عشان
troppo	ketīr geddan	كتير جدّاً
solo (avv)	bass	بس
esattamente	bel ḍabṭ	بالضبط
circa (~ 10 dollari)	naḥw	نحو
approssimativamente	naḥw	نحو
approssimativo (agg)	taqrīby	تقريبي
quasi	taʾrīban	تقريباً
resto	el bāʾy (m)	الباقي
ogni (agg)	koll	كلّ
qualsiasi (agg)	ayī	أيّ
molti, molto	ketīr	كتير
molta gente	nās ketīr	ناس كتير
tutto, tutti	koll el nās	كلّ الناس
in cambio di ...	fi moqābel ...	... في مقابل
in cambio	fe moqābel	في مقابل
a mano (fatto ~)	bel yad	باليد
poco probabile	bel kād	بالكاد
probabilmente	momken	ممكن
apposta	bel ʾaṣd	بالقصد
per caso	bel ṣodfa	بالصدفة

molto (avv)	'awy	قوّي
per esempio	masalan	مثلاً
fra (~ due)	beyn	بين
fra (~ più di due)	wesṭ	وسط
tanto (quantità)	ketīr	كتير
soprattutto	χāṣṣa	خاصّة

Concetti di base. Parte 2

19. Giorni della settimana

lunedì (m)	el etneyn (m)	الإتنين
martedì (m)	el talāt (m)	التلات
mercoledì (m)	el arbe'ā' (m)	الأربعاء
giovedì (m)	el χamīs (m)	الخميس
venerdì (m)	el gom'a (m)	الجمعة
sabato (m)	el sabt (m)	السبت
domenica (f)	el aḥad (m)	الأحد
oggi (avv)	el naharda	النهارده
domani	bokra	بكرة
dopodomani	ba'd bokra (m)	بعد بكرة
ieri (avv)	embāreḥ	امبارح
l'altro ieri	awwel embāreḥ	أوّل امبارح
giorno (m)	yome (m)	يوم
giorno (m) lavorativo	yome 'amal (m)	يوم عمل
giorno (m) festivo	agāza rasmiya (f)	أجازة رسميّة
giorno (m) di riposo	yome el agāza (m)	يوم أجازة
fine (m) settimana	nehāyet el osbū' (f)	نهاية الأسبوع
tutto il giorno	ṭūl el yome	طول اليوم
l'indomani	fel yome elly ba'dīh	في اليوم اللي بعديه
due giorni fa	men yomeyn	من يومين
il giorno prima	fel yome elly 'ablo	في اليوم اللي قبله
quotidiano (agg)	yawmy	يومي
ogni giorno	yawmiyan	يومياً
settimana (f)	osbū' (m)	أسبوع
la settimana scorsa	el esbū' elly fāt	الأسبوع اللي فات
la settimana prossima	el esbū' elly gayī	الأسبوع اللي جاي
settimanale (agg)	osbū'y	أسبوعي
ogni settimana	osbū'iyan	أسبوعياً
due volte alla settimana	marreteyn fel osbū'	مرّتين في الأسبوع
ogni martedì	koll solasā'	كلّ ثلاثاء

20. Ore. Giorno e notte

mattina (f)	ṣobḥ (m)	صبح
di mattina	fel ṣobḥ	في الصبح
mezzogiorno (m)	ẓohr (m)	ظهر
nel pomeriggio	ba'd el ḍohr	بعد الظهر
sera (f)	leyl (m)	ليل
di sera	bel leyl	بالليل

notte (f)	leyl (m)	ليل
di notte	bel leyl	بالليل
mezzanotte (f)	noṣṣ el leyl (m)	نصّ الليل
secondo (m)	sanya (f)	ثانية
minuto (m)	deTa (f)	دقيقة
ora (f)	sāʿa (f)	ساعة
mezzora (f)	noṣṣ sāʿa (m)	نصّ ساعة
un quarto d'ora	robʿ sāʿa (f)	ربع ساعة
quindici minuti	χamastāʃer deTa	خمستاشر دقيقة
ventiquattro ore	arbaʿa we ʿeʃrīn sāʿa	أربعة وعشرين ساعة
levata (f) del sole	ʃorūʾ el ʃams (m)	شروق الشمس
alba (f)	fagr (m)	فجر
mattutino (m)	ṣobḥ badry (m)	صبح بدري
tramonto (m)	ɣorūb el ʃams (m)	غروب الشمس
di buon mattino	el ṣobḥ badry	الصبح بدري
stamattina	el naharda el ṣobḥ	النهاردة الصبح
domattina	bokra el ṣobḥ	بكرة الصبح
oggi pomeriggio	el naharda baʿd el ḍohr	النهاردة بعد الظهر
nel pomeriggio	baʿd el ḍohr	بعد الظهر
domani pomeriggio	bokra baʿd el ḍohr	بكرة بعد الظهر
stasera	el naharda bel leyl	النهاردة بالليل
domani sera	bokra bel leyl	بكرة بالليل
alle tre precise	es sāʿa talāta bel ḍabṭ	الساعة تلاتة بالضبط
verso le quattro	es sāʿa arbaʿa taʾrīban	الساعة أربعة تقريبا
per le dodici	ḥatt es sāʿa etnāʃar	حتى الساعة إتناشر
fra venti minuti	fe χelāl ʿeʃrīn deʿeeʿa	في خلال عشرين دقيقة
fra un'ora	fe χelāl sāʿa	في خلال ساعة
puntualmente	fe mawʿedo	في موعده
un quarto di ...	ella robʿ	إلّا ربع
entro un'ora	χelāl sāʿa	خلال ساعة
ogni quindici minuti	koll robʿ sāʿa	كلّ ربع ساعة
giorno e notte	leyl nahār	ليل نهار

21. Mesi. Stagioni

gennaio (m)	yanāyer (m)	يناير
febbraio (m)	febrāyer (m)	فبراير
marzo (m)	māres (m)	مارس
aprile (m)	ebrīl (m)	إبريل
maggio (m)	māyo (m)	مايو
giugno (m)	yonyo (m)	يونيو
luglio (m)	yolyo (m)	يوليو
agosto (m)	oɣosṭos (m)	أغسطس
settembre (m)	sebtamber (m)	سبتمبر
ottobre (m)	oktober (m)	أكتوبر
novembre (m)	november (m)	نوفمبر

dicembre (m)	desember (m)	ديسمبر
primavera (f)	rabee' (m)	ربيع
in primavera	fel rabee'	في الربيع
primaverile (agg)	rabee'y	ربيعي
estate (f)	ṣeyf (m)	صيف
in estate	fel ṣeyf	في الصيف
estivo (agg)	ṣeyfy	صيفي
autunno (m)	χarīf (m)	خريف
in autunno	fel χarīf	في الخريف
autunnale (agg)	χarīfy	خريفي
inverno (m)	ʃetā' (m)	شتاء
in inverno	fel ʃetā'	في الشتاء
invernale (agg)	ʃetwy	شتوّي
mese (m)	ʃahr (m)	شهر
questo mese	fel ʃahr da	في الشهر ده
il mese prossimo	el ʃahr el gayī	الشهر الجايّ
il mese scorso	el ʃahr elly fāt	الشهر اللي فات
un mese fa	men ʃahr	من شهر
fra un mese	ba'd ʃahr	بعد شهر
fra due mesi	ba'd ʃahreyn	بعد شهرين
un mese intero	el ʃahr kollo	الشهر كلّه
per tutto il mese	ṭawāl el ʃahr	طوال الشهر
mensile (rivista ~)	ʃahry	شهري
mensilmente	ʃahry	شهري
ogni mese	koll ʃahr	كلّ شهر
due volte al mese	marreteyn fel ʃahr	مرّتين في الشهر
anno (m)	sana (f)	سنة
quest'anno	el sana di	السنة دي
l'anno prossimo	el sana el gaya	السنة الجايّة
l'anno scorso	el sana elly fātet	السنة اللي فاتت
un anno fa	men sana	من سنة
fra un anno	ba'd sana	بعد سنة
fra due anni	ba'd sanateyn	بعد سنتين
un anno intero	el sana kollaha	السنة كلّها
per tutto l'anno	ṭūl el sana	طول السنة
ogni anno	koll sana	كلّ سنة
annuale (agg)	sanawy	سنوّي
annualmente	koll sana	كلّ سنة
quattro volte all'anno	arba' marrāt fel sana	أربع مرات في السنة
data (f) (~ di oggi)	tarīχ (m)	تاريخ
data (f) (~ di nascita)	tarīχ (m)	تاريخ
calendario (m)	natīga (f)	نتيجة
mezz'anno (m)	noṣṣ sana	نصّ سنة
semestre (m)	settet aʃ-hor (f)	ستّة أشهر
stagione (f) (estate, ecc.)	faṣl (m)	فصل
secolo (m)	qarn (m)	قرن

22. Orario. Varie

tempo (m)	wa't (m)	وقت
istante (m)	laḥza (f)	لحظة
momento (m)	laḥza (f)	لحظة
istantaneo (agg)	laḥza	لحظة
periodo (m)	fatra (f)	فترة
vita (f)	ḥayah (f)	حياة
eternità (f)	abadiya (f)	أبديّة
epoca (f)	ʿahd (m)	عهد
era (f)	ʿaṣr (m)	عصر
ciclo (m)	dawra (f)	دوّرة
periodo (m)	fatra (f)	فترة
scadenza (f)	fatra (f)	فترة
futuro (m)	el mostaqbal (m)	المستقبل
futuro (agg)	elly gayī	اللي جاي
la prossima volta	el marra el gaya	المرّة الجايّة
passato (m)	el māḍy (m)	الماضي
scorso (agg)	elly fāt	اللي فات
la volta scorsa	el marra elly fātet	المرّة اللي فاتت
più tardi	baʿdeyn	بعدين
dopo	baʿd	بعد
oggigiorno	el ayām di	الأيام دي
adesso, ora	delwa'ty	دلوّقتي
immediatamente	ḥālan	حالاً
fra poco, presto	'arīb	قريب
in anticipo	mo'addaman	مقدّماً
tanto tempo fa	men zamān	من زمان
di recente	men 'orayeb	من قريّب
destino (m)	maṣīr (m)	مصير
ricordi (m pl)	zekra (f)	زكرى
archivio (m)	arʃīf (m)	أرشيف
durante ...	esnā'...	إثناء...
a lungo	modda ṭawīla	مدّة طويلة
per poco tempo	le fatra 'aṣīra	لفترة قصيرة
presto (al mattino ~)	badry	بدري
tardi (non presto)	met'akχer	متأخّر
per sempre	lel abad	للأبد
cominciare (vt)	bada'	بدأ
posticipare (vt)	aggel	أجّل
simultaneamente	fe nafs el waqt	في نفس الوقت
tutto il tempo	be ʃakl dā'em	بشكل دائم
costante (agg)	mostamerr	مستمرّ
temporaneo (agg)	mo'akkatan	مؤقّتاً
a volte	saʿāt	ساعات
raramente	nāderan	نادراً
spesso (avv)	ketīr	كثير

23. Contrari

ricco (agg)	ɣany	غني
povero (agg)	fa'īr	فقير
malato (agg)	marīḍ	مريض
sano (agg)	salīm	سليم
grande (agg)	kebīr	كبير
piccolo (agg)	ṣaɣīr	صغير
rapidamente	bosor'a	بسرعة
lentamente	bo boṭ'	ببطء
veloce (agg)	saree'	سريع
lento (agg)	baṭī'	بطيء
allegro (agg)	farḥān	فرحان
triste (agg)	ḥazīn	حزين
insieme	ma' ba'ḍ	مع بعض
separatamente	le waḥdo	لوحده
ad alta voce (leggere ~)	beṣote 'āly	بصوت عالي
in silenzio	beṣamt	بصمت
alto (agg)	'āly	عالي
basso (agg)	wāṭy	واطي
profondo (agg)	'amīq	عميق
basso (agg)	ḍaḥl	ضحل
sì	aywa	أيوه
no	la'	لأ
lontano (agg)	be'īd	بعيد
vicino (agg)	'arīb	قريب
lontano (avv)	be'īd	بعيد
vicino (avv)	'arīb	قريب
lungo (agg)	ṭawīl	طويل
corto (agg)	'aṣīr	قصير
buono (agg)	ṭayeb	طيّب
cattivo (agg)	ʃerrīr	شرير
sposato (agg)	metgawwez	متجوّز
celibe (agg)	a'zab	أعزب
vietare (vt)	mana'	منع
permettere (vt)	samaḥ	سمح
fine (f)	nehāya (f)	نهاية
inizio (m)	bedāya (f)	بداية

sinistro (agg)	el ʃemāl	الشمال
destro (agg)	el yemīn	اليمين
primo (agg)	awwel	أوّل
ultimo (agg)	'āχer	آخر
delitto (m)	garīma (f)	جريمة
punizione (f)	'eqāb (m)	عقاب
ordinare (vt)	amar	أمر
obbedire (vi)	ṭā'	طاع
dritto (agg)	mostaqīm	مستقيم
curvo (agg)	monḥany	منحني
paradiso (m)	el ganna (f)	الجنّة
inferno (m)	el gaḥīm (f)	الجحيم
nascere (vi)	etwalad	إتولّد
morire (vi)	māt	مات
forte (agg)	'awy	قوي
debole (agg)	ḍa'īf	ضعيف
vecchio (agg)	'agūz	عجوز
giovane (agg)	ʃāb	شاب
vecchio (agg)	'adīm	قديم
nuovo (agg)	gedīd	جديد
duro (agg)	ṣalb	صلب
morbido (agg)	ṭary	طري
caldo (agg)	dāfy	دافي
freddo (agg)	bāred	بارد
grasso (agg)	teχīn	تخين
magro (agg)	rofaya'	رفيّع
stretto (agg)	ḍaye'	ضيّق
largo (agg)	wāse'	واسع
buono (agg)	kewayes	كويّس
cattivo (agg)	weḥeʃ	وحش
valoroso (agg)	ʃogā'	شجاع
codardo (agg)	gabān	جبان

24. Linee e forme

quadrato (m)	morabba' (m)	مربّع
quadrato (agg)	morabba'	مربّع
cerchio (m)	dayra (f)	دايرة
rotondo (agg)	medawwar	مدور

triangolo (m)	mosallas (m)	مثلّث
triangolare (agg)	mosallasy el ʃakl	مثلّثي الشكل
ovale (m)	bayḍawy (m)	بيضويّ
ovale (agg)	bayḍawy	بيضوي
rettangolo (m)	mostaṭīl (m)	مستطيل
rettangolare (agg)	mostaṭīly	مستطيلي
piramide (f)	haram (m)	هرم
rombo (m)	mo'ayen (m)	معين
trapezio (m)	ʃebh el monḥaref (m)	شبه المنحرف
cubo (m)	moka'ab (m)	مكعّب
prisma (m)	manʃūr (m)	منشور
circonferenza (f)	moḥīṭ monḥany moɣlaq (m)	محيط منحنى مغلق
sfera (f)	kora (f)	كرة
palla (f)	kora (f)	كرة
diametro (m)	qaṭr (m)	قطر
raggio (m)	noṣṣ qaṭr (m)	نصّ قطر
perimetro (m)	moḥīṭ (m)	محيط
centro (m)	wasaṭ (m)	وسط
orizzontale (agg)	ofoqy	أفقي
verticale (agg)	'amūdy	عمودي
parallela (f)	motawāz (m)	متواز
parallelo (agg)	motawāzy	متوازي
linea (f)	χaṭṭ (m)	خطّ
tratto (m)	ḥaraka (m)	حركة
linea (f) retta	χaṭṭ mostaqīm (m)	خطّ مستقيم
linea (f) curva	χaṭṭ monḥany (m)	خطّ منحني
sottile (uno strato ~)	rofaya'	رفيّع
contorno (m)	kontūr (m)	كنتور
intersezione (f)	taqāṭo' (m)	تقاطع
angolo (m) retto	zawya mostaqīma (f)	زاوية مستقيمة
segmento	'eṭ'a (f)	قطعة
settore (m)	qaṭā' (m)	قطاع
lato (m)	gāneb (m)	جانب
angolo (m)	zawya (f)	زاوية

25. Unità di misura

peso (m)	wazn (m)	وزن
lunghezza (f)	ṭūl (m)	طول
larghezza (f)	'arḍ (m)	عرض
altezza (f)	ertefā' (m)	إرتفاع
profondità (f)	'omq (m)	عمق
volume (m)	ḥagm (m)	حجم
area (f)	mesāḥa (f)	مساحة
grammo (m)	gram (m)	جرام
milligrammo (m)	milligrām (m)	ملّيغرام
chilogrammo (m)	kilogrām (m)	كيلوغرام

tonnellata (f)	ṭenn (m)	طنّ
libbra (f)	reṭl (m)	رطل
oncia (f)	onṣa (f)	أونصة
metro (m)	metr (m)	متر
millimetro (m)	millimetr (m)	ملّيمتر
centimetro (m)	santimetr (m)	سنتيمتر
chilometro (m)	kilometr (m)	كيلومتر
miglio (m)	mīl (m)	ميل
pollice (m)	boṣa (f)	بوصة
piede (f)	'adam (m)	قدم
iarda (f)	yarda (f)	ياردة
metro (m) quadro	metr morabba' (m)	متر مربّع
ettaro (m)	hektār (m)	هكتار
litro (m)	litre (m)	لتر
grado (m)	daraga (f)	درجة
volt (m)	volt (m)	فولت
ampere (m)	ambere (m)	أمبير
cavallo vapore (m)	ḥoṣān (m)	حصان
quantità (f)	kemiya (f)	كميّة
un po' di ...	ʃewayet ...	شويّة...
metà (f)	noṣṣ (m)	نصّ
dozzina (f)	desta (f)	دستة
pezzo (m)	waḥda (f)	وحدة
dimensione (f)	ḥagm (m)	حجم
scala (f) (modello in ~)	me'yās (m)	مقياس
minimo (agg)	el adna	الأدنى
minore (agg)	el aṣɣar	الأصغر
medio (agg)	motawasseṭ	متوّسط
massimo (agg)	el aqṣa	الأقصى
maggiore (agg)	el akbar	الأكبر

26. Contenitori

barattolo (m) di vetro	barṭamān (m)	برطمان
latta, lattina (f)	kanz (m)	كانز
secchio (m)	gardal (m)	جردل
barile (m), botte (f)	barmīl (m)	برميل
catino (m)	ḥoḍe lel ɣasīl (m)	حوض للغسيل
serbatoio (m) (per liquidi)	χazzān (m)	خزّان
fiaschetta (f)	zamzamiya (f)	زمزميّة
tanica (f)	ʒerken (m)	جركن
cisterna (f)	χazzān (m)	خزّان
tazza (f)	mugg (m)	ماجّ
tazzina (f) (~ di caffé)	fengān (m)	فنجان
piattino (m)	ṭaba' fengān (m)	طبق فنجان

bicchiere (m) (senza stelo)	kobbāya (f)	كوبّاية
calice (m)	kāsa (f)	كاسة
casseruola (f)	ḥalla (f)	حلّة
bottiglia (f)	ezāza (f)	إزازة
collo (m) (~ della bottiglia)	'onq (m)	عنق
caraffa (f)	dawra' zogāgy (m)	دوّرق زجاجي
brocca (f)	ebrī' (m)	إبريق
recipiente (m)	we'ā' (m)	وعاء
vaso (m) di coccio	aṣīṣ (m)	أصيص
vaso (m) di fiori	vāza (f)	فازة
boccetta (f) (~ di profumo)	ezāza (f)	إزازة
fiala (f)	ezāza (f)	إزازة
tubetto (m)	anbūba (f)	أنبوبة
sacco (m) (~ di patate)	kīs (m)	كيس
sacchetto (m) (~ di plastica)	kīs (m)	كيس
pacchetto (m) (~ di sigarette, ecc.)	'elba (f)	علبة
scatola (f) (~ per scarpe)	'elba (f)	علبة
cassa (f) (~ di vino, ecc.)	ṣandū' (m)	صندوق
cesta (f)	salla (f)	سلّة

27. Materiali

materiale (m)	madda (f)	مادّة
legno (m)	χaʃab (m)	خشب
di legno	χaʃaby	خشبي
vetro (m)	ezāz (m)	إزاز
di vetro	ezāz	إزاز
pietra (f)	ḥagar (m)	حجر
di pietra	ḥagary	حجري
plastica (f)	blastik (m)	بلاستيك
di plastica	men el blastik	من البلاستيك
gomma (f)	maṭṭāṭ (m)	مطّاط
di gomma	maṭṭāṭy	مطّاطي
stoffa (f)	'omāʃ (m)	قماش
di stoffa	men el 'omāʃ	من القماش
carta (f)	wara' (m)	ورق
di carta	wara'y	ورقي
cartone (m)	kartōn (m)	كرتون
di cartone	kartony	كرتوني
polietilene (m)	bolyetylen (m)	بولي ايثيلين
cellofan (m)	sellofān (m)	سيلوفان

legno (m) compensato	ablakāʃ (m)	أبلكاش
porcellana (f)	borsalīn (m)	بورسلين
di porcellana	men el borsalīn	من البورسلين
argilla (f)	ṭīn (m)	طين
d'argilla	fokχāry	فخّاري
ceramica (f)	seramīk (m)	سيراميك
ceramico	men el seramik	من السيراميك

28. Metalli

metallo (m)	maʿdan (m)	معدن
metallico	maʿdany	معدني
lega (f)	sebīka (f)	سبيكة
oro (m)	dahab (m)	ذهب
d'oro	dahaby	ذهبي
argento (m)	faḍḍa (f)	فضّة
d'argento	feḍḍy	فضّي
ferro (m)	ḥadīd (m)	حديد
di ferro	ḥadīdy	حديدي
acciaio (m)	fulāz (m)	فولاذ
d'acciaio	folāzy	فولاذي
rame (m)	neḥās (m)	نحاس
di rame	neḥāsy	نحاسي
alluminio (m)	aluminyum (m)	الومينيوم
di alluminio, alluminico	aluminyum	الومينيوم
bronzo (m)	bronze (m)	برونز
di bronzo	bronzy	برونزي
ottone (m)	neḥās aṣfar (m)	نحاس أصفر
nichel (m)	nikel (m)	نيكل
platino (m)	blatīn (m)	بلاتين
mercurio (m)	zeʾbaq (m)	زئبق
stagno (m)	ʾaṣdīr (m)	قصدير
piombo (m)	roṣāṣ (m)	رصاص
zinco (m)	zink (m)	زنك

ESSERE UMANO

Essere umano. Il corpo umano

29. L'uomo. Concetti di base

uomo (m) (essere umano)	ensān (m)	إنسان
uomo (m) (adulto maschio)	rāgel (m)	راجل
donna (f)	set (f)	ست
bambino (m) (figlio)	ṭefl (m)	طفل
bambina (f)	bent (f)	بنت
bambino (m)	walad (m)	ولد
adolescente (m, f)	morāheq (m)	مراهق
vecchio (m)	ʿagūz (m)	عجوز
vecchia (f)	ʿagūza (f)	عجوزة

30. Anatomia umana

organismo (m)	ʿoḍw (m)	عضو
cuore (m)	ʾalb (m)	قلب
sangue (m)	damm (m)	دم
arteria (f)	ʃeryān (m)	شريان
vena (f)	ʿerʾ (m)	عرق
cervello (m)	mokχ (m)	مخ
nervo (m)	ʿaṣab (m)	عصب
nervi (m pl)	aʿṣāb (pl)	أعصاب
vertebra (f)	faqra (f)	فقرة
colonna (f) vertebrale	ʿamūd faqry (m)	عمود فقري
stomaco (m)	meʿda (f)	معدة
intestini (m pl)	amʿāʾ (pl)	أمعاء
intestino (m)	maʿy (m)	معي
fegato (m)	kebd (f)	كبد
rene (m)	kelya (f)	كلية
osso (m)	ʿaḍm (m)	عظم
scheletro (m)	haykal ʿazmy (m)	هيكل عظمي
costola (f)	ḍelʿ (m)	ضلع
cranio (m)	gomgoma (f)	جمجمة
muscolo (m)	ʿaḍala (f)	عضلة
bicipite (m)	biseps (f)	بايسبس
tricipite (m)	triseps (f)	ترايسبس
tendine (m)	watar (m)	وتر
articolazione (f)	mefṣal (m)	مفصل

polmoni (m pl)	re'ateyn (du)	رئتين
genitali (m pl)	a'ḍā' tanasoliya (pl)	أعضاء تناسلية
pelle (f)	boʃra (m)	بشرة

31. Testa

testa (f)	ra's (m)	رأس
viso (m)	weʃ (m)	وش
naso (m)	manaχīr (m)	مناخير
bocca (f)	bo' (m)	بوء
occhio (m)	'eyn (f)	عين
occhi (m pl)	'oyūn (pl)	عيون
pupilla (f)	ḥad'a (f)	حدقة
sopracciglio (m)	ḥāgeb (m)	حاجب
ciglio (m)	remʃ (m)	رمش
palpebra (f)	gefn (m)	جفن
lingua (f)	lesān (m)	لسان
dente (m)	senna (f)	سنّة
labbra (f pl)	ʃafāyef (pl)	شفايف
zigomi (m pl)	'aḍmet el χadd (f)	عضمة الخدّ
gengiva (f)	lassa (f)	لثّة
palato (m)	ḥanak (m)	حنك
narici (f pl)	manaχer (pl)	مناخر
mento (m)	da''n (m)	دقن
mascella (f)	fakk (m)	فكّ
guancia (f)	χadd (m)	خدّ
fronte (f)	gabha (f)	جبهة
tempia (f)	ṣedɣ (m)	صدغ
orecchio (m)	wedn (f)	ودن
nuca (f)	'afa (m)	قفا
collo (m)	ra'aba (f)	رقبة
gola (f)	zore (m)	زور
capelli (m pl)	ʃa'r (m)	شعر
pettinatura (f)	tasrīḥa (f)	تسريحة
taglio (m)	tasrīḥa (f)	تسريحة
parrucca (f)	barūka (f)	باروكة
baffi (m pl)	ʃanab (pl)	شنب
barba (f)	leḥya (f)	لحية
portare (~ la barba, ecc.)	'ando	عنده
treccia (f)	ḍefīra (f)	ضفيرة
basette (f pl)	sawālef (pl)	سوالف
rosso (agg)	aḥmar el ʃa'r	أحمر الشعر
brizzolato (agg)	ʃa'r abyaḍ	شعر أبيض
calvo (agg)	aṣla'	أصلع
calvizie (f)	ṣala' (m)	صلع
coda (f) di cavallo	deyl ḥoṣān (m)	ديل حصان
frangetta (f)	'oṣṣa (f)	قصّة

32. Corpo umano

mano (f)	yad (m)	يد
braccio (m)	derā' (f)	دراع
dito (m)	ṣobā' (m)	صباع
dito (m) del piede	ṣobā' el 'adam (m)	صباع القدم
pollice (m)	ebhām (m)	إبهام
mignolo (m)	χonṣor (m)	خنصر
unghia (f)	ḍefr (m)	ضفر
pugno (m)	qabḍa (f)	قبضة
palmo (m)	kaff (f)	كفّ
polso (m)	me'ṣam (m)	معصم
avambraccio (m)	sā'ed (m)	ساعد
gomito (m)	kū' (m)	كوع
spalla (f)	ketf (f)	كتف
gamba (f)	regl (f)	رجل
pianta (f) del piede	qadam (f)	قدم
ginocchio (m)	rokba (f)	ركبة
polpaccio (m)	semmāna (f)	سمّانة
anca (f)	faχd (f)	فخد
tallone (m)	ka'b (m)	كعب
corpo (m)	gesm (m)	جسم
pancia (f)	baṭn (m)	بطن
petto (m)	ṣedr (m)	صدر
seno (m)	sady (m)	ثدي
fianco (m)	ganb (m)	جنب
schiena (f)	ḍahr (m)	ضهر
zona (f) lombare	asfal el ḍahr (m)	أسفل الضهر
vita (f)	wesṭ (f)	وسط
ombelico (m)	sorra (f)	سرّة
natiche (f pl)	ardāf (pl)	أرداف
sedere (m)	debr (m)	دبر
neo (m)	ʃāma (f)	شامة
voglia (f) (~ di fragola)	waḥma	وحمة
tatuaggio (m)	waʃm (m)	وشم
cicatrice (f)	nadba (f)	ندبة

Abbigliamento e Accessori

33. Indumenti. Soprabiti

vestiti (m pl)	malābes (pl)	ملابس
soprabito (m)	malābes fo'aniya (pl)	ملابس فوقانيّة
abiti (m pl) invernali	malābes ʃetwiya (pl)	ملابس شتويّة
cappotto (m)	balṭo (m)	بالطو
pelliccia (f)	balṭo farww (m)	بالطو فروّ
pellicciotto (m)	ʒaket farww (m)	جاكيت فروّ
piumino (m)	balṭo maḥʃy rīʃ (m)	بالطو محشي ريش
giubbotto (m), giaccha (f)	ʒæket (m)	جاكيت
impermeabile (m)	ʒæket lel maṭar (m)	جاكيت للمطر
impermeabile (agg)	wāqy men el maya	واقي من الميّة

34. Abbigliamento uomo e donna

camicia (f)	'amīṣ (m)	قميص
pantaloni (m pl)	banṭalone (f)	بنطلون
jeans (m pl)	ʒeans (m)	جينز
giacca (f) (~ di tweed)	ʒæket (f)	جاكت
abito (m) da uomo	badla (f)	بدلة
abito (m)	fostān (m)	فستان
gonna (f)	ʒība (f)	جيبة
camicetta (f)	bloza (f)	بلوزة
giacca (f) a maglia	kardigan (m)	كارديجن
giacca (f) tailleur	ʒæket (m)	جاكيت
maglietta (f)	ti ʃirt (m)	تي شيرت
pantaloni (m pl) corti	ʃort (m)	شورت
tuta (f) sportiva	treneng (m)	ترينتج
accappatoio (m)	robe el ḥammām (m)	روب حمّام
pigiama (m)	beʒāma (f)	بيجاما
maglione (m)	blover (f)	بلوفر
pullover (m)	blover (m)	بلوفر
gilè (m)	vest (m)	فيست
frac (m)	badlet sahra ṭawīla (f)	بدلة سهرة طويلة
smoking (m)	badla (f)	بدلة
uniforme (f)	zayī muwaḥḥad (m)	زيّ موحّد
tuta (f) da lavoro	lebs el ʃoɣl (m)	لبس الشغل
salopette (f)	overall (m)	اوفر اول
camice (m) (~ del dottore)	balṭo (m)	بالطو

35. Abbigliamento. Biancheria intima

biancheria (f) intima	malābes dāχeliya (pl)	ملابس داخلية
boxer (m pl)	sirwāl dāχly rigāly (m)	سروال داخلي رجاليّ
mutandina (f)	sirwāl dāχly nisā'y (m)	سروال داخلي نسائيّ
maglietta (f) intima	fanella (f)	فانلّا
calzini (m pl)	ʃarāb (m)	شراب
camicia (f) da notte	'amīṣ nome (m)	قميص نوم
reggiseno (m)	setyāna (f)	ستيانة
calzini (m pl) alti	ʃarabāt ṭawīla (pl)	شرابات طويلة
collant (m)	klone (m)	كلون
calze (f pl)	gawāreb (pl)	جوارب
costume (m) da bagno	mayo (m)	مايّوه

36. Copricapo

cappello (m)	ṭa'iya (f)	طاقيّة
cappello (m) di feltro	borneyṭa (f)	برنيطة
cappello (m) da baseball	base bāl kāb (m)	بيس بول كاب
coppola (f)	ṭa'iya mosaṭṭaḥa (f)	طاقيّة مسطحة
basco (m)	bereyh (m)	بيريه
cappuccio (m)	γaṭa' (f)	غطاء
panama (m)	qobba'et banama (f)	قبّعة بناما
berretto (m) a maglia	ays kāb (m)	آيس كاب
fazzoletto (m) da capo	eʃarb (m)	إيشارب
cappellino (m) donna	borneyṭa (f)	برنيطة
casco (m) (~ di sicurezza)	χawza (f)	خوذة
bustina (f)	kāb (m)	كاب
casco (m) (~ moto)	χawza (f)	خوذة
bombetta (f)	qobba'a (f)	قبّعة
cilindro (m)	qobba'a rasmiya (f)	قبّعة رسمية

37. Calzature

calzature (f pl)	gezam (pl)	جزم
stivaletti (m pl)	gazma (f)	جزمة
scarpe (f pl)	gazma (f)	جزمة
stivali (m pl)	būt (m)	بوت
pantofole (f pl)	ʃebʃeb (m)	شبشب
scarpe (f pl) da tennis	kotʃy tennis (m)	كوتشي تنس
scarpe (f pl) da ginnastica	kotʃy (m)	كوتشي
sandali (m pl)	ṣandal (pl)	صندل
calzolaio (m)	eskāfy (m)	إسكافي
tacco (m)	ka'b (m)	كعب

paio (m)	goze (m)	جوز
laccio (m)	ʃerīʈ (m)	شريط
allacciare (vt)	rabaṭ	ربط
calzascarpe (m)	labbāsa el gazma (f)	لبّاسة الجزمة
lucido (m) per le scarpe	warnīʃ el gazma (m)	ورنيش الجزمة

38. Tessuti. Stoffe

cotone (m)	ʾoṭn (m)	قطن
di cotone	ʾoṭny	قطني
lino (m)	kettān (m)	كتّان
di lino	men el kettān	من الكتّان
seta (f)	ḥarīr (m)	حرير
di seta	ḥarīry	حريري
lana (f)	ṣūf (m)	صوف
di lana	ṣūfiya	صوفية
velluto (m)	moxmal (m)	مخمل
camoscio (m)	geld maz'abar (m)	جلد مزأبر
velluto (m) a coste	ʾoṭṭn ʾaṭīfa (f)	قطن قطيفة
nylon (m)	nylon (m)	نايلون
di nylon	men el naylon	من النيلون
poliestere (m)	bolyester (m)	بوليستر
di poliestere	men el bolyastar	من البوليستر
pelle (f)	geld (m)	جلد
di pelle	men el geld	من الجلد
pelliccia (f)	farww (m)	فرو
di pelliccia	men el farww	من الفرو

39. Accessori personali

guanti (m pl)	gwanty (m)	جوانتي
manopole (f pl)	gwanty men ɣeyr aṣābeʿ (m)	جوانتي من غير أصابع
sciarpa (f)	skarf (m)	سكارف
occhiali (m pl)	naḍḍāra (f)	نظّارة
montatura (f)	eṭār (m)	إطار
ombrello (m)	ʃamsiya (f)	شمسيّة
bastone (m)	ʿaṣāya (f)	عصاية
spazzola (f) per capelli	forʃet ʃaʿr (f)	فرشة شعر
ventaglio (m)	marwaḥa (f)	مروحة
cravatta (f)	karavetta (f)	كرافتة
cravatta (f) a farfalla	bebyona (m)	بيبيونة
bretelle (f pl)	ḥammala (f)	حمّالة
fazzoletto (m)	mandīl (m)	منديل
pettine (m)	meʃṭ (m)	مشط
fermaglio (m)	dabbūs (m)	دبّوس

forcina (f)	bensa (m)	بنسة
fibbia (f)	bokla (f)	بكلة
cintura (f)	ḥezām (m)	حزام
spallina (f)	ḥammalet el ketf (f)	حمّالة الكتف
borsa (f)	ʃanṭa (f)	شنطة
borsetta (f)	ʃanṭet yad (f)	شنطة يد
zaino (m)	ʃanṭet ḍahr (f)	شنطة ظهر

40. Abbigliamento. Varie

moda (f)	mūḍa (f)	موضة
di moda	fel moḍa	في الموضة
stilista (m)	moṣammem azyā' (m)	مصمّم أزياء
collo (m)	yā'a (f)	ياقة
tasca (f)	geyb (m)	جيب
tascabile (agg)	geyb	جيب
manica (f)	komm (m)	كمّ
asola (f) per appendere	ʿelāqa (f)	علّاقة
patta (f) (~ dei pantaloni)	lesān (m)	لسان
cerniera (f) lampo	sosta (f)	سوستة
chiusura (f)	maʃbak (m)	مشبك
bottone (m)	zerr (m)	زرّ
occhiello (m)	ʿarwa (f)	عروة
staccarsi (un bottone)	we'eʿ	وقع
cucire (vi, vt)	xayaṭ	خيّط
ricamare (vi, vt)	ṭarraz	طرّز
ricamo (m)	taṭrīz (m)	تطريز
ago (m)	ebra (f)	إبرة
filo (m)	xeyṭ (m)	خيط
cucitura (f)	derz (m)	درز
sporcarsi (vr)	ettwassax	إتّوسّخ
macchia (f)	bo''a (f)	بقعة
sgualcirsi (vr)	takarmaʃ	تكرمش
strappare (vt)	'aṭaʿ	قطع
tarma (f)	ʿetta (f)	عتّة

41. Cura della persona. Cosmetici

dentifricio (m)	maʿgūn asnān (m)	معجون أسنان
spazzolino (m) da denti	forʃet senān (f)	فرشة أسنان
lavarsi i denti	naḍḍaf el asnān	نظّف الأسنان
rasoio (m)	mūs (m)	موس
crema (f) da barba	krīm ḥelā'a (m)	كريم حلاقة
rasarsi (vr)	ḥala'	حلق
sapone (m)	ṣabūn (m)	صابون

shampoo (m)	ʃambū (m)	شامبو
forbici (f pl)	ma'aṣ (m)	مقص
limetta (f)	mabrad (m)	مبرد
tagliaunghie (m)	mel'aṭ (m)	ملقط
pinzette (f pl)	mel'aṭ (m)	ملقط
cosmetica (f)	mawād tagmīl (pl)	مواد تجميل
maschera (f) di bellezza	mask (m)	ماسك
manicure (m)	monekīr (m)	مونيكير
fare la manicure	'amal monikīr	عمل مونيكير
pedicure (m)	badikīr (m)	باديكير
borsa (f) del trucco	ʃanṭet mekyāʒ (f)	شنطة مكياج
cipria (f)	bodret weʃ (f)	بودرة وش
portacipria (m)	'elbet bodra (f)	علبة بودرة
fard (m)	aḥmar χodūd (m)	أحمر خدود
profumo (m)	barfān (m)	بارفان
acqua (f) da toeletta	kolonya (f)	كولونيا
lozione (f)	loʃion (m)	لوشن
acqua (f) di Colonia	kolonya (f)	كولونيا
ombretto (m)	eyeʃadow (m)	ايَ شادو
eyeliner (m)	koḥl (m)	كحل
mascara (m)	maskara (f)	ماسكارا
rossetto (m)	rūʒ (m)	روج
smalto (m)	monekīr (m)	مونيكير
lacca (f) per capelli	mosabbet el ʃa'r (m)	مثبت الشعر
deodorante (m)	mozīl 'ara' (m)	مزيل عرق
crema (f)	krīm (m)	كريم
crema (f) per il viso	krīm lel weʃ (m)	كريم للوش
crema (f) per le mani	krīm eyd (m)	كريم أيد
crema (f) antirughe	krīm moḍād lel tagaʿīd (m)	كريم مضاد للتجاعيد
crema (f) da giorno	krīm en nahār (m)	كريم النهار
crema (f) da notte	krīm el leyl (m)	كريم الليل
da giorno	nahāry	نهاري
da notte	layly	ليْلي
tampone (m)	tambon (m)	تانبون
carta (f) igienica	wara' twalet (m)	ورق تواليت
fon (m)	seʃwār (m)	سشوار

42. Gioielli

gioielli (m pl)	mogawharāt (pl)	مجوَّهرات
prezioso (agg)	ɣāly	غالي
marchio (m)	damɣa (f)	دمغة
anello (m)	χātem (m)	خاتم
anello (m) nuziale	deblet el faraḥ (m)	دبلة الفرح
braccialetto (m)	eswera (m)	إسوِرة
orecchini (m pl)	ḥala' (m)	حلق

collana (f)	'o'd (m)	عقد
corona (f)	tāg (m)	تاج
perline (f pl)	'o'd χaraz (m)	عقد خرز
diamante (m)	almāz (m)	ألماز
smeraldo (m)	zomorrod (m)	زمرّد
rubino (m)	ya'ūt aḥmar (m)	ياقوت أحمر
zaffiro (m)	ya'ūt azra' (m)	ياقوت أزرق
perle (f pl)	lo'lo' (m)	لؤلؤ
ambra (f)	kahramān (m)	كهرمان

43. Orologi da polso. Orologio

orologio (m) (~ da polso)	sā'a (f)	ساعة
quadrante (m)	wag-h el sā'a (m)	وجه الساعة
lancetta (f)	'a'rab el sā'a (m)	عقرب الساعة
braccialetto (m)	ʃerī't sā'a ma'daniya (m)	شريط ساعة معدنية
cinturino (m)	ʃerī't el sā'a (m)	شريط الساعة
pila (f)	baṭṭariya (f)	بطّاريّة
essere scarico	χelṣet	خلصت
cambiare la pila	ɣayar el baṭṭariya	غيّر البطّاريّة
andare avanti	saba'	سبق
andare indietro	ta'akχar	تأخّر
orologio (m) da muro	sā'et ḥeyṭa (f)	ساعة حيطة
clessidra (f)	sā'a ramliya (f)	ساعة رمليّة
orologio (m) solare	sā'a ʃamsiya (f)	ساعة شمسيّة
sveglia (f)	monabbeh (m)	منبّه
orologiaio (m)	sa'āty (m)	ساعاتي
riparare (vt)	ṣallaḥ	صلّح

Cibo. Alimentazione

44. Cibo

carne (f)	laḥma (f)	لحمة
pollo (m)	ferāχ (m)	فراخ
pollo (m) novello	farrūg (m)	فرّوج
anatra (f)	baṭṭa (f)	بطّة
oca (f)	wezza (f)	وزّة
cacciagione (f)	ṣeyd (m)	صيد
tacchino (m)	dīk rūmy (m)	ديك رومي
maiale (m)	laḥm el χanazīr (m)	لحم الخنزير
vitello (m)	laḥm el ʿegl (m)	لحم العجل
agnello (m)	laḥm ḍāny (m)	لحم ضاني
manzo (m)	laḥm baqary (m)	لحم بقري
coniglio (m)	laḥm arāneb (m)	لحم أرانب
salame (m)	sogo" (m)	سجق
w?rstel (m)	sogo" (m)	سجق
pancetta (f)	bakon (m)	بيكون
prosciutto (m)	hām(m)	هام
prosciutto (m) affumicato	faχd χanzīr (m)	فخد خنزير
pâté (m)	maʿgūn laḥm (m)	معجون لحم
fegato (m)	kebda (f)	كبدة
carne (f) trita	hamburger (m)	هامبورجر
lingua (f)	lesān (m)	لسان
uovo (m)	beyḍa (f)	بيضة
uova (f pl)	beyḍ (m)	بيض
albume (m)	bayāḍ el beyḍ (m)	بياض البيض
tuorlo (m)	ṣafār el beyḍ (m)	صفار البيض
pesce (m)	samak (m)	سمك
frutti (m pl) di mare	sīfūd (pl)	سي فود
caviale (m)	kaviar (m)	كافيار
granchio (m)	kaboria (m)	كابوريا
gamberetto (m)	gammbary (m)	جمبري
ostrica (f)	maḥār (m)	محار
aragosta (f)	estakoza (m)	استاكوزا
polpo (m)	aχṭabūṭ (m)	أخطبوط
calamaro (m)	kalmāry (m)	كالماري
storione (m)	samak el ḥafʃ (m)	سمك الحفش
salmone (m)	salamon (m)	سلمون
ippoglosso (m)	samak el halbūt (m)	سمك الهلبوت
merluzzo (m)	samak el qadd (m)	سمك القد
scombro (m)	makerel (m)	ماكريل

tonno (m)	tuna (f)	تونة
anguilla (f)	ḥankalīs (m)	حنكليس
trota (f)	salamon mera''aṭ (m)	سلمون مرقّط
sardina (f)	sardīn (m)	سردين
luccio (m)	samak el karāky (m)	سمك الكراكي
aringa (f)	renga (f)	رنجة
pane (m)	ʿeyʃ (m)	عيش
formaggio (m)	gebna (f)	جبنة
zucchero (m)	sokkar (m)	سكّر
sale (m)	melḥ (m)	ملح
riso (m)	rozz (m)	رزّ
pasta (f)	makaruna (f)	مكرونة
tagliatelle (f pl)	nūdles (f)	نودلز
burro (m)	zebda (f)	زبدة
olio (m) vegetale	zeyt (m)	زيت
olio (m) di girasole	zeyt ʿabbād el ʃams (m)	زيت عبّاد الشمس
margarina (f)	margarīn (m)	مارجرين
olive (f pl)	zaytūn (m)	زيتون
olio (m) d'oliva	zeyt el zaytūn (m)	زيت الزيتون
latte (m)	laban (m)	لبن
latte (m) condensato	ḥalīb mokassaf (m)	حليب مكثّف
yogurt (m)	zabādy (m)	زبادي
panna (f) acida	kreyma ḥamḍa (f)	كريمة حامضة
panna (f)	krīma (f)	كريمة
maionese (m)	mayonnɛ:z (m)	مايونيز
crema (f)	krīmet zebda (f)	كريمة زبدة
cereali (m pl)	ḥobūb ʾamḥ (pl)	حبوب قمح
farina (f)	deʾīʾ (m)	دقيق
cibi (m pl) in scatola	moʿallabāt (pl)	معلّبات
fiocchi (m pl) di mais	korn fleks (m)	كورن فليكس
miele (m)	ʿasal (m)	عسل
marmellata (f)	mrabba (m)	مربّى
gomma (f) da masticare	lebān (m)	لبان

45. Bevande

acqua (f)	meyāh (f)	مياه
acqua (f) potabile	mayet ʃorb (m)	ميّة شرب
acqua (f) minerale	maya maʿdaniya (f)	ميّة معدنية
liscia (non gassata)	rakeda	راكدة
gassata (agg)	kanz	كانز
frizzante (agg)	kanz	كانز
ghiaccio (m)	talg (m)	ثلج
con ghiaccio	bel talg	بالتلج

analcolico (agg)	men ɣeyr koḥūl	من غير كحول
bevanda (f) analcolica	maʃrūb ɣāzy (m)	مشروب غازي
bibita (f)	ḥāga saˀʿa (f)	حاجة ساقعة
limonata (f)	limonāta (f)	ليموناتة
bevande (f pl) alcoliche	maʃrūbāt koḥūliya (pl)	مشروبات كحولية
vino (m)	χamra (f)	خمرة
vino (m) bianco	nebīz abyaḍ (m)	نبيذ أبيض
vino (m) rosso	nebī aḥmar (m)	نبيذ أحمر
liquore (m)	liqure (m)	ليكيور
champagne (m)	ʃambania (f)	شمبانيا
vermouth (m)	vermote (m)	فيرموت
whisky	wiski (m)	ويسكي
vodka (f)	vodka (f)	فودكا
gin (m)	ʒin (m)	جين
cognac (m)	konyāk (m)	كونياك
rum (m)	rum (m)	رم
caffè (m)	ˀahwa (f)	قهوة
caffè (m) nero	ˀahwa sāda (f)	قهوة سادة
caffè latte (m)	ˀahwa bel ḥalīb (f)	قهوة بالحليب
cappuccino (m)	kaputʃino (m)	كابتشينو
caffè (m) solubile	neskafe (m)	نيسكافيه
latte (m)	laban (m)	لبن
cocktail (m)	koktayl (m)	كوكتيل
frullato (m)	milk ʃejk (m)	ميلك شيك
succo (m)	ʿaṣīr (m)	عصير
succo (m) di pomodoro	ʿaṣīr ṭamāṭem (m)	عصير طماطم
succo (m) d'arancia	ʿaṣīr bortoqāl (m)	عصير برتقال
spremuta (f)	ʿaṣīr freʃ (m)	عصير فريش
birra (f)	bīra (f)	بيرة
birra (f) chiara	bīra χafīfa (f)	بيرة خفيفة
birra (f) scura	bīra ɣamˀa (f)	بيرة غامقة
tè (m)	ʃāy (m)	شاي
tè (m) nero	ʃāy aḥmar (m)	شاي أحمر
tè (m) verde	ʃāy aχḍar (m)	شاي أخضر

46. Verdure

ortaggi (m pl)	χoḍār (pl)	خضار
verdura (f)	χoḍrawāt waraqiya (pl)	خضروات ورقية
pomodoro (m)	ṭamāṭem (f)	طماطم
cetriolo (m)	χeyār (m)	خيار
carota (f)	gazar (m)	جزر
patata (f)	baṭāṭes (f)	بطاطس
cipolla (f)	baṣal (m)	بصل
aglio (m)	tūm (m)	ثوم

cavolo (m)	koronb (m)	كرنب
cavolfiore (m)	ʼarnabīṭ (m)	قرنبيط
cavoletti (m pl) di Bruxelles	koronb broksel (m)	كرنب بروكسل
broccolo (m)	brokkoli (m)	بركولي
barbabietola (f)	bangar (m)	بنجر
melanzana (f)	bātengān (m)	باذنجان
zucchina (f)	kōsa (f)	كوسة
zucca (f)	qarʿ ʿasaly (m)	قرع عسلي
rapa (f)	left (m)	لفت
prezzemolo (m)	baʼdūnes (m)	بقدونس
aneto (m)	ʃabat (m)	شبت
lattuga (f)	χass (m)	خسّ
sedano (m)	karfas (m)	كرفس
asparago (m)	helione (m)	هليون
spinaci (m pl)	sabāneχ (m)	سبانخ
pisello (m)	besella (f)	بسلّة
fave (f pl)	fūl (m)	فول
mais (m)	dora (f)	ذرة
fagiolo (m)	faṣolya (f)	فاصوليا
peperone (m)	felfel (m)	فلفل
ravanello (m)	fegl (m)	فجل
carciofo (m)	χarʃūf (m)	خرشوف

47. Frutta. Noci

frutto (m)	faχa (f)	فاكهة
mela (f)	toffāḥa (f)	تفّاحة
pera (f)	komettra (f)	كمّثرى
limone (m)	lymūn (m)	ليمون
arancia (f)	bortoqāl (m)	برتقال
fragola (f)	farawla (f)	فراولة
mandarino (m)	yosfy (m)	يوسفي
prugna (f)	barʼūʼ (m)	برقوق
pesca (f)	χawχa (f)	خوخة
albicocca (f)	meʃmeʃ (f)	مشمش
lampone (m)	tūt el ʿalīʼ el aḥmar (m)	توت العليق الأحمر
ananas (m)	ananās (m)	أناناس
banana (f)	moze (m)	موز
anguria (f)	baṭṭīχ (m)	بطّيخ
uva (f)	ʿenab (m)	عنب
amarena (f), ciliegia (f)	karaz (m)	كرز
melone (m)	ʃammām (f)	شمّام
pompelmo (m)	grabe frūt (m)	جريب فروت
avocado (m)	avokado (f)	افوكاتو
papaia (f)	babāya (m)	بابايا
mango (m)	manga (m)	مانجة
melagrana (f)	rommān (m)	رمان

ribes (m) rosso	keʃmeʃ aḥmar (m)	كشمش أحمر
ribes (m) nero	keʃmeʃ aswad (m)	كشمش أسود
uva (f) spina	'enab el sa'lab (m)	عنب الثعلب
mirtillo (m)	'enab al aḥrāg (m)	عنب الأحراج
mora (f)	tūt aswad (m)	توت أسود
uvetta (f)	zebīb (m)	زبيب
fico (m)	tīn (m)	تين
dattero (m)	tamr (m)	تمر
arachide (f)	fūl sudāny (m)	فول سوداني
mandorla (f)	loze (m)	لوز
noce (f)	'eyn gamal (f)	عين الجمل
nocciola (f)	bondo' (m)	بندق
noce (f) di cocco	goze el hend (m)	جوز هند
pistacchi (m pl)	fosto' (m)	فستق

48. Pane. Dolci

pasticceria (f)	ḥalawīāt (pl)	حلويّات
pane (m)	'eyʃ (m)	عيش
biscotti (m pl)	baskawīt (m)	بسكويت
cioccolato (m)	ʃokolāta (f)	شكولاتة
al cioccolato (agg)	bel ʃokolāṭa	بالشكولاتة
caramella (f)	bonbony (m)	بونبوني
tortina (f)	keyka (f)	كيكة
torta (f)	torta (f)	تورتة
crostata (f)	feṭīra (f)	فطيرة
ripieno (m)	ḥaʃwa (f)	حشوة
marmellata (f)	mrabba (m)	مربّى
marmellata (f) di agrumi	marmalād (f)	مرملاد
wafer (m)	waffles (pl)	وافلز
gelato (m)	'ays krīm (m)	آيس كريم
budino (m)	būding (m)	بودنج

49. Pietanze cucinate

piatto (m) (~ principale)	wagba (f)	وجبة
cucina (f)	maṭbaχ (m)	مطبخ
ricetta (f)	waṣfa (f)	وصفة
porzione (f)	naṣīb (m)	نصيب
insalata (f)	solṭa (f)	سلطة
minestra (f)	ʃorba (f)	شوربة
brodo (m)	mara'a (m)	مرقة
panino (m)	sandawitʃ (m)	ساندويتش
uova (f pl) al tegamino	beyḍ ma'ly (m)	بيض مقلي
hamburger (m)	hamburger (m)	هامبورجر

bistecca (f)	steak laḥm (m)	ستيك لحم
contorno (m)	ṭaba' gāneby (m)	طبق جانبي
spaghetti (m pl)	spaɣetti (m)	سباجيتي
purè (m) di patate	baṭāṭes mahrūsa (f)	بطاطس مهروسة
pizza (f)	bītza (f)	بيتزا
porridge (m)	'aṣīda (f)	عصيدة
frittata (f)	omlette (m)	اومليت
bollito (agg)	maslū'	مسلوق
affumicato (agg)	modakχen	مدخّن
fritto (agg)	ma'ly	مقلي
secco (agg)	mogaffaf	مجفّف
congelato (agg)	mogammad	مجمّد
sottoaceto (agg)	meχallel	مخلّل
dolce (gusto)	mesakkar	مسكّر
salato (agg)	māleḥ	مالح
freddo (agg)	bāred	بارد
caldo (agg)	soχn	سخن
amaro (agg)	morr	مرّ
buono, gustoso (agg)	ḥelw	حلو
cuocere, preparare (vt)	sala'	سلق
cucinare (vi)	ḥaḍḍar	حضّر
friggere (vt)	'ala	قلي
riscaldare (vt)	sakχan	سخّن
salare (vt)	rasʃ malḥ	رشّ ملح
pepare (vt)	rasʃ felfel	رشّ فلفل
grattugiare (vt)	baraʃ	برش
buccia (f)	'eʃra (f)	قشرة
sbucciare (vt)	'asʃar	قشّر

50. Spezie

sale (m)	melḥ (m)	ملح
salato (agg)	māleḥ	مالح
salare (vt)	rasʃ malḥ	رشّ ملح
pepe (m) nero	felfel aswad (m)	فلفل أسوّد
peperoncino (m)	felfel aḥmar (m)	فلفل أحمر
senape (f)	mosṭarda (m)	مسطردة
cren (m)	fegl ḥār (m)	فجل حار
condimento (m)	bahār (m)	بهار
spezie (f pl)	bahār (m)	بهار
salsa (f)	ṣalṣa (f)	صلصة
aceto (m)	χall (m)	خلّ
anice (m)	yansūn (m)	ينسون
basilico (m)	rīḥān (m)	ريحان
chiodi (m pl) di garofano	'oronfol (m)	قرنفل
zenzero (m)	zangabīl (m)	زنجبيل
coriandolo (m)	kozbora (f)	كزبرة

cannella (f)	'erfa (f)	قرفة
sesamo (m)	semsem (m)	سمسم
alloro (m)	wara' el ɣār (m)	ورق الغار
paprica (f)	babrika (f)	بابريكا
cumino (m)	karawya (f)	كراوية
zafferano (m)	za'farān (m)	زعفران

51. Pasti

cibo (m)	akl (m)	أكل
mangiare (vi, vt)	akal	أكل
colazione (f)	foṭūr (m)	فطور
fare colazione	feṭer	فطر
pranzo (m)	ɣada' (m)	غداء
pranzare (vi)	etɣadda	إتغدّى
cena (f)	'aʃā' (m)	عشاء
cenare (vi)	et'asʃa	إتعشّى
appetito (m)	ʃahiya (f)	شهيّة
Buon appetito!	bel hana wel ʃefa!	بالهنا والشفا!
aprire (vt)	fataḥ	فتح
rovesciare (~ il vino, ecc.)	dala'	دلق
rovesciarsi (vr)	dala'	دلق
bollire (vi)	ɣely	غلى
far bollire	ɣely	غلى
bollito (agg)	maɣly	مغلي
raffreddare (vt)	barrad	برّد
raffreddarsi (vr)	barrad	برّد
gusto (m)	ṭa'm (m)	طعم
retrogusto (m)	ṭa'm ma ba'd el mazāq (m)	طعم ما بعد المذاق
essere a dieta	χass	خسّ
dieta (f)	reʒīm (m)	رجيم
vitamina (f)	vitamīn (m)	فيتامين
caloria (f)	so'ra ḥarāriya (f)	سعرة حراريّة
vegetariano (m)	nabāty (m)	نباتي
vegetariano (agg)	nabāty	نباتي
grassi (m pl)	dohūn (pl)	دهون
proteine (f pl)	brotenāt (pl)	بروتينات
carboidrati (m pl)	naʃawīāt (pl)	نشويّات
fetta (f), fettina (f)	ʃarīḥa (f)	شريحة
pezzo (m) (~ di torta)	'eṭ'a (f)	قطعة
briciola (f) (~ di pane)	fattāta (f)	فتاتة

52. Preparazione della tavola

cucchiaio (m)	ma'la'a (f)	معلقة
coltello (m)	sekkīna (f)	سكّينة

forchetta (f)	ʃawka (f)	شوكة
tazza (f)	fengān (m)	فنجان
piatto (m)	ṭabaʾ (m)	طبق
piattino (m)	ṭabaʾ fengān (m)	طبق فنجان
tovagliolo (m)	mandīl waraʾ (m)	منديل ورق
stuzzicadenti (m)	χallet senān (f)	خلة سنان

53. Ristorante

ristorante (m)	maṭʿam (m)	مطعم
caffè (m)	ʾahwa (f), kaféih (m)	قهوة, كافيه
pub (m), bar (m)	bār (m)	بار
sala (f) da tè	ṣalone ʃāy (m)	صالون شاي
cameriere (m)	garsone (m)	جرسون
cameriera (f)	garsona (f)	جرسونة
barista (m)	bārman (m)	بارمان
menù (m)	qāʾemet el ṭaʿām (f)	قائمة طعام
lista (f) dei vini	qāʾemet el χomūr (f)	قائمة خمور
prenotare un tavolo	ḥagaz sofra	حجز سفرة
piatto (m)	wagba (f)	وجبة
ordinare (~ il pranzo)	ṭalab	طلب
fare un'ordinazione	ṭalab	طلب
aperitivo (m)	ʃarāb (m)	شراب
antipasto (m)	moqabbelāt (pl)	مقبّلات
dolce (m)	ḥalawīāt (pl)	حلويّات
conto (m)	ḥesāb (m)	حساب
pagare il conto	dafaʿ el ḥesāb	دفع الحساب
dare il resto	edda el bāʾy	ادّي الباقي
mancia (f)	baʾʃīʃ (m)	بقشيش

Famiglia, parenti e amici

54. Informazioni personali. Moduli

nome (m)	esm (m)	اسم
cognome (m)	esm el ʿaʾela (m)	اسم العائلة
data (f) di nascita	tarīχ el melād (m)	تاريخ الميلاد
luogo (m) di nascita	makān el melād (m)	مكان الميلاد
nazionalità (f)	gensiya (f)	جنسيّة
domicilio (m)	maqarr el eqāma (m)	مقرّ الإقامة
paese (m)	balad (m)	بلد
professione (f)	mehna (f)	مهنة
sesso (m)	ginss (m)	جنس
statura (f)	ṭūl (m)	طول
peso (m)	wazn (m)	وزن

55. Membri della famiglia. Parenti

madre (f)	walda (f)	والدة
padre (m)	wāled (m)	والد
figlio (m)	walad (m)	ولد
figlia (f)	bent (f)	بنت
figlia (f) minore	el bent el saɣīra (f)	البنت الصغيرة
figlio (m) minore	el ebn el saɣīr (m)	الابن الصغير
figlia (f) maggiore	el bent el kebīra (f)	البنت الكبيرة
figlio (m) maggiore	el ebn el kabīr (m)	الابن الكبير
fratello (m)	aχ (m)	أخ
fratello (m) maggiore	el aχ el kibīr (m)	الأخ الكبير
fratello (m) minore	el aχ el ṣoɣeyyir (m)	الأخ الصغير
sorella (f)	oχt (f)	أخت
sorella (f) maggiore	el uχt el kibīra (f)	الأخت الكبيرة
sorella (f) minore	el uχt el ṣoɣeyyira (f)	الأخت الصغيرة
cugino (m)	ibn ʿamm (m), ibn χāl (m)	إبن عمّ, إبن خال
cugina (f)	bint ʿamm (f), bint χāl (f)	بنت عم, بنت خال
mamma (f)	mama (f)	ماما
papà (m)	baba (m)	بابا
genitori (m pl)	waldeyn (du)	والدين
bambino (m)	ṭefl (m)	طفل
bambini (m pl)	aṭfāl (pl)	أطفال
nonna (f)	gedda (f)	جدّة
nonno (m)	gadd (m)	جدّ
nipote (m) (figlio di un figlio)	ḥafīd (m)	حفيد

nipote (f)	ḥafīda (f)	حفيدة
nipoti (pl)	aḥfād (pl)	أحفاد
zio (m)	ʿamm (m), χāl (m)	عمّ, خال
zia (f)	ʿamma (f), χāla (f)	عمة, خالة
nipote (m) (figlio di un fratello)	ibn el aχ (m), ibn el uχt (m)	إبن الأخ, إبن الأخت
nipote (f)	bint el aχ (f), bint el uχt (f)	بنت الأخ, بنت الأخت
suocera (f)	ḥamah (f)	حماة
suocero (m)	ḥama (m)	حما
genero (m)	goze el bent (m)	جوز البنت
matrigna (f)	merāt el abb (f)	مرات الأب
patrigno (m)	goze el omm (m)	جوز الأم
neonato (m)	ṭefl raḍeeʿ (m)	طفل رضيع
infante (m)	mawlūd (m)	موّلود
bimbo (m), ragazzino (m)	walad ṣaɣīr (m)	ولد صغير
moglie (f)	goza (f)	جوزة
marito (m)	goze (m)	جوز
coniuge (m)	goze (m)	جوز
coniuge (f)	goza (f)	جوزة
sposato (agg)	metgawwez	متجوّز
sposata (agg)	metgawweza	متجوّزة
celibe (agg)	aʿzab	أعزب
scapolo (m)	aʿzab (m)	أعزب
divorziato (agg)	moṭallaq (m)	مطلّق
vedova (f)	armala (f)	أرملة
vedovo (m)	armal (m)	أرمل
parente (m)	ʾarīb (m)	قريب
parente (m) stretto	nesīb ʾarīb (m)	نسيب قريب
parente (m) lontano	nesīb beʿīd (m)	نسيب بعيد
parenti (m pl)	aqāreb (pl)	أقارب
orfano (m), orfana (f)	yatīm (m)	يتيم
tutore (m)	walyī amr (m)	وليّ أمر
adottare (~ un bambino)	tabanna	تبنّى
adottare (~ una bambina)	tabanna	تبنّى

56. Amici. Colleghi

amico (m)	ṣadīq (m)	صديق
amica (f)	ṣadīqa (f)	صديقة
amicizia (f)	ṣadāqa (f)	صداقة
essere amici	ṣādaq	صادق
amico (m) (inform.)	ṣāḥeb (m)	صاحب
amica (f) (inform.)	ṣaḥba (f)	صاحبة
partner (m)	rafīʾ (m)	رفيق
capo (m)	raʾīs (m)	رئيس
capo (m), superiore (m)	el arfaʿ maqāman (m)	الأرفع مقاماً
proprietario (m)	ṣāḥib (m)	صاحب

subordinato (m)	tābe' (m)	تابع
collega (m)	zamīl (m)	زميل
conoscente (m)	ma'refa (m)	معرفة
compagno (m) di viaggio	rafī' safar (m)	رفيق سفر
compagno (m) di classe	zamīl fel ṣaff (m)	زميل في الصفّ
vicino (m)	gār (m)	جار
vicina (f)	gāra (f)	جارة
vicini (m pl)	gerān (pl)	جيران

57. Uomo. Donna

donna (f)	set (f)	ست
ragazza (f)	bent (f)	بنت
sposa (f)	'arūsa (f)	عروسة
bella (agg)	gamīla	جميلة
alta (agg)	ṭawīla	طويلة
snella (agg)	raʃīqa	رشيقة
bassa (agg)	'aṣīra	قصيرة
bionda (f)	ʃa'ra (f)	شقراء
bruna (f)	zāt al ʃa'r el dāken (f)	ذات الشعر الداكن
da donna (agg)	sayedāt	سيّدات
vergine (f)	'azrā' (f)	عذراء
incinta (agg)	ḥāmel	حامل
uomo (m) (adulto maschio)	rāgel (m)	راجل
biondo (m)	aʃ'ar (m)	أشقر
bruno (m)	zu el ʃa'r el dāken (m)	ذو الشعر الداكن
alto (agg)	ṭawīl	طويل
basso (agg)	'aṣīr	قصير
sgarbato (agg)	waqeḥ	وقح
tozzo (agg)	malyān	مليان
robusto (agg)	matīn	متين
forte (agg)	'awy	قوّي
forza (f)	'owwa (f)	قوّة
grasso (agg)	teχīn	تخين
bruno (agg)	asmar	أسمر
snello (agg)	raʃīq	رشيق
elegante (agg)	anīq	أنيق

58. Età

età (f)	'omr (m)	عمر
giovinezza (f)	ʃabāb (m)	شباب
giovane (agg)	ʃāb	شاب
più giovane (agg)	aṣɣar	أصغر

più vecchio (agg)	akbar	أكبر
giovane (m)	ʃāb (m)	شاب
adolescente (m, f)	morāheq (m)	مراهق
ragazzo (m)	ʃāb (m)	شاب
vecchio (m)	ʻagūz (m)	عجوز
vecchia (f)	ʻagūza (f)	عجوزة
adulto (m)	rāʃed (m)	راشد
di mezza età	fe montaṣaf el ʻomr	في منتصف العمر
anziano (agg)	ʻagūz	عجوز
vecchio (agg)	ʻagūz	عجوز
pensionamento (m)	maʻāʃ (m)	معاش
andare in pensione	oḥīl ʻala el maʻāʃ	أحيل على المعاش
pensionato (m)	motaqāʻed (m)	متقاعد

59. Bambini

bambino (m), bambina (f)	ṭefl (m)	طفل
bambini (m pl)	aṭfāl (pl)	أطفال
gemelli (m pl)	taw'am (du)	توأم
culla (f)	mahd (m)	مهد
sonaglio (m)	χoʃχeyʃa (f)	خشخيشة
pannolino (m)	bambarz, ḥaffāḍ (m)	بامبرز, حفاض
tettarella (f)	bazzāza (f)	بزّازة
carrozzina (f)	ʻarabet aṭfāl (f)	عربة أطفال
scuola (f) materna	rawḍet aṭfāl (f)	روضة أطفال
baby-sitter (f)	dāda (f)	دادة
infanzia (f)	ṭofūla (f)	طفولة
bambola (f)	ʻarūsa (f)	عروسة
giocattolo (m)	leʻba (f)	لعبة
gioco (m) di costruzione	mokaʻʻabāt (pl)	مكعّبات
educato (agg)	mo'addab	مؤدّب
maleducato (agg)	'alīl el adab	قليل الأدب
viziato (agg)	metdallaʻ	متدلّع
essere disubbidiente	ʃefy	شقي
birichino (agg)	laʻūb	لعوب
birichinata (f)	ezʻāg (m)	إزعاج
bambino (m) birichino	ṭefl laʻūb (m)	طفل لعوب
ubbidiente (agg)	moṭeeʻ	مطيع
disubbidiente (agg)	ʻāq	عاق
docile (agg)	ʻā'el	عاقل
intelligente (agg)	zaky	ذكي
bambino (m) prodigio	ṭefl moʻgeza (m)	طفل معجزة

60. Coppie sposate. Vita di famiglia

baciare (vt)	bās	باس
baciarsi (vr)	bās	باس
famiglia (f)	ʿeyla (f)	عيلة
familiare (agg)	ʿā'ely	عائلي
coppia (f)	gozeyn (du)	جوزين
matrimonio (m)	gawāz (m)	جواز
focolare (m) domestico	beyt (m)	بيت
dinastia (f)	solāla ḥākema (f)	سلالة حاكمة
appuntamento (m)	mawʿed (m)	موّعد
bacio (m)	bosa (f)	بوسة
amore (m)	ḥobb (m)	حبّ
amare (qn)	ḥabb	حبّ
amato (agg)	ḥabīb	حبيب
tenerezza (f)	ḥanān (m)	حنان
dolce, tenero (agg)	ḥanūn	حنون
fedeltà (f)	el eχlāṣ (m)	الإخلاص
fedele (agg)	moχleṣ	مخلص
premura (f)	ʿenāya (f)	عناية
premuroso (agg)	mohtamm	مهتّم
sposi (m pl) novelli	ʿarūseyn (du)	عروسين
luna (f) di miele	ʃahr el ʿasal (m)	شهر العسل
sposarsi (per una donna)	tagawwaz	تجوّز
sposarsi (per un uomo)	tagawwaz	تجوّز
nozze (f pl)	faraḥ (m)	فرح
nozze (f pl) d'oro	el zekra el χamsīn lel gawāz (f)	الذكرى الخمسين للجواز
anniversario (m)	zekra sanawiya (f)	ذكرى سنوية
amante (m)	ḥabīb (m)	حبيب
amante (f)	ḥabība (f)	حبيبة
adulterio (m)	χeyāna zawgiya (f)	خيانة زوّجية
tradire (commettere adulterio)	χān	خان
geloso (agg)	ɣayūr	غيّور
essere geloso	ɣār	غار
divorzio (m)	ṭalā' (m)	طلاق
divorziare (vi)	ṭalla'	طلّق
litigare (vi)	etχāne'	إتخانق
fare pace	taṣālaḥ	تصالح
insieme	maʿ baʿḍ	مع بعض
sesso (m)	ginss (m)	جنس
felicità (f)	saʿāda (f)	سعادة
felice (agg)	saʿīd	سعيد
disgrazia (f)	moṣība (m)	مصيبة
infelice (agg)	taʿīs	تعيس

Personalità. Sentimenti. Emozioni

61. Sentimenti. Emozioni

sentimento (m)	ʃoʿūr (m)	شعور
sentimenti (m pl)	maʃāʿer (pl)	مشاعر
sentire (vt)	ʃaʿar	شعر
fame (f)	gūʿ (m)	جوع
avere fame	ʿāyez ʾākol	عايز آكل
sete (f)	ʿaṭaʃ (m)	عطش
avere sete	ʿāyez aʃrab	عايز أشرب
sonnolenza (f)	neʿās (m)	نعاس
avere sonno	neʿes	نعس
stanchezza (f)	taʿab (m)	تعب
stanco (agg)	taʿbān	تعبان
stancarsi (vr)	teʿeb	تعب
umore (m) (buon ~)	mazāg (m)	مزاج
noia (f)	malal (m)	ملل
annoiarsi (vr)	zeheʾ	زهق
isolamento (f)	ʿozla (f)	عزلة
isolarsi (vr)	ʿazal	عزل
preoccupare (vt)	aʾlaʾ	أقلق
essere preoccupato	ʾeleʾ	قلق
agitazione (f)	ʾalaʾ (m)	قلق
preoccupazione (f)	ʾalaʾ (m)	قلق
preoccupato (agg)	maʃɣūl el bāl	مشغول البال
essere nervoso	etwattar	إتوّتر
andare in panico	etχaḍḍ	إتخضّ
speranza (f)	amal (m)	أمل
sperare (vi, vt)	tamanna	تمنّى
certezza (f)	yaqīn (m)	يقين
sicuro (agg)	motaʾakked	متأكّد
incertezza (f)	ʿadam el taʾakkod (m)	عدم التأكّد
incerto (agg)	meʃ motaʾakked	مش متأكّد
ubriaco (agg)	sakrān	سكران
sobrio (agg)	ṣāḥy	صاحي
debole (agg)	ḍaʿīf	ضعيف
fortunato (agg)	saʿīd	سعيد
spaventare (vt)	χawwef	خوّف
furia (f)	ɣaḍab ʃedīd (m)	غضب شديد
rabbia (f)	ɣaḍab (m)	غضب
depressione (f)	ekteʾāb (m)	إكتئاب
disagio (m)	ʿadam erteyāḥ (m)	عدم إرتياح

conforto (m)	rāḥa (f)	راحة
rincrescere (vi)	nedem	ندم
rincrescimento (m)	nadam (m)	ندم
sfortuna (f)	sū' ḥazẓ (m)	سوء حظ
tristezza (f)	ḥozn (f)	حزن
vergogna (f)	χagal (m)	خجل
allegria (f)	faraḥ (m)	فرح
entusiasmo (m)	ḥamās (m)	حماس
entusiasta (m)	motaḥammes (m)	متحمّس
mostrare entusiasmo	taḥammas	تحمّس

62. Personalità. Carattere

carattere (m)	ʃaχṣiya (f)	شخصية
difetto (m)	ʿeyb (m)	عيب
mente (f), intelletto (m)	ʿa'l (m)	عقل
coscienza (f)	ḍamīr (m)	ضمير
abitudine (f)	ʿāda (f)	عادة
capacità (f)	qodra (f)	قدرة
sapere (~ nuotare)	ʿeref	عرف
paziente (agg)	ṣabūr	صبور
impaziente (agg)	'alīl el ṣabr	قليل الصبر
curioso (agg)	foḍūly	فضولي
curiosità (f)	foḍūl (m)	فضول
modestia (f)	tawāḍoʿ (m)	تواضع
modesto (agg)	motawāḍeʿ	متواضع
immodesto (agg)	meʃ motawāḍeʿ	مش متواضع
pigrizia (f)	kasal (m)	كسل
pigro (agg)	kaslān	كسلان
poltrone (m)	kaslān (m)	كسلان
furberia (f)	makr (m)	مكر
furbo (agg)	makkār	مكّار
diffidenza (f)	ʿadam el seqa (m)	عدم الثقة
diffidente (agg)	ʃakkāk	شكّاك
generosità (f)	karam (m)	كرم
generoso (agg)	karīm	كريم
di talento	mawhūb	موهوب
talento (m)	mawheba (f)	موهبة
coraggioso (agg)	ʃogāʿ	شجاع
coraggio (m)	ʃagāʿa (f)	شجاعة
onesto (agg)	amīn	أمين
onestà (f)	amāna (f)	أمانة
prudente (agg)	ḥazer	حذر
valoroso (agg)	ʃogāʿ	شجاع
serio (agg)	gād	جاد

severo (agg)	ṣārem	صارم
deciso (agg)	ḥāsem	حاسم
indeciso (agg)	motaradded	متردّد
timido (agg)	χagūl	خجول
timidezza (f)	χagal (m)	خجل
fiducia (f)	seqa (f)	ثقة
fidarsi (vr)	wasaq	وثق
fiducioso (agg)	saree' el taṣdīq	سريع التصديق
sinceramente	beṣarāḥa	بصراحة
sincero (agg)	moχleṣ	مخلص
sincerità (f)	eχlāṣ (m)	إخلاص
aperto (agg)	ṣarīḥ	صريح
tranquillo (agg)	hady	هادئ
sincero (agg)	ṣarīḥ	صريح
ingenuo (agg)	sāzeg	ساذج
distratto (agg)	ʃāred el fekr	شارد الفكر
buffo (agg)	moḍḥek	مضحك
avidità (f)	boχl (m)	بخل
avido (agg)	ṭammā'	طماع
avaro (agg)	baχīl	بخيل
cattivo (agg)	ʃerrīr	شرير
testardo (agg)	'anīd	عنيد
antipatico (agg)	karīh	كريه
egoista (m)	anāny (m)	أناني
egoistico (agg)	anāny	أناني
codardo (m)	gabān (m)	جبان
codardo (agg)	gabān	جبان

63. Dormire. Sogni

dormire (vi)	nām	نام
sonno (m) (stato di sonno)	nome (m)	نوم
sogno (m)	ḥelm (m)	حلم
sognare (fare sogni)	ḥelem	حلم
sonnolento (agg)	na'sān	نعسان
letto (m)	serīr (m)	سرير
materasso (m)	martaba (f)	مرتبة
coperta (f)	baṭṭaniya (f)	بطّانيّة
cuscino (m)	maχadda (f)	مخدّة
lenzuolo (m)	melāya (f)	ملاية
insonnia (f)	araq (m)	أرق
insonne (agg)	bodūn nome	بدون نوم
sonnifero (m)	monawwem (m)	منوّم
prendere il sonnifero	aχad monawwem	اخد منوّم
avere sonno	ne'es	نعس
sbadigliare (vi)	ettāweb	إتّاوب

andare a letto	rāḥ lel serīr	راح للسرير
fare il letto	waḍḍab el serīr	وضّب السرير
addormentarsi (vr)	nām	نام
incubo (m)	kabūs (m)	كابوس
russare (m)	ʃeχīr (m)	شخير
russare (vi)	ʃakχar	شخّر
sveglia (f)	monabbeh (m)	منبّه
svegliare (vt)	ṣaḥḥa	صحّى
svegliarsi (vr)	ṣeḥy	صحي
alzarsi (vr)	ʾām	قام
lavarsi (vr)	ɣasal	غسل

64. Umorismo. Risata. Felicità

umorismo (m)	hezār (m)	هزار
senso (m) dello humour	ḥess fokāhy (m)	حسّ فكاهي
divertirsi (vr)	estamtaʿ	إستمتع
allegro (agg)	farḥān	فرحان
allegria (f)	bahga (f)	بهجة
sorriso (m)	ebtesāma (f)	إبتسامة
sorridere (vi)	ebtasam	إبتسم
mettersi a ridere	badaʾ yeḍḥak	بدأ يضحك
ridere (vi)	ḍeḥek	ضحك
riso (m)	ḍeḥka (f)	ضحكة
aneddoto (m)	ḥekāya (f)	حكاية
divertente (agg)	moḍḥek	مضحك
ridicolo (agg)	moḍḥek	مضحك
scherzare (vi)	hazzar	هزّر
scherzo (m)	nokta (f)	نكتة
gioia (f) (fare salti di ~)	saʿāda (f)	سعادة
rallegrarsi (vr)	mereḥ	مرح
allegro (agg)	saʿīd	سعيد

65. Discussione. Conversazione. Parte 1

comunicazione (f)	tawāṣol (m)	تواصل
comunicare (vi)	tawāṣal	تواصل
conversazione (f)	moḥadsa (f)	محادثة
dialogo (m)	ḥewār (m)	حوار
discussione (f)	monaʾʃa (f)	مناقشة
dibattito (m)	χelāf (m)	خلاف
discutere (vi)	χālef	خالف
interlocutore (m)	muḥāwer (m)	محاوّر
tema (m)	mawḍūʿ (m)	موضوع
punto (m) di vista	weg-het naẓar (f)	وجهة نظر

opinione (f)	ra'yī (m)	رأي
discorso (m)	xeṭāb (m)	خطاب
discussione (f)	mona'ʃa (f)	مناقشة
discutere (~ una proposta)	nā'eʃ	ناقش
conversazione (f)	ḥadīs (m)	حديث
conversare (vi)	dardeʃ	دردش
incontro (m)	leqā' (m)	لقاء
incontrarsi (vr)	'ābel	قابل
proverbio (m)	masal (m)	مثل
detto (m)	maqūla (f)	مقولة
indovinello (m)	loɣz (m)	لغز
fare un indovinello	toʃakkel loɣz	تشكّل لغز
parola (f) d'ordine	kelmet el morūr (f)	كلمة مرور
segreto (m)	serr (m)	سرّ
giuramento (m)	qasam (m)	قسم
giurare (prestare giuramento)	aqsam	أقسم
promessa (f)	wa'd (m)	وعد
promettere (vt)	wa'ad	وعد
consiglio (m)	naṣīḥa (f)	نصيحة
consigliare (vt)	naṣaḥ	نصح
seguire il consiglio	tatabba' naṣīḥa	تتبّع نصيحة
ubbidire (ai genitori)	aṭā'	أطاع
notizia (f)	axbār (m)	أخبار
sensazione (f)	ḍagga (f)	ضجّة
informazioni (f pl)	ma'lumāt (pl)	معلومات
conclusione (f)	estentāg (f)	إستنتاج
voce (f)	ṣote (m)	صوت
complimento (m)	madḥ (m)	مدح
gentile (agg)	laṭīf	لطيف
parola (f)	kelma (f)	كلمة
frase (f)	'ebāra (f)	عبارة
risposta (f)	gawāb (m)	جواب
verità (f)	ḥaī'a (f)	حقيقة
menzogna (f)	kezb (m)	كذب
pensiero (m)	fekra (f)	فكرة
idea (f)	fekra (f)	فكرة
fantasia (f)	xayāl (m)	خيال

66. Discussione. Conversazione. Parte 2

rispettato (agg)	moḥtaram	محترم
rispettare (vt)	eḥtaram	إحترم
rispetto (m)	eḥterām (m)	إحترام
Egregio ...	'azīzy ...	عزيزي...
presentare (~ qn)	'arraf	عرّف
fare la conoscenza di ...	ta'arraf	تعرّف

intenzione (f)	niya (f)	نيّة
avere intenzione	nawa	نوى
augurio (m)	omniya (f)	أمنية
augurare (vt)	tamanna	تمنّى
sorpresa (f)	mofag'a (f)	مفاجأة
sorprendere (stupire)	fāga'	فاجئ
stupirsi (vr)	etfāge'	إتفاجئ
dare (vt)	edda	أدّى
prendere (vt)	aχad	أخد
rendere (vt)	radd	ردّ
restituire (vt)	ragga'	رجّع
scusarsi (vr)	e'tazar	إعتذر
scusa (f)	e'tezār (m)	إعتذار
perdonare (vt)	'afa	عفا
parlare (vi, vt)	etkallem	إتكلّم
ascoltare (vi)	seme'	سمع
ascoltare fino in fondo	seme'	سمع
capire (vt)	fehem	فهم
mostrare (vt)	'araḍ	عرض
guardare (vt)	baṣṣ	بصّ
chiamare (rivolgersi a)	nāda	نادى
dare fastidio	ʃaɣal	شغل
disturbare (vt)	az'ag	أزعج
consegnare (vt)	sallem	سلّم
richiesta (f)	ṭalab (m)	طلب
chiedere (vt)	ṭalab	طلب
esigenza (f)	maṭlab (m)	مطلب
esigere (vt)	ṭāleb	طالب
stuzzicare (vt)	ɣāẓ	غاظ
canzonare (vt)	saχar	سخر
burla (f), beffa (f)	soχreya (f)	سخرية
soprannome (m)	esm el ʃohra (m)	اسم الشهرة
allusione (f)	talmīḥ (m)	تلميح
alludere (vi)	lammaḥ	لمّح
intendere (cosa intendi dire?)	'aṣad	قصد
descrizione (f)	waṣf (m)	وصف
descrivere (vt)	waṣaf	وصف
lode (f)	madḥ (m)	مدح
lodare (vt)	madaḥ	مدح
delusione (f)	χeybet amal (f)	خيبة أمل
deludere (vt)	χayab	خيّب
rimanere deluso	χābet 'āmalo	خابت آماله
supposizione (f)	efterāḍ (m)	إفتراض
supporre (vt)	eftaraḍ	إفترض
avvertimento (m)	taḥzīr (m)	تحذير
avvertire (vt)	ḥazzar	حذّر

67. Discussione. Conversazione. Parte 3

persuadere (vt)	aqnaʿ	أقنع
tranquillizzare (vt)	ṭam'an	طمأن
silenzio (m) (il ~ è d'oro)	sokūt (m)	سكوت
tacere (vi)	seket	سكت
sussurrare (vt)	hamas	همس
sussurro (m)	hamsa (f)	همسة
francamente	beṣarāḥa	بصراحة
secondo me ...	fi ra'yi ...	في رأيي ...
dettaglio (m)	tafṣīl (m)	تفصيل
dettagliato (agg)	mofaṣṣal	مفصّل
dettagliatamente	bel tafṣīl	بالتفصيل
suggerimento (m)	talmīḥ (m)	تلميح
suggerire (vt)	edda lamḥa	أدى لمحة
sguardo (m)	naẓra (f)	نظرة
gettare uno sguardo	alqa nazra	ألقى نظرة
fisso (agg)	sābet	ثابت
battere le palpebre	ramaʃ	رمش
ammiccare (vi)	ɣamaz	غمز
accennare col capo	haz rāso	هزّ رأسه
sospiro (m)	tanhīda (f)	تنهيدة
sospirare (vi)	tanahhad	تنهّد
sussultare (vi)	ertaʿaʃ	ارتعش
gesto (m)	eʃāret yad (f)	إشارة يد
toccare (~ il braccio)	lamas	لمس
afferrare (~ per il braccio)	mesek	مسك
picchiettare (~ la spalla)	ḥazz	حزّ
Attenzione!	χally bālak!	خللي بالك!
Davvero?	feʿlan	فعلاً؟
Sei sicuro?	enta mota'akked?	أنت متأكّد؟
Buona fortuna!	bel tawfī'!	بالتوفيق!
Capito!	wāḍeḥ!	واضح!
Peccato!	ya χesāra!	يا خسارة!

68. Accordo. Rifiuto

accordo (m)	mowafʾa (f)	موافقة
essere d'accordo	wāfe'	وافق
approvazione (f)	'obūl (m)	قبول
approvare (vt)	'abal	قبل
rifiuto (m)	rafḍ (m)	رفض
rifiutarsi (vr)	rafaḍ	رفض
Perfetto!	ʿaẓīm!	عظيم!
Va bene!	tamām!	تمام!

D'accordo!	ettafa'na!	إتّفقنا!
vietato, proibito (agg)	mamnūʿ	ممنوع
è proibito	mamnūʿ	ممنوع
è impossibile	mostaḥīl	مستحيل
sbagliato (agg)	ɣeleṭ	غلط
respingere (~ una richiesta)	rafaḍ	رفض
sostenere (~ un'idea)	ayed	أيّد
accettare (vt)	'abal	قبل
confermare (vt)	akkad	أكّد
conferma (f)	ta'kīd (m)	تأكيد
permesso (m)	samāḥ (m)	سماح
permettere (vt)	samaḥ	سمح
decisione (f)	qarār (m)	قرار
non dire niente	ṣamt	صمت
condizione (f)	ʃarṭ (m)	شرط
pretesto (m)	ʿozr (m)	عذر
lode (f)	madḥ (m)	مدح
lodare (vt)	madaḥ	مدح

69. Successo. Fortuna. Fiasco

successo (m)	nagāḥ (m)	نجاح
con successo	be nagāḥ	بنجاح
ben riuscito (agg)	nāgeḥ	ناجح
fortuna (f)	ḥazz (m)	حظّ
Buona fortuna!	bel tawfī'!	بالتوفيق!
fortunato (giorno ~)	maḥẓūẓ	محظوظ
fortunato (persona ~a)	maḥẓūẓ	محظوظ
fiasco (m)	faʃal (m)	فشل
disdetta (f)	sū' el ḥazz (m)	سوء الحظّ
sfortuna (f)	sū' el ḥazz (m)	سوء الحظّ
fallito (agg)	ɣayr nāgeḥ	غير ناجح
disastro (m)	karsa (f)	كارثة
orgoglio (m)	faχr (m)	فخر
orgoglioso (agg)	faχūr	فخور
essere fiero di ...	eftaχar	إفتخر
vincitore (m)	fā'ez (m)	فائز
vincere (vi)	fāz	فاز
perdere (subire una sconfitta)	χeser	خسر
tentativo (m)	moḥawla (f)	محاولة
tentare (vi)	ḥāwel	حاول
chance (f)	forṣa (f)	فرصة

70. Dispute. Sentimenti negativi

grido (m)	ṣarχa (f)	صرخة
gridare (vi)	ṣarraχ	صرّخ

mettersi a gridare	ṣarrax	صرّخ
litigio (m)	xenā'a (f)	خناقة
litigare (vi)	etxāne'	إتخانق
lite (f)	xenā'a (f)	خناقة
dare scandalo (litigare)	taʃāgar	تشاجر
conflitto (m)	xelāf (m)	خلاف
fraintendimento (m)	sū' tafāhom (m)	سوء تفاهم
insulto (m)	ehāna (f)	إهانة
insultare (vt)	ahān	أهان
offeso (agg)	mohān	مهان
offesa (f)	esteyā' (m)	إستياء
offendere (qn)	ahān	أهان
offendersi (vr)	estā'	إستاء
indignazione (f)	saxṭ (m)	سخط
indignarsi (vr)	estā'	إستاء
lamentela (f)	ʃakwa (f)	شكوى
lamentarsi (vr)	ʃaka	شكا
scusa (f)	e'tezār (m)	إعتذار
scusarsi (vr)	e'tazar	إعتذر
chiedere scusa	e'tazar	إعتذر
critica (f)	naqd (m)	نقد
criticare (vt)	naqad	نقد
accusa (f)	ettehām (m)	إتّهام
accusare (vt)	ettaham	إتّهم
vendetta (f)	enteqām (m)	إنتقام
vendicare (vt)	entaqam	إنتقم
vendicarsi (vr)	radd	ردّ
disprezzo (m)	ezderā' (m)	إزدراء
disprezzare (vt)	eḥtaqar	إحتقر
odio (m)	korh (f)	كره
odiare (vt)	kereh	كره
nervoso (agg)	'aṣaby	عصبي
essere nervoso	etwattar	إتوّتر
arrabbiato (agg)	ɣaḍbān	غضبان
fare arrabbiare	narfez	نرفز
umiliazione (f)	ezlāl (m)	إذلال
umiliare (vt)	zallel	ذلّل
umiliarsi (vr)	tazallal	تذلّل
shock (m)	ṣadma (f)	صدمة
scandalizzare (vt)	ṣadam	صدم
problema (m) (avere ~i)	moʃkela (f)	مشكلة
spiacevole (agg)	karīh	كريه
spavento (m), paura (f)	xofe (m)	خوف
terribile (una tempesta ~)	ʃedīd	شديد
spaventoso (un racconto ~)	moxīf	مخيف

orrore (m)	ro'b (m)	رعب
orrendo (un crimine ~)	baʃe'	بشع
cominciare a tremare	erta'aʃ	إرتعش
piangere (vi)	baka	بكى
mettersi a piangere	bada' yebky	بدأ يبكي
lacrima (f)	dama'a (f)	دمعة
colpa (f)	ɣalṭa (f)	غلطة
senso (m) di colpa	zanb (m)	ذنب
vergogna (f)	'ār (m)	عار
protesta (f)	eḥtegāg (m)	إحتجاج
stress (m)	tawattor (m)	توتّر
disturbare (vt)	az'ag	أزعج
essere arrabbiato	ɣeḍeb	غضب
arrabbiato (agg)	ɣaḍbān	غضبان
porre fine a ... (~ una relazione)	anha	أنهى
rimproverare (vt)	ʃatam	شتم
spaventarsi (vr)	χāf	خاف
colpire (vt)	ḍarab	ضرب
picchiarsi (vr)	χāne'	خانق
regolare (~ un conflitto)	sawwa	سوّى
scontento (agg)	meʃ rāḍy	مش راضي
furioso (agg)	ɣaḍbān	غضبان
Non sta bene!	keda meʃ kwayes!	!كده مش كويّس
Fa male!	keda weḥeʃ!	كده وحش!

Medicinali

71. Malattie

malattia (f)	marad̩ (m)	مرض
essere malato	mered̩	مرض
salute (f)	ṣeḥḥa (f)	صحّة
raffreddore (m)	raʃ-ḥ fel anf (m)	رشح في الأنف
tonsillite (f)	eltehāb el lawzateyn (m)	إلتهاب اللوزتين
raffreddore (m)	zokām (m)	زكام
raffreddarsi (vr)	gālo bard	جاله برد
bronchite (f)	eltehāb ʃo'aby (m)	إلتهاب شعبيّ
polmonite (f)	eltehāb ra'awy (m)	إلتهاب رئوي
influenza (f)	influenza (f)	إنفلونزا
miope (agg)	'aṣīr el naẓar	قصير النظر
presbite (agg)	be'īd el naẓar	بعيد النظر
strabismo (m)	ḥawal (m)	حوَل
strabico (agg)	aḥwal	أحوَل
cateratta (f)	katarakt (f)	كاتاراكت
glaucoma (m)	glawkoma (f)	جلوكوما
ictus (m) cerebrale	sakta (f)	سكتة
attacco (m) di cuore	azma 'albiya (f)	أزمة قلبية
infarto (m) miocardico	nawba 'albiya (f)	نوبة قلبية
paralisi (f)	ʃalal (m)	شلل
paralizzare (vt)	ʃall	شلّ
allergia (f)	ḥasasiya (f)	حساسيّة
asma (f)	rabw (m)	ربو
diabete (m)	dā' el sokkary (m)	داء السكّري
mal (m) di denti	alam asnān (m)	ألم الأسنان
carie (f)	naχr el asnān (m)	نخر الأسنان
diarrea (f)	es-hāl (m)	إسهال
stitichezza (f)	emsāk (m)	إمساك
disturbo (m) gastrico	edṭrāb el me'da (m)	إضطراب المعدة
intossicazione (f) alimentare	tasammom (m)	تسمّم
intossicarsi (vr)	etsammem	إتسمّم
artrite (f)	eltehāb el mafāṣel (m)	إلتهاب المفاصل
rachitide (f)	kosāḥ el aṭfāl (m)	كساح الأطفال
reumatismo (m)	rheumatism (m)	روماتزم
aterosclerosi (f)	taṣṣallob el ʃarayīn (m)	تصلّب الشرايين
gastrite (f)	eltehāb el me'da (m)	إلتهاب المعدة
appendicite (f)	eltehāb el zayda el dūdiya (m)	إلتهاب الزائدة الدودية

colecistite (f)	eltehāb el marāra (m)	إلتهاب المرارة
ulcera (f)	qorḥa (f)	قرحة
morbillo (m)	maraḍ el ḥaṣba (m)	مرض الحصبة
rosolia (f)	el ḥaṣba el almaniya (f)	الحصبة الألمانية
itterizia (f)	yaraqān (m)	يرقان
epatite (f)	eltehāb el kabed el vayrūsy (m)	إلتهاب الكبد الفيروسي
schizofrenia (f)	fuṣām (m)	فصام
rabbia (f)	dā' el kalb (m)	داء الكلب
nevrosi (f)	eḍṭrāb 'aṣaby (m)	إضطراب عصبي
commozione (f) cerebrale	ertegāg el moχ (m)	إرتجاج المخ
cancro (m)	saraṭān (m)	سرطان
sclerosi (f)	taṣṣallob (m)	تصلّب
sclerosi (f) multipla	taṣṣallob mota'added (m)	تصلّب متعدّد
alcolismo (m)	edmān el χamr (m)	إدمان الخمر
alcolizzato (m)	modmen el χamr (m)	مدمن الخمر
sifilide (f)	syfilis el zehry (m)	سفلس الزهري
AIDS (m)	el eydz (m)	الايدز
tumore (m)	waram (m)	ورم
maligno (agg)	χabīs	خبيث
benigno (agg)	ḥamīd (m)	حميد
febbre (f)	ḥomma (f)	حمّى
malaria (f)	malaria (f)	ملاريا
cancrena (f)	ɣanɣarīna (f)	غنغرينا
mal (m) di mare	dawār el baḥr (m)	دوار البحر
epilessia (f)	maraḍ el ṣara' (m)	مرض الصرع
epidemia (f)	wabā' (m)	وباء
tifo (m)	tyfus (m)	تيفوس
tubercolosi (f)	maraḍ el soll (m)	مرض السلّ
colera (m)	kōlīra (f)	كوليرا
peste (f)	ṭa'ūn (m)	طاعون

72. Sintomi. Cure. Parte 1

sintomo (m)	'araḍ (m)	عرض
temperatura (f)	ḥarāra (f)	حرارة
febbre (f) alta	ḥomma (f)	حمّى
polso (m)	nabḍ (m)	نبض
capogiro (m)	dawχa (f)	دوخة
caldo (agg)	soχn	سخن
brivido (m)	ra'ʃa (f)	رعشة
pallido (un viso ~)	aṣfar	أصفر
tosse (f)	koḥḥa (f)	كحّة
tossire (vi)	kaḥḥ	كحّ
starnutire (vi)	'aṭas	عطس

svenimento (m)	dawχa (f)	دوخة
svenire (vi)	oɣma 'aleyh	أغمي عليه
livido (m)	kadma (f)	كدمة
bernoccolo (m)	tawarrom (m)	تورّم
farsi un livido	etχabaṭ	إتخبط
contusione (f)	raḍḍa (f)	رضّة
farsi male	etkadam	إتكدم
zoppicare (vi)	'arag	عرج
slogatura (f)	χal' (m)	خلع
slogarsi (vr)	χala'	خلع
frattura (f)	kasr (m)	كسر
fratturarsi (vr)	enkasar	إنكسر
taglio (m)	garḥ (m)	جرح
tagliarsi (vr)	garaḥ nafsoh	جرح نفسه
emorragia (f)	nazīf (m)	نزيف
scottatura (f)	ḥar' (m)	حرق
scottarsi (vr)	et-ḥara'	إتحرق
pungere (vt)	waχaz	وخز
pungersi (vr)	waχaz nafso	وخز نفسه
ferire (vt)	aṣāb	أصاب
ferita (f)	eṣāba (f)	إصابة
lesione (f)	garḥ (m)	جرح
trauma (m)	ṣadma (f)	صدمة
delirare (vi)	haza	هذى
tartagliare (vi)	tala'sam	تلعثم
colpo (m) di sole	ḍarabet ʃams (f)	ضربة شمس

73. Sintomi. Cure. Parte 2

dolore (m), male (m)	alam (m)	ألم
scheggia (f)	ʃazya (f)	شظية
sudore (m)	'er' (m)	عرق
sudare (vi)	'ere'	عرق
vomito (m)	targee' (m)	ترجيع
convulsioni (f pl)	taʃonnogāt (pl)	تشنّجات
incinta (agg)	ḥāmel	حامل
nascere (vi)	etwalad	اتولّد
parto (m)	welāda (f)	ولادة
essere in travaglio di parto	walad	ولد
aborto (m)	eg-hāḍ (m)	إجهاض
respirazione (f)	tanaffos (m)	تنفّس
inspirazione (f)	estenʃāq (m)	إستنشاق
espirazione (f)	zafīr (m)	زفير
espirare (vi)	zafar	زفر
inspirare (vi)	estanʃaq	إستنشق

invalido (m)	moʿāq (m)	معاق
storpio (m)	moqʿad (m)	مقعد
drogato (m)	modmen moχaddarāt (m)	مدمن مخدّرات
sordo (agg)	aṭraʃ	أطرش
muto (agg)	aχras	أخرس
sordomuto (agg)	aṭraʃ aχras	أطرش أخرس
matto (agg)	magnūn (m)	مجنون
matto (m)	magnūn (m)	مجنون
matta (f)	magnūna (f)	مجنونة
impazzire (vi)	etgannen	اتجنّن
gene (m)	ʒīn (m)	جين
immunità (f)	manāʿa (f)	مناعة
ereditario (agg)	werāsy	وراثي
innato (agg)	χolqy men el welāda	خلقي من الولادة
virus (m)	virūs (m)	فيروس
microbo (m)	mikrūb (m)	ميكروب
batterio (m)	garsūma (f)	جرثومة
infezione (f)	ʿadwa (f)	عدوى

74. Sintomi. Cure. Parte 3

ospedale (m)	mostaʃfa (m)	مستشفى
paziente (m)	marīḍ (m)	مريض
diagnosi (f)	taʃχīṣ (m)	تشخيص
cura (f)	ʃefāʾ (m)	شفاء
trattamento (m)	ʿelāg ṭebby (m)	علاج طبي
curarsi (vr)	etʿāleg	اتعالج
curare (vt)	ʿālag	عالج
accudire (un malato)	marraḍ	مرّض
assistenza (f)	ʿenāya (f)	عناية
operazione (f)	ʿamaliya grāḥiya (f)	عمليّة جراحية
bendare (vt)	ḍammad	ضمّد
fasciatura (f)	taḍmīd (m)	تضميد
vaccinazione (f)	talqīḥ (m)	تلقيح
vaccinare (vt)	laqqaḥ	لقّح
iniezione (f)	ḥoʾna (f)	حقنة
fare una puntura	ḥaʾan ebra	حقن إبرة
attacco (m) (~ epilettico)	nawba (f)	نوبة
amputazione (f)	batr (m)	بتر
amputare (vt)	batr	بتر
coma (m)	ɣaybūba (f)	غيبوبة
essere in coma	kān fi ḥālet ɣaybūba	كان في حالة غيبوبة
rianimazione (f)	el ʿenāya el morakkaza (f)	العناية المركّزة
guarire (vi)	ʃefy	شفي
stato (f) (del paziente)	ḥāla (f)	حالة

conoscenza (f)	wa'y (m)	وعي
memoria (f)	zākera (f)	ذاكرة
estrarre (~ un dente)	xala'	خلع
otturazione (f)	ḥaʃww (m)	حشو
otturare (vt)	ḥaʃa	حشا
ipnosi (f)	el tanwīm el meɣnaṭīsy (m)	التنويم المغناطيسي
ipnotizzare (vt)	nawwem	نوّم

75. Medici

medico (m)	doktore (m)	دكتور
infermiera (f)	momarreḍa (f)	ممرّضة
medico (m) personale	doktore ʃaxṣy (m)	دكتور شخصي
dentista (m)	doktore asnān (m)	دكتور أسنان
oculista (m)	doktore el 'oyūn (m)	دكتور العيون
internista (m)	ṭabīb baṭna (m)	طبيب باطنة
chirurgo (m)	garrāḥ (m)	جرّاح
psichiatra (m)	doktore nafsāny (m)	دكتور نفساني
pediatra (m)	doktore aṭfāl (m)	دكتور أطفال
psicologo (m)	axeṣā'y 'elm el nafs (m)	أخصائي علم النفس
ginecologo (m)	doktore nesa (m)	دكتور نسا
cardiologo (m)	doktore 'alb (m)	دكتور قلب

76. Medicinali. Farmaci. Accessori

medicina (f)	dawā' (m)	دواء
rimedio (m)	'elāg (m)	علاج
prescrivere (vt)	waṣaf	وصف
prescrizione (f)	waṣfa (f)	وصفة
compressa (f)	'orṣ (m)	قرص
unguento (m)	marham (m)	مرهم
fiala (f)	ambūla (f)	أمبولة
pozione (f)	dawā' ʃorb (m)	دواء شراب
sciroppo (m)	ʃarāb (m)	شراب
pillola (f)	ḥabba (f)	حبّة
polverina (f)	zorūr (m)	ذرور
benda (f)	ḍammāda ʃāʃ (f)	ضمادة شاش
ovatta (f)	'oṭn (m)	قطن
iodio (m)	yūd (m)	يود
cerotto (m)	blaster (m)	بلاستر
contagocce (m)	'aṭṭāra (f)	قطّارة
termometro (m)	termometr (m)	ترمومتر
siringa (f)	serennga (f)	سرنجة
sedia (f) a rotelle	korsy motaḥarrek (m)	كرسي متحرك
stampelle (f pl)	'okkāz (m)	عكّاز

analgesico (m)	mosakken (m)	مسكّن
lassativo (m)	molayen (m)	مليّن
alcol (m)	etanol (m)	إيثانول
erba (f) officinale	a'ʃāb ṭebbiya (pl)	أعشاب طبيّة
d'erbe (infuso ~)	'oʃby	عشبي

77. Fumo. Prodotti di tabaccheria

tabacco (m)	tabɣ (m)	تبغ
sigaretta (f)	segāra (f)	سيجارة
sigaro (m)	segār (m)	سيجار
pipa (f)	ɣelyone (m)	غليون
pacchetto (m) (di sigarette)	'elba (f)	علبة
fiammiferi (m pl)	kebrīt (m)	كبريت
scatola (f) di fiammiferi	'elbet kebrīt (f)	علبة كبريت
accendino (m)	wallā'a (f)	ولّاعة
portacenere (m)	ṭa'ṭū'a (f)	طقطوقة
portasigarette (m)	'elbet sagāyer (f)	علبة سجائر
bocchino (m)	ḥamelet segāra (f)	حاملة سيجارة
filtro (m)	filter (m)	فلتر
fumare (vi, vt)	dakχen	دخّن
accendere una sigaretta	walla' segāra	ولّع سيجارة
fumo (m)	tadχīn (m)	تدخين
fumatore (m)	modakχen (m)	مدخّن
cicca (f), mozzicone (m)	'aqab segāra (m)	عقب سيجارة
fumo (m)	dokχān (m)	دخّان
cenere (f)	ramād (m)	رماد

HABITAT UMANO

Città

78. Città. Vita di città

città (f)	madīna (f)	مدينة
capitale (f)	'āṣema (f)	عاصمة
villaggio (m)	qarya (f)	قرية
mappa (f) della città	xarīṭet el madinah (f)	خريطة المدينة
centro (m) della città	wesṭ el balad (m)	وسط البلد
sobborgo (m)	ḍāḥeya (f)	ضاحية
suburbano (agg)	el ḍawāḥy	الضواحي
periferia (f)	aṭrāf el madīna (pl)	أطراف المدينة
dintorni (m pl)	ḍawāḥy el madīna (pl)	ضواحي المدينة
isolato (m)	ḥayī (m)	حي
quartiere residenziale	ḥayī sakany (m)	حي سكني
traffico (m)	ḥaraket el morūr (f)	حركة المرور
semaforo (m)	eʃārāt el morūr (pl)	إشارات المرور
trasporti (m pl) urbani	wasā'el el na'l (pl)	وسائل النقل
incrocio (m)	taqāṭo' (m)	تقاطع
passaggio (m) pedonale	ma'bar (m)	معبر
sottopassaggio (m)	nafa' moʃāh (m)	نفق مشاه
attraversare (vt)	'abar	عبر
pedone (m)	māʃy (m)	ماشي
marciapiede (m)	raṣīf (m)	رصيف
ponte (m)	kobry (m)	كبري
banchina (f)	korneyʃ (m)	كورنيش
fontana (f)	nafūra (f)	نافورة
vialetto (m)	mamʃa (m)	ممشى
parco (m)	ḥadīqa (f)	حديقة
boulevard (m)	bolvār (m)	بولفار
piazza (f)	medān (m)	ميدان
viale (m), corso (m)	ʃāre' (m)	شارع
via (f), strada (f)	ʃāre' (m)	شارع
vicolo (m)	zo'ā' (m)	زقاق
vicolo (m) cieco	ṭarī' masdūd (m)	طريق مسدود
casa (f)	beyt (m)	بيت
edificio (m)	mabna (m)	مبنى
grattacielo (m)	nāṭeḥet sahāb (f)	ناطحة سحاب
facciata (f)	waɣa (f)	واجهة
tetto (m)	sa'f (m)	سقف

finestra (f)	ʃebbāk (m)	شبّاك
arco (m)	qose (m)	قوس
colonna (f)	ʿamūd (m)	عمود
angolo (m)	zawya (f)	زاوية
vetrina (f)	vatrīna (f)	فترينة
insegna (f) (di negozi, ecc.)	yafṭa, lāfeta (f)	لافتة, يافطة
cartellone (m)	boster (m)	بوستر
cartellone (m) pubblicitario	boster eʿlān (m)	بوستر إعلان
tabellone (m) pubblicitario	lawḥet eʿlanāt (f)	لوحة إعلانات
pattume (m), spazzatura (f)	zebāla (f)	زبالة
pattumiera (f)	ṣandū' zebāla (m)	صندوق زبالة
sporcare (vi)	rama zebāla	رمى زبالة
discarica (f) di rifiuti	mazbala (f)	مزبلة
cabina (f) telefonica	koʃk telefōn (m)	كشك تليفون
lampione (m)	ʿamūd nūr (m)	عمود نور
panchina (f)	korsy (m)	كرسي
poliziotto (m)	ʃorṭy (m)	شرطي
polizia (f)	ʃorṭa (f)	شرطة
mendicante (m)	ʃaḥḥāt (m)	شحّات
barbone (m)	motaʃarred (m)	متشرّد

79. Servizi cittadini

negozio (m)	maḥal (m)	محل
farmacia (f)	ṣaydaliya (f)	صيدليّة
ottica (f)	maḥal naḍḍārāt (m)	محل نضّارات
centro (m) commerciale	mole (m)	مول
supermercato (m)	subermarket (m)	سوبرماركت
panetteria (f)	maχbaz (m)	مخبز
fornaio (m)	χabbāz (m)	خبّاز
pasticceria (f)	ḥalawāny (m)	حلواني
drogheria (f)	ba''āla (f)	بقّالة
macelleria (f)	gezāra (f)	جزارة
fruttivendolo (m)	dokkān χoḍār (m)	دكّان خضار
mercato (m)	sū' (f)	سوق
caffè (m)	'ahwa (f), kaféih (m)	قهوة, كافيه
ristorante (m)	maṭʿam (m)	مطعم
birreria (f), pub (m)	bār (m)	بار
pizzeria (f)	maḥal pizza (m)	محل بيتزا
salone (m) di parrucchiere	ṣalone ḥelā'a (m)	صالون حلاقة
ufficio (m) postale	maktab el barīd (m)	مكتب البريد
lavanderia (f) a secco	dray klīn (m)	دراي كلين
studio (m) fotografico	estudio taṣwīr (m)	إستوديو تصوير
negozio (m) di scarpe	maḥal gezam (m)	محل جزم
libreria (f)	maḥal kotob (m)	محل كتب

negozio (m) sportivo	maḥal mostalzamāt reyaḍiya (m)	محل مستلزمات رياضية
riparazione (f) di abiti	maḥal xeyāṭet malābes (m)	محل خياطة ملابس
noleggio (m) di abiti	ta'gīr malābes rasmiya (m)	تأجير ملابس رسمية
noleggio (m) di film	maḥal ta'gīr video (m)	محل تأجير فيديو
circo (m)	serk (m)	سيرك
zoo (m)	ḥadīqet el ḥayawān (f)	حديقة حيوان
cinema (m)	sinema (f)	سينما
museo (m)	mat-ḥaf (m)	متحف
biblioteca (f)	maktaba (f)	مكتبة
teatro (m)	masraḥ (m)	مسرح
teatro (m) dell'opera	obra (f)	أوبرا
locale notturno (m)	malha leyly (m)	ملهى ليّلي
casinò (m)	kazino (m)	كازينو
moschea (f)	masged (m)	مسجد
sinagoga (f)	kenīs (m)	كنيس
cattedrale (f)	katedra'iya (f)	كاتدرائية
tempio (m)	ma'bad (m)	معبد
chiesa (f)	kenīsa (f)	كنيسة
istituto (m)	kolliya (m)	كليّة
università (f)	gam'a (f)	جامعة
scuola (f)	madrasa (f)	مدرسة
prefettura (f)	moqaṭ'a (f)	مقاطعة
municipio (m)	baladiya (f)	بلديّة
albergo, hotel (m)	fondo' (m)	فندق
banca (f)	bank (m)	بنك
ambasciata (f)	safāra (f)	سفارة
agenzia (f) di viaggi	ʃerket seyāḥa (f)	شركة سياحة
ufficio (m) informazioni	maktab el este'lāmāt (m)	مكتب الإستعلامات
ufficio (m) dei cambi	ṣarrāfa (f)	صرّافة
metropolitana (f)	metro (m)	مترو
ospedale (m)	mostaʃfa (m)	مستشفى
distributore (m) di benzina	maḥaṭṭet banzīn (f)	محطّة بنزين
parcheggio (m)	maw'ef el 'arabeyāt (m)	موقف العربيات

80. Cartelli

insegna (f) (di negozi, ecc.)	yafṭa, lāfeta (f)	لافتة, يافطة
iscrizione (f)	bayān (m)	بيان
cartellone (m)	boster (m)	بوستر
segnale (m) di direzione	'alāmet (f)	علامة إتجاه
freccia (f)	'alāmet eʃāra (f)	علامة إشارة
avvertimento (m)	taḥzīr (m)	تحذير
avviso (m)	lāfetat taḥzīr (f)	لافتة تحذير
avvertire, avvisare (vt)	ḥazzar	حذّر

giorno (m) di riposo	yome ʿoṭla (m)	يوم عطلة
orario (m)	gadwal (m)	جدوَل
orario (m) di apertura	aw'āt el ʿamal (pl)	أوقات العمل
BENVENUTI!	ahlan w sahlan!	أهلاً وسهلا!
ENTRATA	doχūl	دخول
USCITA	χorūg	خروج
SPINGERE	edfaʿ	إدفع
TIRARE	es-ḥab	إسحب
APERTO	maftūḥ	مفتوح
CHIUSO	moɣlaq	مغلق
DONNE	lel sayedāt	للسيدات
UOMINI	lel regāl	للرجال
SCONTI	χoṣomāt	خصومات
SALDI	taχfeḍāt	تخفيضات
NOVITÀ!	gedīd!	جديد!
GRATIS	maggānan	مجّاناً
ATTENZIONE!	entebāh!	إنتباه!
COMPLETO	koll el amāken maḥgūza	كلّ الأماكن محجوزة
RISERVATO	maḥgūz	محجوز
AMMINISTRAZIONE	edāra	إدارة
RISERVATO AL PERSONALE	lel ʿamelīn faqaṭ	للعاملين فقط
ATTENTI AL CANE	eḥzar wogūd kalb	إحذر وجود الكلب
VIETATO FUMARE!	mamnūʿ el tadχīn	ممنوع التدخين
NON TOCCARE	ʿadam el lams	عدم اللمس
PERICOLOSO	χaṭīr	خطير
PERICOLO	χaṭar	خطر
ALTA TENSIONE	tayār ʿāly	تيّار عالي
DIVIETO DI BALNEAZIONE	el sebāḥa mamnūʿa	السباحة ممنوعة
GUASTO	moʿaṭṭal	معطّل
INFIAMMABILE	sareeʿ el eʃteʿāl	سريع الإشتعال
VIETATO	mamnūʿ	ممنوع
VIETATO L'INGRESSO	mamnūʿ el morūr	ممنوع المرور
VERNICE FRESCA	eḥzar ṭelā' ɣayr gāf	احذر طلاء غير جاف

81. Mezzi pubblici in città

autobus (m)	buṣ (m)	باص
tram (m)	trām (m)	ترام
filobus (m)	trolly buṣ (m)	ترولي باص
itinerario (m)	χaṭṭ (m)	خطّ
numero (m)	raqam (m)	رقم
andare in ...	rāḥ be ...	... راح بـ
salire (~ sull'autobus)	rekeb	ركب

scendere da ...	nezel men	نزل من
fermata (f) (~ dell'autobus)	maw'af (m)	موّقف
prossima fermata (f)	el maḥaṭṭa el gaya (f)	المحطة الجايّة
capolinea (m)	'āχer maw'af (m)	آخر موقف
orario (m)	gadwal (m)	جدّول
aspettare (vt)	estanna	إستنّى
biglietto (m)	tazkara (f)	تذكرة
prezzo (m) del biglietto	ogra (f)	أجرة
cassiere (m)	kaʃier (m)	كاشيير
controllo (m) dei biglietti	taftīʃ el tazāker (m)	تفتيش التذاكر
bigliettaio (m)	mofatteʃ tazāker (m)	مفتّش تذاكر
essere in ritardo	met'akχer	متأخّر
perdere (~ il treno)	ta'akχar	تأخّر
avere fretta	mesta'gel	مستعجل
taxi (m)	taksi (m)	تاكسي
taxista (m)	sawwā' taksi (m)	سوّاق تاكسي
in taxi	bel taksi	بالتاكسي
parcheggio (m) di taxi	maw'ef taksi (m)	موّقف تاكسي
chiamare un taxi	kallem taksi	كلّم تاكسي
prendere un taxi	aχad taksi	أخد تاكسي
traffico (m)	ḥaraket el morūr (f)	حركة المرور
ingorgo (m)	zaḥmet el morūr (f)	زحمة المرور
ore (f pl) di punta	sā'et el zorwa (f)	ساعة الذروة
parcheggiarsi (vr)	rakan	ركن
parcheggiare (vt)	rakan	ركن
parcheggio (m)	maw'ef el 'arabeyāt (m)	موقف العربيات
metropolitana (f)	metro (m)	مترو
stazione (f)	maḥaṭṭa (f)	محطّة
prendere la metropolitana	aχad el metro	أخد المترو
treno (m)	qeṭār, 'aṭṭr (m)	قطار
stazione (f) ferroviaria	maḥaṭṭet qeṭār (f)	محطّة قطار

82. Visita turistica

monumento (m)	temsāl (m)	تمثال
fortezza (f)	'al'a (f)	قلعة
palazzo (m)	'aṣr (m)	قصر
castello (m)	'al'a (f)	قلعة
torre (f)	borg (m)	برج
mausoleo (m)	ḍarīḥ (m)	ضريح
architettura (f)	handasa me'māriya (f)	هندسة معمارية
medievale (agg)	men el qorūn el wosṭa	من القرون الوسطى
antico (agg)	'atīq	عتيق
nazionale (agg)	waṭany	وطني
famoso (agg)	maʃ-hūr	مشهور
turista (m)	sā'eḥ (m)	سائح
guida (f)	morʃed (m)	مرشد

escursione (f)	gawla (f)	جولة
fare vedere	warra	ورّى
raccontare (vt)	'āl	قال
trovare (vt)	la'a	لقى
perdersi (vr)	ḍā'	ضاع
mappa (f) (~ della metropolitana)	χarīṭa (f)	خريطة
piantina (f) (~ della città)	χarīṭa (f)	خريطة
souvenir (m)	tezkār (m)	تذكار
negozio (m) di articoli da regalo	maḥal hadāya (m)	محل هدايا
fare foto	ṣawwar	صوّر
fotografarsi	etṣawwar	إتصوّر

83. Acquisti

comprare (vt)	eʃtara	إشترى
acquisto (m)	ḥāga (f)	حاجة
fare acquisti	eʃtara	إشترى
shopping (m)	ʃobbing (m)	شوبينج
essere aperto (negozio)	maftūḥ	مفتوح
essere chiuso	moɣlaq	مغلق
calzature (f pl)	gezam (pl)	جزم
abbigliamento (m)	malābes (pl)	ملابس
cosmetica (f)	mawād tagmīl (pl)	مواد تجميل
alimentari (m pl)	akl (m)	أكل
regalo (m)	hediya (f)	هديّة
commesso (m)	bayā' (m)	بيّاع
commessa (f)	bayā'a (f)	بيّاعة
cassa (f)	ṣandū' el daf' (m)	صندوق الدفع
specchio (m)	merāya (f)	مراية
banco (m)	manḍada (f)	منضدة
camerino (m)	ɣorfet el 'eyās (f)	غرفة القياس
provare (~ un vestito)	garrab	جرّب
stare bene (vestito)	nāseb	ناسب
piacere (vi)	'agab	عجب
prezzo (m)	se'r (m)	سعر
etichetta (f) del prezzo	tiket el se'r (m)	تيكت السعر
costare (vt)	kallef	كلّف
Quanto?	bekām?	بكام؟
sconto (m)	χaṣm (m)	خصم
no muy caro (agg)	meʃ ɣāly	مش غالي
a buon mercato	reχīṣ	رخيص
caro (agg)	ɣāly	غالي
È caro	da ɣāly	ده غالي

noleggio (m)	este'gār (m)	إستئجار
noleggiare (~ un abito)	est'gar	إستأجر
credito (m)	e'temān (m)	إئتمان
a credito	bel ta'seeṭ	بالتقسيط

84. Denaro

soldi (m pl)	folūs (pl)	فلوس
cambio (m)	taḥwīl 'omla (m)	تحويل عملة
corso (m) di cambio	se'r el ṣarf (m)	سعر الصرف
bancomat (m)	makinet ṣarrāf 'āly (f)	ماكينة صرّاف آلي
moneta (f)	'erʃ (m)	قرش
dollaro (m)	dolār (m)	دولار
euro (m)	yoro (m)	يورو
lira (f)	lira (f)	ليرة
marco (m)	el mark el almāny (m)	المارك الألماني
franco (m)	frank (m)	فرنك
sterlina (f)	geneyh esterlīny (m)	جنيه استرليني
yen (m)	yen (m)	ين
debito (m)	deyn (m)	دين
debitore (m)	modīn (m)	مدين
prestare (~ i soldi)	sallef	سلّف
prendere in prestito	estalaf	إستلف
banca (f)	bank (m)	بنك
conto (m)	ḥesāb (m)	حساب
versare (vt)	awda'	أودع
versare sul conto	awda' fel ḥesāb	أوّدع في الحساب
prelevare dal conto	saḥab men el ḥesāb	سحب من الحساب
carta (f) di credito	kredit kard (f)	كريدت كارد
contanti (m pl)	kæʃ (m)	كاش
assegno (m)	ʃīk (m)	شيك
emettere un assegno	katab ʃīk	كتب شيك
libretto (m) di assegni	daftar ʃikāt (m)	دفتر شيكات
portafoglio (m)	maḥfaẓa (f)	محفظة
borsellino (m)	maḥfazet fakka (f)	محفظة فكّة
cassaforte (f)	χazzāna (f)	خزّانة
erede (m)	wāres (m)	وارث
eredità (f)	werāsa (f)	وراثة
fortuna (f)	sarwa (f)	ثروّة
affitto (m), locazione (f)	'a'd el egār (m)	عقد الإيجار
canone (m) d'affitto	ogret el sakan (f)	أجرة السكن
affittare (dare in affitto)	est'gar	إستأجر
prezzo (m)	se'r (m)	سعر
costo (m)	taman (m)	ثمن
somma (f)	mablaɣ (m)	مبلغ

spendere (vt)	ṣaraf	صرف
spese (f pl)	maṣarīf (pl)	مصاريف
economizzare (vi, vt)	waffar	وفّر
economico (agg)	mowaffer	موّفر
pagare (vi, vt)	dafa'	دفع
pagamento (m)	daf' (m)	دفع
resto (m) (dare il ~)	el bā'y (m)	الباقي
imposta (f)	ḍarība (f)	ضريبة
multa (f), ammenda (f)	ɣarāma (f)	غرامة
multare (vt)	faraḍ ɣarāma	فرض غرامة

85. Posta. Servizio postale

ufficio (m) postale	maktab el barīd (m)	مكتب البريد
posta (f) (lettere, ecc.)	el barīd (m)	البريد
postino (m)	sā'y el barīd (m)	ساعي البريد
orario (m) di apertura	aw'āt el 'amal (pl)	أوقات العمل
lettera (f)	resāla (f)	رسالة
raccomandata (f)	resāla mosaggala (f)	رسالة مسجّلة
cartolina (f)	kart barīdy (m)	كرت بريدي
telegramma (m)	barqiya (f)	برقيّة
pacco (m) postale	ṭard (m)	طرد
vaglia (m) postale	ḥewāla māliya (f)	حوالة مالية
ricevere (vt)	estalam	إستلم
spedire (vt)	arsal	أرسل
invio (m)	ersāl (m)	إرسال
indirizzo (m)	'enwān (m)	عنوان
codice (m) postale	raqam el barīd (m)	رقم البريد
mittente (m)	morsel (m)	مرسل
destinatario (m)	morsel elayh (m)	مرسل إليه
nome (m)	esm (m)	اسم
cognome (m)	esm el 'a'ela (m)	اسم العائلة
tariffa (f)	ta'rīfa (f)	تعريفة
ordinario (agg)	'ādy	عادي
standard (agg)	mowaffer	موّفر
peso (m)	wazn (m)	وزن
pesare (vt)	wazan	وزن
busta (f)	ẓarf (m)	ظرف
francobollo (m)	ṭābe' (m)	طابع
affrancare (vt)	alṣaq ṭābe'	ألصق طابع

Abitazione. Casa

86. Casa. Abitazione

casa (f)	beyt (m)	بيت
a casa	fel beyt	في البيت
cortile (m)	sāḥa (f)	ساحة
recinto (m)	sūr (m)	سور
mattone (m)	ṭūb (m)	طوب
di mattoni	men el ṭūb	من الطوب
pietra (f)	ḥagar (m)	حجر
di pietra	ḥagary	حجري
beton (m)	χarasāna (f)	خرسانة
di beton	χarasāny	خرساني
nuovo (agg)	gedīd	جديد
vecchio (agg)	'adīm	قديم
fatiscente (edificio ~)	'āayel lel soqūṭ	آيل للسقوط
moderno (agg)	mo'āṣer	معاصر
a molti piani	mota'added el ṭawābeq	متعدّد الطوابق
alto (agg)	'āly	عالي
piano (m)	dore (m)	دور
di un piano	zu ṭābeq wāḥed	ذو طابق واحد
pianoterra (m)	el dore el awwal (m)	الدور الأوّل
ultimo piano (m)	ṭābe' 'olwy (m)	طابق علوي
tetto (m)	sa'f (m)	سقف
ciminiera (f)	madχana (f)	مدخنة
tegola (f)	qarmīd (m)	قرميد
di tegole	men el qarmīd	من القرميد
soffitta (f)	'elya (f)	علية
finestra (f)	ʃebbāk (m)	شبّاك
vetro (m)	ezāz (m)	إزاز
davanzale (m)	ḥāfet el ʃebbāk (f)	حافة الشبّاك
imposte (f pl)	ʃīʃ (m)	شيش
muro (m)	ḥeyṭa (f)	حيطة
balcone (m)	balakona (f)	بلكونة
tubo (m) pluviale	masūret el taṣrīf (f)	ماسورة التصريف
su, di sopra	fo'e	فوق
andare di sopra	ṭele'	طلع
scendere (vi)	nezel	نزل
trasferirsi (vr)	na'al	نقل

87. Casa. Ingresso. Ascensore

entrata (f)	madχal (m)	مدخل
scala (f)	sellem (m)	سلّم
gradini (m pl)	daragāt (pl)	درجات
ringhiera (f)	drabzīn (m)	درابزين
hall (f) (atrio d'ingresso)	ṣāla (f)	صالة
cassetta (f) della posta	ṣandū' el barīd (m)	صندوق البريد
secchio (m) della spazzatura	ṣandū' el zebāla (m)	صندوق الزبالة
scivolo (m) per la spazzatura	manfaz el zebāla (m)	منفذ الزبالة
ascensore (m)	asanseyr (m)	اسانسير
montacarichi (m)	asanseyr el ʃaḥn (m)	اسانسير الشحن
cabina (f) di ascensore	kabīna (f)	كابينة
prendere l'ascensore	rekeb el asanseyr	ركب الاسانسير
appartamento (m)	ʃa''a (f)	شقّة
inquilini (m pl)	sokkān (pl)	سكّان
vicino (m)	gār (m)	جار
vicina (f)	gāra (f)	جارة
vicini (m pl)	gerān (pl)	جيران

88. Casa. Elettricità

elettricità (f)	kahraba' (m)	كهرباء
lampadina (f)	lammba (f)	لمبّة
interruttore (m)	meftāḥ (m)	مفتاح
fusibile (m)	fuse (m)	فيوز
filo (m)	selk (m)	سلك
impianto (m) elettrico	aslāk (pl)	أسلاك
contatore (m) dell'elettricità	'addād (m)	عدّاد
lettura, indicazione (f)	qerā'a (f)	قراءة

89. Casa. Porte. Serrature

porta (f)	bāb (m)	باب
cancello (m)	bawwāba (f)	بوّابة
maniglia (f)	okret el bāb (f)	اوكرة الباب
togliere il catenaccio	fataḥ	فتح
aprire (vt)	fataḥ	فتح
chiudere (vt)	'afal	قفل
chiave (f)	meftāḥ (m)	مفتاح
mazzo (m)	rabṭa (f)	ربطة
cigolare (vi)	ṣarr	صر
cigolio (m)	ṣarīr (m)	صرير
cardine (m)	mafaṣṣla (f)	مفصّلة
zerbino (m)	seggādet bāb (f)	سجّادة باب
serratura (f)	'efl el bāb (m)	قفل الباب

buco (m) della serratura	χorm el meftāḥ (m)	خرم المفتاح
chiavistello (m)	terbās (m)	ترباس
catenaccio (m)	terbās (m)	ترباس
lucchetto (m)	'efl (m)	قفل
suonare (~ il campanello)	rann	رنّ
suono (m)	ranīn (m)	رنين
campanello (m)	garas (m)	جرس
pulsante (m)	zerr (m)	زرّ
bussata (f)	ṭar', da'' (m)	طرق, دقّ
bussare (vi)	χabbaṭ	خبّط
codice (m)	kōd (m)	كود
serratura (f) a codice	kōd (m)	كود
citofono (m)	garas el bāb (m)	جرس الباب
numero (m) (~ civico)	raqam (m)	رقم
targhetta (f) di porta	lawḥa (f)	لوحة
spioncino (m)	el 'eyn el seḥriya (m)	العين السحرية

90. Casa di campagna

villaggio (m)	qarya (f)	قرية
orto (m)	bostān χoḍār (m)	بستان خضار
recinto (m)	sūr (m)	سور
steccato (m)	sūr (m)	سور
cancelletto (m)	bawwāba far'iya (f)	بوّابة فرعيّة
granaio (m)	ʃouna (f)	شونة
cantina (f), scantinato (m)	serdāb (m)	سرداب
capanno (m)	sa'īfa (f)	سقيفة
pozzo (m)	bīr (m)	بير
stufa (f)	forn (m)	فرن
attizzare (vt)	awqad el botogāz	أوقد البوتاجاز
legna (f) da ardere	ḥaṭab (m)	حطب
ciocco (m)	'eṭ'et ḥaṭab (f)	قطعة حطب
veranda (f)	varannda (f)	فاراندة
terrazza (f)	ʃorfa (f)	شرفة
scala (f) d'ingresso	sellem (m)	سلّم
altalena (f)	morgeyḥa (f)	مرجيحة

91. Villa. Palazzo

casa (f) di campagna	villa rīfiya (f)	فيلا ريفيّة
villa (f)	villa (f)	فيلا
ala (f)	genāḥ (m)	جناح
giardino (m)	geneyna (f)	جنينة
parco (m)	ḥadīqa (f)	حديقة
serra (f)	dafī'a (f)	دفيئة
prendersi cura (~ del giardino)	ehtamm	إهتمّ

piscina (f)	ḥammām sebāḥa (m)	حمّام سباحة
palestra (f)	gīm (m)	جيم
campo (m) da tennis	mal'ab tennis (m)	ملعب تنس
home cinema (m)	sinema manzeliya (f)	سينما منزليّة
garage (m)	garāʒ (m)	جراج
proprietà (f) privata	melkiya χāṣa (f)	ملكيّة خاصّة
terreno (m) privato	arḍ χāṣa (m)	أرض خاصّة
avvertimento (m)	taḥzīr (m)	تحذير
cartello (m) di avvertimento	lāfetat taḥzīr (f)	لافتة تحذير
sicurezza (f)	ḥerāsa (f)	حراسة
guardia (f) giurata	ḥāres amn (m)	حارس أمن
allarme (f) antifurto	gehāz enzār (m)	جهاز إنذار

92. Castello. Reggia

castello (m)	'al'a (f)	قلعة
palazzo (m)	'aṣr (m)	قصر
fortezza (f)	'al'a (f)	قلعة
muro (m)	sūr (m)	سور
torre (f)	borg (m)	برج
torre (f) principale	borbg ra'īsy (m)	برج رئيسي
saracinesca (f)	bāb motaḥarrek (m)	باب متحرّك
tunnel (m)	serdāb (m)	سرداب
fossato (m)	χondoq mā'y (m)	خندق مائي
catena (f)	selsela (f)	سلسلة
feritoia (f)	mozɣal (m)	مزغل
magnifico (agg)	rā'e'	رائع
maestoso (agg)	mohīb	مهيب
inespugnabile (agg)	manee'	منيع
medievale (agg)	men el qorūn el wosṭa	من القرون الوسطى

93. Appartamento

appartamento (m)	ʃa''a (f)	شقّة
camera (f), stanza (f)	oḍa (f)	أوضة
camera (f) da letto	oḍet el nome (f)	أوضة النوم
sala (f) da pranzo	oḍet el sofra (f)	أوضة السفرة
salotto (m)	oḍet el esteqbāl (f)	أوضة الإستقبال
studio (m)	maktab (m)	مكتب
ingresso (m)	madχal (m)	مدخل
bagno (m)	ḥammām (m)	حمّام
gabinetto (m)	ḥammām (m)	حمّام
soffitto (m)	sa'f (m)	سقف
pavimento (m)	arḍiya (f)	أرضية
angolo (m)	zawya (f)	زاوية

94. Appartamento. Pulizie

pulire (vt)	naḍḍaf	نظّف
mettere via	ʃāl	شال
polvere (f)	ɣobār (m)	غبار
impolverato (agg)	meɣabbar	مغبّر
spolverare (vt)	masaḥ el ɣobār	مسح الغبار
aspirapolvere (m)	maknasa kahraba'iya (f)	مكنسة كهربائيّة
passare l'aspirapolvere	naḍḍaf be maknasa kahrabā'iya	نظّف بمكنسة كهربائيّة
spazzare (vi, vt)	kanas	كنس
spazzatura (f)	qomāma (f)	قمامة
ordine (m)	nezām (m)	نظام
disordine (m)	fawḍa (m)	فوّضى
frettazzo (m)	ʃarʃūba (f)	شرشوبة
strofinaccio (m)	mamsaḥa (f)	ممسحة
scopa (f)	ma'sʃa (f)	مقشّة
paletta (f)	lammāma (f)	لمّامة

95. Arredamento. Interno

mobili (m pl)	asās (m)	أثاث
tavolo (m)	maktab (m)	مكتب
sedia (f)	korsy (m)	كرسي
letto (m)	serīr (m)	سرير
divano (m)	kanaba (f)	كنبة
poltrona (f)	korsy (m)	كرسي
libreria (f)	xazzānet kotob (f)	خزّانة كتب
ripiano (m)	raff (m)	رفّ
armadio (m)	dolāb (m)	دولاب
attaccapanni (m) da parete	ʃammā'a (f)	شمّاعة
appendiabiti (m) da terra	ʃammā'a (f)	شمّاعة
comò (m)	dolāb adrāg (m)	دولاب أدراج
tavolino (m) da salotto	ṭarabeyzet el 'ahwa (f)	طرابيزة القهوة
specchio (m)	merāya (f)	مراية
tappeto (m)	seggāda (f)	سجّادة
tappetino (m)	seggāda (f)	سجّادة
camino (m)	daffāya (f)	دفّاية
candela (f)	ʃam'a (f)	شمعة
candeliere (m)	ʃam'adān (m)	شمعدان
tende (f pl)	satā'er (pl)	ستائر
carta (f) da parati	wara' ḥā'eṭ (m)	ورق حائط
tende (f pl) alla veneziana	satā'er ofoqiya (pl)	ستائر أفقيّة
lampada (f) da tavolo	abāʒūr (f)	اباجورة
lampada (f) da parete	lammbet ḥā'eṭ (f)	لمبة حائط

lampada (f) a stelo	meṣbāḥ arḍy (m)	مصباح أرضي
lampadario (m)	nagafa (f)	نجفة
gamba (f)	regl (f)	رجل
bracciolo (m)	masnad (m)	مسند
spalliera (f)	masnad (m)	مسند
cassetto (m)	dorg (m)	درج

96. Biancheria da letto

biancheria (f) da letto	bayāḍāt el serīr (pl)	بياضات السرير
cuscino (m)	maχadda (f)	مخدّة
federa (f)	kīs el maχadda (m)	كيس المخدّة
coperta (f)	leḥāf (m)	لحاف
lenzuolo (m)	melāya (f)	ملاية
copriletto (m)	ɣaṭā' el serīr (m)	غطاء السرير

97. Cucina

cucina (f)	maṭbaχ (m)	مطبخ
gas (m)	ɣāz (m)	غاز
fornello (m) a gas	botoɣāz (m)	بوتوغاز
fornello (m) elettrico	forn kaharabā'y (m)	فرن كهربائي
forno (m)	forn (m)	فرن
forno (m) a microonde	mikroweyv (m)	ميكروويف
frigorifero (m)	tallāga (f)	ثلاجة
congelatore (m)	freyzer (m)	فريزر
lavastoviglie (f)	ɣassālet aṭbā' (f)	غسّالة أطباق
tritacarne (m)	farrāmet laḥm (f)	فرّامة لحم
spremifrutta (m)	'aṣṣāra (f)	عصّارة
tostapane (m)	maḥmaṣet χobz (f)	محمصة خبز
mixer (m)	χallāṭ (m)	خلّاط
macchina (f) da caffè	makinet ṣon' el 'ahwa (f)	ماكينة صنع القهوة
caffettiera (f)	ɣallāya kahraba'iya (f)	غلّاية القهوة
macinacaffè (m)	maṭ-ḥanet 'ahwa (f)	مطحنة قهوة
bollitore (m)	ɣallāya (f)	غلّاية
teiera (f)	barrād el ʃāy (m)	برّاد الشاي
coperchio (m)	ɣaṭā' (m)	غطاء
colino (m) da tè	maṣfāh el ʃāy (f)	مصفاة الشاي
cucchiaio (m)	ma'la'a (f)	معلقة
cucchiaino (m) da tè	ma'la'et ʃāy (f)	معلقة شاي
cucchiaio (m)	ma'la'a kebīra (f)	ملعقة كبيرة
forchetta (f)	ʃawka (f)	شوكة
coltello (m)	sekkīna (f)	سكّينة
stoviglie (f pl)	awāny (pl)	أواني
piatto (m)	ṭaba' (m)	طبق

piattino (m)	ṭaba' fengān (m)	طبق فنجان
cicchetto (m)	kāsa (f)	كاسة
bicchiere (m) (~ d'acqua)	kobbāya (f)	كوبّاية
tazzina (f)	fengān (m)	فنجان
zuccheriera (f)	sokkariya (f)	سكّريّة
saliera (f)	mamlaḥa (f)	مملحة
pepiera (f)	mobhera (f)	مبهرة
burriera (f)	ṭaba' zebda (m)	طبق زبدة
pentola (f)	ḥalla (f)	حلّة
padella (f)	ṭāsa (f)	طاسة
mestolo (m)	maɣrafa (f)	مغرفة
colapasta (m)	maṣfāh (f)	مصفاه
vassoio (m)	ṣeniya (f)	صينيّة
bottiglia (f)	ezāza (f)	إزازة
barattolo (m) di vetro	barṭamān (m)	برطمان
latta, lattina (f)	kanz (m)	كانز
apribottiglie (m)	fattāḥa (f)	فتّاحة
apriscatole (m)	fattāḥa (f)	فتّاحة
cavatappi (m)	barrīma (f)	بريّمة
filtro (m)	filter (m)	فلتر
filtrare (vt)	ṣaffa	صفّى
spazzatura (f)	zebāla (f)	زبالة
pattumiera (f)	ṣandū' el zebāla (m)	صندوق الزبالة

98. Bagno

bagno (m)	ḥammām (m)	حمّام
acqua (f)	meyāh (f)	مياه
rubinetto (m)	ḥanafiya (f)	حنفيّة
acqua (f) calda	maya soχna (f)	مايّة سخنة
acqua (f) fredda	maya barda (f)	مايّة باردة
dentifricio (m)	ma'gūn asnān (m)	معجون أسنان
lavarsi i denti	naḍḍaf el asnān	نظّف الأسنان
spazzolino (m) da denti	forʃet senān (f)	فرشة أسنان
rasarsi (vr)	ḥala'	حلق
schiuma (f) da barba	raɣwa lel ḥelā'a (f)	رغوة للحلاقة
rasoio (m)	mūs (m)	موس
lavare (vt)	ɣasal	غسل
fare un bagno	estaḥamma	إستحمّى
doccia (f)	doʃ (m)	دوش
fare una doccia	aχad doʃ	أخد دوش
vasca (f) da bagno	banyo (m)	بانيو
water (m)	twalet (m)	تواليت
lavandino (m)	ḥoḍe (m)	حوض
sapone (m)	ṣabūn (m)	صابون

porta (m) sapone	ṣabbāna (f)	صبّانة
spugna (f)	līfa (f)	ليفة
shampoo (m)	ʃambū (m)	شامبو
asciugamano (m)	fūṭa (f)	فوطة
accappatoio (m)	robe el ḥammām (m)	روب حمّام
bucato (m)	ɣasīl (m)	غسيل
lavatrice (f)	ɣassāla (f)	غسّالة
fare il bucato	ɣasal el malābes	غسل الملابس
detersivo (m) per il bucato	mas-ḥū' ɣasīl (m)	مسحوق غسيل

99. Elettrodomestici

televisore (m)	televizion (m)	تليفزيون
registratore (m) a nastro	gehāz tasgīl (m)	جهاز تسجيل
videoregistratore (m)	'āla tasgīl video (f)	آلة تسجيل فيديو
radio (f)	gehāz radio (m)	جهاز راديو
lettore (m)	blayer (m)	بليير
videoproiettore (m)	gehāz 'arḍ (m)	جهاز عرض
home cinema (m)	sinema manzeliya (f)	سينما منزليّة
lettore (m) DVD	dividī blayer (m)	دي في دي بليير
amplificatore (m)	mokabbaer el ṣote (m)	مكبّر الصوت
console (f) video giochi	'ātāry (m)	أتاري
videocamera (f)	kamera video (f)	كاميرا فيديو
macchina (f) fotografica	kamera (f)	كاميرا
fotocamera (f) digitale	kamera diʒital (f)	كاميرا ديجيتال
aspirapolvere (m)	maknasa kahraba'iya (f)	مكنسة كهربائيّة
ferro (m) da stiro	makwa (f)	مكواة
asse (f) da stiro	lawḥet kayī (f)	لوحة كيّ
telefono (m)	telefon (m)	تليفون
telefonino (m)	mobile (m)	موبايل
macchina (f) da scrivere	'āla katba (f)	آلة كاتبة
macchina (f) da cucire	makanet el χeyāṭa (f)	مكنة الخياطة
microfono (m)	mikrofon (m)	ميكروفون
cuffia (f)	samma'āt ra'siya (pl)	سمّاعات رأسية
telecomando (m)	remowt kontrol (m)	ريموت كنترول
CD (m)	sidī (m)	سي دي
cassetta (f)	kasett (m)	كاسيت
disco (m) (vinile)	esṭewāna mūsīqa (f)	أسطوانة موسيقى

100. Riparazioni. Restauro

lavori (m pl) di restauro	tagdīdāt (m)	تجديدات
rinnovare (ridecorare)	gadded	جدّد
riparare (vt)	ṣallaḥ	صلّح
mettere in ordine	nazzam	نظّم

rifare (vt)	'ād	عاد
pittura (f)	dehān (m)	دهان
pitturare (~ un muro)	dahhen	دهّن
imbianchino (m)	dahhān (m)	دهّان
pennello (m)	forʃet dehān (f)	فرشاة الدهان
imbiancatura (f)	maḥlūl mobayeḍ (m)	محلول مبيّض
imbiancare (vt)	beyḍ	بيّض
carta (f) da parati	wara' ḥā'eṭ (m)	ورق حائط
tappezzare (vt)	laṣaq wara' el ḥā'eṭ	لصق ورق الحائط
vernice (f)	warnīʃ (m)	ورنيش
verniciare (vt)	ṭala bel warnīʃ	طلى بالورنيش

101. Impianto idraulico

acqua (f)	meyāh (f)	مياه
acqua (f) calda	maya soχna (f)	مايّة سخنة
acqua (f) fredda	maya barda (f)	مايّة باردة
rubinetto (m)	ḥanafiya (f)	حنفيّة
goccia (f)	'aṭra (f)	قطرة
gocciolare (vi)	'aṭṭar	قطّر
perdere (il tubo, ecc.)	sarrab	سرّب
perdita (f) (~ dai tubi)	tasarrob (m)	تسرب
pozza (f)	berka (f)	بركة
tubo (m)	masūra (f)	ماسورة
valvola (f)	ṣamām (m)	صمام
intasarsi (vr)	kān masdūd	كان مسدود
strumenti (m pl)	adawāt (pl)	أدوات
chiave (f) inglese	el meftāḥ el englīzy (m)	المفتاح الإنجليزي
svitare (vt)	fataḥ	فتح
avvitare (stringere)	aḥkam el ʃadd	أحكم الشدّ
stasare (vt)	sallek	سلّك
idraulico (m)	samkary (m)	سمكري
seminterrato (m)	badrome (m)	بدروم
fognatura (f)	ʃabaket el magāry (f)	شبكة المجاري

102. Incendio. Conflagrazione

fuoco (m)	ḥarī' (m)	حريق
fiamma (f)	lahab (m)	لهب
scintilla (f)	ʃarāra (f)	شرارة
fumo (m)	dokχān (m)	دخّان
fiaccola (f)	ʃo'la (f)	شعلة
falò (m)	nār moχayem (m)	نار مخيّم
benzina (f)	banzīn (m)	بنزين
cherosene (m)	kerosīn (m)	كيروسين

combustibile (agg)	qābel lel eḥterāq	قابل للإحتراق
esplosivo (agg)	māda motafaggera	مادة متفجّرة
VIETATO FUMARE!	mamnūʿ el tadχīn	ممنوع التدخين
sicurezza (f)	amn (m)	أمن
pericolo (m)	χaṭar (m)	خطر
pericoloso (agg)	χaṭīr	خطير
prendere fuoco	eʃtaʿal	إشتعل
esplosione (f)	enfegār (m)	إنفجار
incendiare (vt)	aʃʿal el nār	أشعل النار
incendiario (m)	moʃʿel ḥarīq ʿan ʿamd (m)	مشعل حريق عن عمد
incendio (m) doloso	eḥrāq el momtalakāt (m)	إحراق الممتلكات
divampare (vi)	awhag	أوهج
bruciare (vi)	et-ḥara'	إتحرق
bruciarsi (vr)	et-ḥara'	إتحرق
chiamare i pompieri	kallim 'ism el ḥarī'	كلّم قسم الحريق
pompiere (m)	rāgel el maṭāfy (m)	راجل المطافي
autopompa (f)	sayāret el maṭāfy (f)	سيّارة المطافي
corpo (m) dei pompieri	'esm el maṭāfy (f)	قسم المطافي
autoscala (f) da pompieri	sellem el maṭāfy (m)	سلّم المطافي
manichetta (f)	χarṭūm el mayya (m)	خرطوم الميّة
estintore (m)	ṭaffayet ḥarī' (f)	طفّاية حريق
casco (m)	χawza (f)	خوذة
sirena (f)	sarīna (f)	سرينة
gridare (vi)	ṣarraχ	صرّخ
chiamare in aiuto	estaɣās	إستغاث
soccorritore (m)	monqez (m)	منقذ
salvare (vt)	anqaz	أنقذ
arrivare (vi)	weṣel	وصل
spegnere (vt)	ṭaffa	طفّى
acqua (f)	meyāh (f)	مياه
sabbia (f)	raml (m)	رمل
rovine (f pl)	ḥeṭām (pl)	حطام
crollare (edificio)	enhār	إنهار
cadere (vi)	enhār	إنهار
collassare (vi)	enhār	إنهار
frammento (m)	'eṭʿet ḥeṭām (f)	قطعة حطام
cenere (f)	ramād (m)	رماد
asfissiare (vi)	eθχana'	إتخنق
morire, perire (vi)	māt	مات

ATTIVITÀ UMANA

Lavoro. Affari. Parte 1

103. Ufficio. Lavorare in ufficio

uffici (m pl) (gli ~ della società)	maktab (m)	مكتب
ufficio (m)	maktab (m)	مكتب
portineria (f)	este'bāl (m)	إستقبال
segretario (m)	sekerteyr (m)	سكرتير
direttore (m)	modīr (m)	مدير
manager (m)	modīr (m)	مدير
contabile (m)	muḥāseb (m)	محاسب
impiegato (m)	mowazzaf (m)	موظّف
mobili (m pl)	asās (m)	أثاث
scrivania (f)	maktab (m)	مكتب
poltrona (f)	korsy (m)	كرسي
cassettiera (f)	weḥdet adrāg (f)	وحدة أدراج
appendiabiti (m) da terra	ʃammā'a (f)	شمّاعة
computer (m)	kombuter (m)	كمبيوتر
stampante (f)	ṭābe'a (f)	طابعة
fax (m)	faks (m)	فاكس
fotocopiatrice (f)	'ālet nasχ (f)	آلة نسخ
carta (f)	wara' (m)	ورق
cancelleria (f)	adawāt maktabiya (pl)	أدوات مكتبية
tappetino (m) del mouse	maws bād (m)	ماوس باد
foglio (m)	wara'a (f)	ورقة
cartella (f)	malaff (m)	ملفّ
catalogo (m)	fehras (m)	فهرس
elenco (m) del telefono	dalīl el telefone (m)	دليل التليفون
documentazione (f)	wasā'eq (pl)	وثائق
opuscolo (m)	naʃra (f)	نشرة
volantino (m)	manʃūr (m)	منشور
campione (m)	namūzag (m)	نموذج
formazione (f)	egtemā' tadrīb (m)	إجتماع تدريب
riunione (f)	egtemā' (m)	إجتماع
pausa (f) pranzo	fatret el ɣada' (f)	فترة الغذاء
copiare (vt)	ṣawwar	صوّر
fare copie	ṣawwar	صوّر
ricevere un fax	estalam faks	إستلم فاكس
spedire un fax	ba'at faks	بعت فاكس
telefonare (vi, vt)	ettaṣal	إتّصل

rispondere (vi, vt)	gāwab	جاوب
passare (glielo passo)	waṣṣal	وصّل
fissare (organizzare)	ḥadded	حدّد
dimostrare (vt)	ʿaraḍ	عرض
essere assente	ɣāb	غاب
assenza (f)	ɣeyāb (m)	غياب

104. Operazioni d'affari. Parte 1

occupazione (f)	ʃoɣl (m)	شغل
ditta (f)	ʃerka (f)	شركة
compagnia (f)	ʃerka (f)	شركة
corporazione (f)	mo'assasa tegariya (f)	مؤسسة تجارية
impresa (f)	ʃerka (f)	شركة
agenzia (f)	wekāla (f)	وكالة
accordo (m)	ettefaqiya (f)	إتّفاقية
contratto (m)	ʿa'd (m)	عقد
affare (m)	ṣafqa (f)	صفقة
ordine (m) (ordinazione)	ṭalab (m)	طلب
termine (m) dell'accordo	ʃorūṭ (pl)	شروط
all'ingrosso	bel gomla	بالجملة
all'ingrosso (agg)	el gomla	الجملة
vendita (f) all'ingrosso	beyʿ bel gomla (m)	بيع بالجملة
al dettaglio (agg)	yebeeʿ bel tagze'a	يبيع بالتجزئة
vendita (f) al dettaglio	maḥal yebeeʿ bel tagze'a (m)	محل يبيع بالتجزئة
concorrente (m)	monāfes (m)	منافس
concorrenza (f)	monafsa (f)	منافسة
competere (vi)	nāfes	نافس
socio (m), partner (m)	ʃerīk (m)	شريك
partenariato (m)	ʃarāka (f)	شراكة
crisi (f)	azma (f)	أزمة
bancarotta (f)	eflās (m)	إفلاس
fallire (vi)	falles	فلّس
difficoltà (f)	ṣoʿūba (f)	صعوبة
problema (m)	moʃkela (f)	مشكلة
disastro (m)	karsa (f)	كارثة
economia (f)	eqtiṣād (m)	إقتصاد
economico (agg)	eqteṣādy	إقتصادي
recessione (f) economica	rokūd eqteṣādy (m)	ركود إقتصادي
scopo (m), obiettivo (m)	hadaf (m)	هدف
incarico (m)	mohemma (f)	مهمّة
commerciare (vi)	tāger	تاجر
rete (f) (~ di distribuzione)	ʃabaka (f)	شبكة
giacenza (f)	el maχzūn (m)	المخزون
assortimento (m)	taʃkīla (f)	تشكيلة

leader (m), capo (m)	qā'ed (m)	قائد
grande (agg)	kebīr	كبير
monopolio (m)	eḥtekār (m)	إحتكار
teoria (f)	naẓariya (f)	نظريّة
pratica (f)	momarsa (f)	ممارسة
esperienza (f)	χebra (f)	خبرة
tendenza (f)	ettegāh (m)	إتّجاه
sviluppo (m)	tanmeya (f)	تنمية

105. Operazioni d'affari. Parte 2

profitto (m)	rebḥ (m)	ربح
profittevole (agg)	morbeḥ	مربح
delegazione (f)	wafd (m)	وفد
stipendio (m)	morattab (m)	مرتّب
correggere (vt)	ṣaḥḥaḥ	صحّح
viaggio (m) d'affari	reḥlet 'amal (f)	رحلة عمل
commissione (f)	lagna (f)	لجنة
controllare (vt)	et-ḥakkem	إتحكّم
conferenza (f)	mo'tamar (m)	مؤتمر
licenza (f)	roχṣa (f)	رخصة
affidabile (agg)	mawsūq	موثوق
iniziativa (f) (progetto nuovo)	mobadra (f)	مبادرة
norma (f)	me'yār (m)	معيار
circostanza (f)	ẓarf (m)	ظرف
mansione (f)	wāgeb (m)	واجب
impresa (f)	monaẓẓama (f)	منظّمة
organizzazione (f)	tanẓīm (m)	تنظيم
organizzato (agg)	monaẓẓam	منظّم
annullamento (m)	elɣā' (m)	إلغاء
annullare (vt)	alɣa	ألغى
rapporto (m) (~ ufficiale)	ta'rīr (m)	تقرير
brevetto (m)	bara'et el eχterā' (f)	براءة الإختراع
brevettare (vt)	saggel barā'et eχterā'	سجّل براءة الإختراع
pianificare (vt)	χaṭṭeṭ	خطّط
premio (m)	'alāwa (f)	علاوة
professionale (agg)	mehany	مهني
procedura (f)	egrā' (m)	إجراء
esaminare (~ un contratto)	baḥs fi	بحث في
calcolo (m)	ḥesāb (m)	حساب
reputazione (f)	som'a (f)	سمعة
rischio (m)	moχaṭra (f)	مخاطرة
dirigere (~ un'azienda)	adār	أدار
informazioni (f pl)	ma'lumāt (pl)	معلومات
proprietà (f)	melkiya (f)	ملكيّة

unione (f) (~ Italiana Vini, ecc.)	etteḥād (m)	إتّحاد
assicurazione (f) sulla vita	ta'mīn 'alal ḥayah (m)	تأمين على الحياة
assicurare (vt)	ammen	أمّن
assicurazione (f)	ta'mīn (m)	تأمين
asta (f)	mazād (m)	مزاد
avvisare (informare)	ballaɣ	بلّغ
gestione (f)	edāra (f)	إدارة
servizio (m)	χadma (f)	خدمة
forum (m)	nadwa (f)	ندوة
funzionare (vi)	adda waẓīfa	أدّى وظيفة
stadio (m) (fase)	marḥala (f)	مرحلة
giuridico (agg)	qanūniya	قانونية
esperto (m) legale	muḥāmy (m)	محامي

106. Attività produttiva. Lavori

stabilimento (m)	maṣna' (m)	مصنع
fabbrica (f)	maṣna' (m)	مصنع
officina (f) di produzione	warʃa (f)	ورشة
stabilimento (m)	maṣna' (m)	مصنع
industria (f)	ṣenā'a (f)	صناعة
industriale (agg)	ṣenā'y	صناعي
industria (f) pesante	ṣenā'a te'īla (f)	صناعة ثقيلة
industria (f) leggera	ṣenā'a χafīfa (f)	صناعة خفيفة
prodotti (m pl)	montagāt (pl)	منتجات
produrre (vt)	antag	أنتج
materia (f) prima	mawād χām (pl)	مواد خام
caposquadra (m)	ra'īs el 'ommāl (m)	رئيس العمّال
squadra (f)	farī' el 'ommāl (m)	فريق العمّال
operaio (m)	'āmel (m)	عامل
giorno (m) lavorativo	yome 'amal (m)	يوم عمل
pausa (f)	rāḥa (f)	راحة
riunione (f)	egtemā' (m)	إجتماع
discutere (~ di un problema)	nā'eʃ	ناقش
piano (m)	χeṭṭa (f)	خطّة
eseguire il piano	naffez el χeṭṭa	نفّذ الخطّة
tasso (m) di produzione	mo'addal el entāg (m)	معدّل الإنتاج
qualità (f)	gawda (f)	جوّدة
controllo (m)	taftīʃ (m)	تفتيش
controllo (m) di qualità	ḍabṭ el gawda (m)	ضبط الجودة
sicurezza (f) sul lavoro	salāmet makān el 'amal (f)	سلامة مكان العمل
disciplina (f)	enḍebāṭ (m)	إنضباط
infrazione (f)	moχalfa (f)	مخالفة
violare (~ le regole)	χālef	خالف
sciopero (m)	eḍrāb (m)	إضراب

scioperante (m)	moḍrab (m)	مضرب
fare sciopero	aḍrab	أضرب
sindacato (m)	etteḥād el ʿomāl (m)	إتّحاد العمال
inventare (vt)	eχtaraʿ	إخترع
invenzione (f)	eχterāʿ (m)	إختراع
ricerca (f)	baḥs (m)	بحث
migliorare (vt)	ḥassen	حسّن
tecnologia (f)	teknoloʒia (f)	تكنولوجيا
disegno (m) tecnico	rasm teqany (m)	رسم تقني
carico (m)	ʃaḥn (m)	شحن
caricatore (m)	ʃayāl (m)	شيّال
caricare (~ un camion)	ʃaḥn	شحن
caricamento (m)	taḥmīl (m)	تحميل
scaricare (vt)	farraɣ	فرّغ
scarico (m)	tafrīɣ (m)	تفريغ
trasporto (m)	wasāʾel el naʾl (pl)	وسائل النقل
società (f) di trasporti	ʃerket naʾl (f)	شركة نقل
trasportare (vt)	naʾal	نقل
vagone (m) merci	ʿarabet ʃaḥn (f)	عربة شحن
cisterna (f)	χazzān (m)	خزّان
camion (m)	ʃāḥena (f)	شاحنة
macchina (f) utensile	makana (f)	مكنة
meccanismo (m)	ʾāliya (f)	آليّة
rifiuti (m pl) industriali	moχallafāt ṣenaʿiya (pl)	مخلفات صناعية
imballaggio (m)	taʿbeʾa (f)	تعبئة
imballare (vt)	ʿabba	عبّأ

107. Contratto. Accordo

contratto (m)	ʿaʾd (m)	عقد
accordo (m)	ettefāʾ (m)	إتّفاق
allegato (m)	molḥaʾ (m)	ملحق
firmare un contratto	waqqaʿ ʿala ʿaʾd	وقّع على عقد
firma (f)	tawqeeʿ (m)	توقيع
firmare (vt)	waqqaʿ	وقّع
timbro (m) (su documenti)	χetm (m)	ختم
oggetto (m) del contratto	mawḍūʿ el ʿaʾd (m)	موضوع العقد
clausola (f)	band (m)	بند
parti (f pl) (in un contratto)	aṭrāf (pl)	أطراف
sede (f) legale	ʿenwān qanūny (m)	عنوان قانوني
sciogliere un contratto	χālef el ʿaʾd	خالف العقد
obbligo (m)	eltezām (m)	إلتزام
responsabilità (f)	masʾoliya (f)	مسؤوليّة
forza (f) maggiore	ʾowwa qāhera (m)	قوّة قاهرة
discussione (f)	χelāf (m)	خلاف
sanzioni (f pl)	ʿoqobāt (pl)	عقوبات

108. Import-export

importazione (f)	esterād (m)	إستيراد
importatore (m)	mostawred (m)	مستورّد
importare (vt)	estawrad	إستورّد
d'importazione (agg)	wāred	وارد
esportazione (f)	taṣdīr (m)	تصدير
esportatore (m)	moṣadder (m)	مصدّر
esportare (vt)	ṣaddar	صدّر
d'esportazione (agg)	sādir	صادر
merce (f)	baḍā'e' (pl)	بضائع
carico (m)	ʃoḥna (f)	شحنة
peso (m)	wazn (m)	وزن
volume (m)	ḥagm (m)	حجم
metro (m) cubo	metr moka''ab (m)	متر مكعّب
produttore (m)	el ʃerka el moṣanne'a (f)	الشركة المصنّعة
società (f) di trasporti	ʃerket na'l (f)	شركة نقل
container (m)	ḥāweya (f)	حاوية
frontiera (f)	ḥadd (m)	حدّ
dogana (f)	gamārek (pl)	جمارك
dazio (m) doganale	rasm gomroky (m)	رسم جمركي
doganiere (m)	mowazzaf el gamārek (m)	موظّف الجمارك
contrabbando (m)	tahrīb (m)	تهريب
merci (f pl) contrabbandate	beḍā'a moharraba (pl)	بضاعة مهربة

109. Mezzi finanziari

azione (f)	sahm (m)	سهم
obbligazione (f)	sanad (m)	سند
cambiale (f)	kembyāla (f)	كمبيالة
borsa (f)	borṣa (f)	بورصة
quotazione (f)	se'r el sahm (m)	سعر السهم
diminuire di prezzo	reχeṣ	رخص
aumentare di prezzo	ʃely	غلي
quota (f)	naṣīb (m)	نصيب
pacchetto (m) di maggioranza	el magmū'a el mosayṭara (f)	المجموعة المسيطرة
investimento (m)	estesmār (pl)	إستثمار
investire (vt)	estasmar	إستثمر
percento (m)	bel me'a - bel miya	بالمئة
interessi (m pl) (su investimenti)	fayda (f)	فائدة
profitto (m)	rebḥ (m)	ربح
redditizio (agg)	morbeḥ	مربح
imposta (f)	ḍarība (f)	ضريبة

valuta (f) (~ estera)	'omla (f)	عملة
nazionale (agg)	waṭany	وطني
cambio (m) (~ valuta)	taḥwīl (m)	تحويل
contabile (m)	muḥāseb (m)	محاسب
ufficio (m) contabilità	maḥasba (f)	محاسبة
bancarotta (f)	eflās (m)	إفلاس
fallimento (m)	enheyār (m)	إنهيار
rovina (f)	eflās (m)	إفلاس
andare in rovina	falles	فلّس
inflazione (f)	taḍakxom māly (m)	تضخّم مالي
svalutazione (f)	taxfīḍ qīmet 'omla (m)	تخفيض قيمة عملة
capitale (m)	ra's māl (m)	رأس مال
reddito (m)	daxl (m)	دخل
giro (m) di affari	dawret ra's el māl (f)	دورة رأس المال
risorse (f pl)	mawāred (pl)	موارد
mezzi (m pl) finanziari	el mawāred el naqdiya (pl)	الموارد النقديّة
spese (f pl) generali	nafa'āt 'āmma (pl)	نفقات عامّة
ridurre (~ le spese)	xaffaḍ	خفّض

110. Marketing

marketing (m)	taswī' (m)	تسويق
mercato (m)	sū' (f)	سوق
segmento (m) di mercato	qaṭā' el sū' (m)	قطاع السوق
prodotto (m)	montag (m)	منتج
merce (f)	baḍā'e' (pl)	بضائع
marca (f)	mārka (f)	ماركة
marchio (m) di fabbrica	marka tegāriya (f)	ماركة تجاريّة
logotipo (m)	ʃe'ār (m)	شعار
logo (m)	ʃe'ār (m)	شعار
domanda (f)	ṭalab (m)	طلب
offerta (f)	mU'iddāt (pl)	معدّات
bisogno (m)	ḥāga (f)	حاجة
consumatore (m)	mostahlek (m)	مستهلك
analisi (f)	taḥlīl (m)	تحليل
analizzare (vt)	ḥallel	حلّل
posizionamento (m)	waḍ' (m)	وضع
posizionare (vt)	waḍa'	وضع
prezzo (m)	se'r (m)	سعر
politica (f) dei prezzi	seyāset el as'ār (f)	سياسة الأسعار
determinazione (f) dei prezzi	taʃkīl el as'ār (m)	تشكيل الأسعار

111. Pubblicità

pubblicità (f)	e'lān (m)	إعلان
pubblicizzare (vt)	a'lan	أعلن

bilancio (m) (budget)	mezaniya (f)	ميزانية
annuncio (m)	e'lān (m)	إعلان
pubblicità (f) televisiva	e'lān fel televiziōn (m)	إعلان في التليفزيون
pubblicità (f) radiofonica	e'lān fel radio (m)	إعلان في الراديو
pubblicità (f) esterna	e'lān zahery (m)	إعلان ظاهري
mass media (m pl)	wasā'el el e'lām (pl)	وسائل الإعلام
periodico (m)	magalla dawriya (f)	مجلّة دوريّة
immagine (f)	imyʒ (m)	إيميج
slogan (m)	ʃe'ār (m)	شعار
motto (m)	ʃe'ār (m)	شعار
campagna (f)	ḥamla (f)	حملة
campagna (f) pubblicitaria	ḥamla e'laniya (f)	حملة إعلانيّة
gruppo (m) di riferimento	magmū'a mostahdafa (f)	مجموعة مستهدفة
biglietto (m) da visita	kart el 'amal (m)	كارت العمل
volantino (m)	manʃūr (m)	منشور
opuscolo (m)	naʃra (f)	نشرة
pieghevole (m)	kotayeb (m)	كتيّب
bollettino (m)	naʃra eχbariya (f)	نشرة إخبارية
insegna (f) (di negozi, ecc.)	yafṭa, lāfeta (f)	لافتة, يافطة
cartellone (m)	boster (m)	بوستر
tabellone (m) pubblicitario	lawḥet e'lanāt (f)	لوحة إعلانات

112. Attività bancaria

banca (f)	bank (m)	بنك
filiale (f)	far' (m)	فرع
consulente (m)	mowazzaf bank (m)	موظّف بنك
direttore (m)	modīr (m)	مدير
conto (m) bancario	ḥesāb bank (m)	حساب بنك
numero (m) del conto	raqam el ḥesāb (m)	رقم الحساب
conto (m) corrente	ḥesāb gāry (m)	حساب جاري
conto (m) di risparmio	ḥesāb tawfīr (m)	حساب توّفير
aprire un conto	fataḥ ḥesāb	فتح حساب
chiudere il conto	'afal ḥesāb	قفل حساب
versare sul conto	awda' fel ḥesāb	أودع في الحساب
prelevare dal conto	saḥab men el ḥesāb	سحب من الحساب
deposito (m)	wadee'a (f)	وديعة
depositare (vt)	awda'	أودع
trasferimento (m) telegrafico	ḥewāla maṣrefiya (f)	حوالة مصرفيّة
rimettere i soldi	ḥawwel	حوّل
somma (f)	mablaɣ (m)	مبلغ
Quanto?	kām?	كام؟
firma (f)	tawqee' (m)	توقيع
firmare (vt)	waqqa'	وقّع

carta (f) di credito	kredit kard (f)	كريدت كارد
codice (m)	kōd (m)	كود
numero (m) della carta di credito	raqam el kredit kard (m)	رقم الكريدت كارد
bancomat (m)	makinet ṣarrāf 'āly (f)	ماكينة صرّاف آلي
assegno (m)	ʃīk (m)	شيك
emettere un assegno	katab ʃīk	كتب شيك
libretto (m) di assegni	daftar ʃikāt (m)	دفتر شيكات
prestito (m)	qarḍ (m)	قرض
fare domanda per un prestito	'addem ṭalab 'ala qarḍ	قدّم طلب على قرض
ottenere un prestito	ḥaṣal 'ala qarḍ	حصل على قرض
concedere un prestito	edda qarḍ	ادّى قرض
garanzia (f)	ḍamān (m)	ضمان

113. Telefono. Conversazione telefonica

telefono (m)	telefon (m)	تليفون
telefonino (m)	mobile (m)	موبايل
segreteria (f) telefonica	gehāz radd 'alal mokalmāt (m)	جهاز ردّ على المكالمات
telefonare (vi, vt)	ettaṣal	إتّصل
chiamata (f)	mokalma telefoniya (f)	مكالمة تليفونية
comporre un numero	ettaṣal be raqam	إتّصل برقم
Pronto!	alo!	ألو!
chiedere (domandare)	sa'al	سأل
rispondere (vi, vt)	radd	ردّ
udire (vt)	seme'	سمع
bene	kewayes	كويّس
male	meʃ kowayīs	مش كويّس
disturbi (m pl)	taʃwīʃ (m)	تشويش
cornetta (f)	sammā'a (f)	سمّاعة
alzare la cornetta	rafa' el sammā'a	رفع السمّاعة
riattaccare la cornetta	'afal el sammā'a	قفل السمّاعة
occupato (agg)	maʃɣūl	مشغول
squillare (del telefono)	rann	رنّ
elenco (m) telefonico	dalīl el telefone (m)	دليل التليفون
locale (agg)	maḥalliyya	ة محلّيّة
telefonata (f) urbana	mokalma maḥalliya (f)	مكالمة محلّيّة
interurbano (agg)	bi'īd	بعيد
telefonata (f) interurbana	mokalma bi'īda (f)	مكالمة بعيدة المدى
internazionale (agg)	dowly	دولّي
telefonata (f) internazionale	mokalma dowliya (f)	مكالمة دوليّة

114. Telefono cellulare

telefonino (m)	mobile (m)	موبايل
schermo (m)	'arḍ (m)	عرض

tasto (m)	zerr (m)	زرّ
scheda SIM (f)	sim kard (m)	سيم كارد
pila (f)	baṭṭariya (f)	بطّاريّة
essere scarico	χelṣet	خلصت
caricabatteria (m)	ʃāḥen (m)	شاحن
menù (m)	qā'ema (f)	قائمة
impostazioni (f pl)	awḍāʿ (pl)	أوضاع
melodia (f)	naɣama (f)	نغمة
scegliere (vt)	eχtār	إختار
calcolatrice (f)	'āla ḥasba (f)	آلة حاسبة
segreteria (f) telefonica	barīd ṣawty (m)	بريد صوتي
sveglia (f)	monabbeh (m)	منبّه
contatti (m pl)	gehāt el etteṣāl (pl)	جهات الإتّصال
messaggio (m) SMS	resāla 'aṣīra ɛsɛmɛs (f)	رسالة قصيرة sms
abbonato (m)	moʃtarek (m)	مشترك

115. Articoli di cancelleria

penna (f) a sfera	'alam gāf (m)	قلم جاف
penna (f) stilografica	'alam rīʃa (m)	قلم ريشة
matita (f)	'alam roṣāṣ (m)	قلم رصاص
evidenziatore (m)	markar (m)	ماركر
pennarello (m)	'alam fulumaster (m)	قلم فلوماستر
taccuino (m)	mozakkera (f)	مذكّرة
agenda (f)	gadwal el aʿmāl (m)	جدول الأعمال
righello (m)	masṭara (f)	مسطرة
calcolatrice (f)	'āla ḥasba (f)	آلة حاسبة
gomma (f) per cancellare	astīka (f)	استيكة
puntina (f)	dabbūs (m)	دبّوس
graffetta (f)	dabbūs wara' (m)	دبّوس ورق
colla (f)	ṣamɣ (m)	صمغ
pinzatrice (f)	dabbāsa (f)	دبّاسة
perforatrice (f)	χarrāma (m)	خرّامة
temperamatite (m)	barrāya (f)	برّاية

116. Diversi tipi di documenti

resoconto (m)	ta'rīr (m)	تقرير
accordo (m)	ettefā' (m)	إتّفاق
modulo (m) di richiesta	estemāret ṭalab (m)	إستمارة طلب
autentico (agg)	aṣly	أصلي
tesserino (m)	ʃāra (f)	شارة
biglietto (m) da visita	kart el ʿamal (m)	كارت العمل
certificato (m)	ʃahāda (f)	شهادة

assegno (m) (fare un ~)	ʃīk (m)	شيك
conto (m) (in un ristorante)	ḥesāb (m)	حساب
costituzione (f)	dostūr (m)	دستور
contratto (m)	ʿaʾd (m)	عقد
copia (f)	ṣūra (f)	صورة
copia (f) (~ di un contratto)	nosχa (f)	نسخة
dichiarazione (f)	taṣrīḥ gomroky (m)	تصريح جمركي
documento (m)	wasīqa (f)	وثيقة
patente (f) di guida	roχṣet el qeyāda (f)	رخصة قيادة
allegato (m)	molḥaʾ (m)	ملحق
modulo (m)	estemāra (f)	استمارة
carta (f) d'identità	beṭāʾet el hawiya (f)	بطاقة الهويّة
richiesta (f) di informazioni	estefsār (m)	إستفسار
biglietto (m) d'invito	beṭāʾet daʿwa (f)	بطاقة دعوة
fattura (f)	fatūra (f)	فاتورة
legge (f)	qanūn (m)	قانون
lettera (f) (missiva)	resāla (f)	رسالة
carta (f) intestata	tarwīsa (f)	ترويسة
lista (f) (~ di nomi, ecc.)	qāʾema (f)	قائمة
manoscritto (m)	maχṭūṭa (f)	مخطوطة
bollettino (m)	naʃra eχbariya (f)	نشرة إخبارية
appunto (m), nota (f)	nouta (f)	نوتة
lasciapassare (m)	beṭāʾet morūr (f)	بطاقة مرور
passaporto (m)	basbore (m)	باسبور
permesso (m)	roχṣa (f)	رخصة
curriculum vitae (f)	sīra zātiya (f)	سيرة ذاتيّة
nota (f) di addebito	mozakkeret deyn (f)	مذكّرة دين
ricevuta (f)	eṣāl (m)	إيصال
scontrino (m)	eṣāl (m)	إيصال
rapporto (m)	taʾrīr (m)	تقرير
mostrare (vt)	ʾaddem	قدّم
firmare (vt)	waqqaʿ	وقّع
firma (f)	tawqeeʿ (m)	توقيع
timbro (m) (su documenti)	χetm (m)	ختم
testo (m)	noṣṣ (m)	نص
biglietto (m)	tazkara (f)	تذكرة
cancellare (~ dalla lista)	ʃaṭab	شطب
riempire (~ un modulo)	mala	ملأ
bolla (f) di consegna	bolīṣet ʃaḥn (f)	بوليصة شحن
testamento (m)	waṣiya (f)	وصيّة

117. Generi di attività commerciali

servizi (m pl) di contabilità	χedamāt moḥasba (pl)	خدمات محاسبة
pubblicità (f)	eʿlān (m)	إعلان
agenzia (f) pubblicitaria	wekālet eʿlān (f)	وكالة إعلان

condizionatori (m pl) d'aria	takyīf (m)	تكييف
compagnia (f) aerea	ʃerket ṭayarān (f)	شركة طيران
bevande (f pl) alcoliche	maʃrūbāt koḥūliya (pl)	مشروبات كحوليّة
antiquariato (m)	toḥaf (pl)	تحف
galleria (f) d'arte	ma'raḍ fanny (m)	معرض فنّي
società (f) di revisione contabile	χedamāt faḥṣ el ḥesābāt (pl)	خدمات فحص الحسابات
imprese (f pl) bancarie	el qeṭā' el maṣrefy (m)	القطاع المصرفي
bar (m)	bār (m)	بار
salone (m) di bellezza	ṣalone tagmīl (m)	صالون تجميل
libreria (f)	maḥal kotob (m)	محل كتب
birreria (f)	maṣna' bīra (m)	مصنع بيرة
business centre (m)	markaz tegāry (m)	مركز تجاري
scuola (f) di commercio	kolliyet edāret el a'māl (f)	كليّة إدارة الأعمال
casinò (m)	kazino (m)	كازينو
edilizia (f)	benā' (m)	بناء
consulenza (f)	esteʃāra (f)	إستشارة
odontoiatria (f)	'eyādet asnān (f)	عيادة أسنان
design (m)	taṣmīm (m)	تصميم
farmacia (f)	ṣaydaliya (f)	صيدليّة
lavanderia (f) a secco	dray klīn (m)	دراي كلين
agenzia (f) di collocamento	wekālet tawẓīf (f)	وكالة توّظيف
servizi (m pl) finanziari	χedamāt māliya (pl)	خدمات ماليّة
industria (f) alimentare	akl (m)	أكل
agenzia (f) di pompe funebri	maktab mota'ahhed el dafn (m)	مكتب متعهّد الدفن
mobili (m pl)	asās (m)	أثاث
abbigliamento (m)	malābes (pl)	ملابس
albergo, hotel (m)	fondo' (m)	فندق
gelato (m)	'ays krīm (m)	آيس كريم
industria (f)	ṣenā'a (f)	صناعة
assicurazione (f)	ta'mīn (m)	تأمين
internet (f)	internet (m)	إنترنت
investimenti (m pl)	estesmarāt (pl)	إستثمارات
gioielliere (m)	ṣā'eɣ (m)	صائغ
gioielli (m pl)	mogawharāt (pl)	مجوّهرات
lavanderia (f)	maɣsala (f)	مغسلة
consulente (m) legale	χedamāt qanūniya (pl)	خدمات قانونيّة
industria (f) leggera	ṣenā'a χafīfa (f)	صناعة خفيفة
rivista (f)	magalla (f)	مجلّة
vendite (f pl) per corrispondenza	bey' be neẓām el barīd (m)	بيع بنظام البريد
medicina (f)	ṭebb (m)	طبّ
cinema (m)	sinema (f)	سينما
museo (m)	mat-ḥaf (m)	متحف
agenzia (f) di stampa	wekāla eχbariya (f)	وكالة إخبارية
giornale (m)	garīda (f)	جريدة

locale notturno (m)	malha leyly (m)	ملهى ليّلي
petrolio (m)	nafṭ (m)	نفط
corriere (m) espresso	χedamāt el ʃaḥn (pl)	خدمات الشحن
farmaci (m pl)	ṣaydala (f)	صيدلة
stampa (f) (~ di libri)	ṭebā'a (f)	طباعة
casa (f) editrice	dar el ṭebā'a wel naʃr (f)	دار الطباعة والنشر
radio (f)	radio (m)	راديو
beni (m pl) immobili	'eqarāt (pl)	عقارات
ristorante (m)	maṭ'am (m)	مطعم
agenzia (f) di sicurezza	ʃerket amn (f)	شركة أمن
sport (m)	reyāḍa (f)	رياضة
borsa (f)	borṣa (f)	بورصة
negozio (m)	maḥal (m)	محل
supermercato (m)	subermarket (m)	سوبرماركت
piscina (f)	ḥammām sebāḥa (m)	حمّام سباحة
sartoria (f)	maḥal χeyāṭa (m)	محل خياطة
televisione (f)	televizion (m)	تليفزيون
teatro (m)	masraḥ (m)	مسرح
commercio (m)	tegāra (f)	تجارة
mezzi (m pl) di trasporto	wasā'el el na'l (pl)	وسائل النقل
viaggio (m)	safar (m)	سفر
veterinario (m)	doktore beṭary (m)	دكتور بيطري
deposito, magazzino (m)	mostawda' (m)	مستودع
trattamento (m) dei rifiuti	gama' el nefayāt (m)	جمع النفايات

Lavoro. Affari. Parte 2

118. Spettacolo. Mostra

fiera (f)	maʿraḍ (m)	معرض
fiera (f) campionaria	maʿraḍ tegāry (m)	معرض تجاري
partecipazione (f)	eʃterāk (m)	إشتراك
partecipare (vi)	ʃārek	شارك
partecipante (m)	moʃtarek (m)	مشترك
direttore (m)	modīr (m)	مدير
ufficio (m) organizzativo	maktab el monaẓẓemīn (m)	مكتب المنظّمين
organizzatore (m)	monazzem (m)	منظّم
organizzare (vt)	nazzam	نظّم
domanda (f) di partecipazione	estemāret el eʃterak (f)	إستمارة الإشتراك
riempire (vt)	mala	ملأ
dettagli (m pl)	tafaṣīl (pl)	تفاصيل
informazione (f)	esteʿlamāt (pl)	إستعلامات
prezzo (m)	seʿr (m)	سعر
incluso (agg)	bema feyh	بما فيه
includere (vt)	taḍamman	تضمّن
pagare (vi, vt)	dafaʿ	دفع
quota (f) d'iscrizione	rosūm el tasgīl (pl)	رسوم التسجيل
entrata (f)	madχal (m)	مدخل
padiglione (m)	genāḥ (m)	جناح
registrare (vt)	saggel	سجّل
tesserino (m)	ʃāra (f)	شارة
stand (m)	koʃk (m)	كشك
prenotare (riservare)	ḥagaz	حجز
vetrina (f)	vatrīna (f)	فترينة
faretto (m)	kasʃāf el nūr (m)	كشّاف النور
design (m)	taṣmīm (m)	تصميم
collocare (vt)	ḥaṭṭ	حطّ
distributore (m)	mowazzeʿ (m)	موزّع
fornitore (m)	mowarred (m)	مورّد
paese (m)	balad (m)	بلد
straniero (agg)	agnaby	أجنبي
prodotto (m)	montag (m)	منتج
associazione (f)	gamʿiya (f)	جمعيّة
sala (f) conferenze	qāʿet el moʿtamarāt (f)	قاعة المؤتمرات
congresso (m)	moʾtamar (m)	مؤتمر

concorso (m)	mosab'a (f)	مسابقة
visitatore (m)	zā'er (m)	زائر
visitare (vt)	ḥaḍar	حضر
cliente (m)	zobūn (m)	زبون

119. Mezzi di comunicazione di massa

giornale (m)	garīda (f)	جريدة
rivista (f)	magalla (f)	مجلّة
stampa (f) (giornali, ecc.)	ṣaḥāfa (f)	صحافة
radio (f)	radio (m)	راديو
stazione (f) radio	maḥaṭṭet radio (f)	محطّة راديو
televisione (f)	televizion (m)	تليفزيون
presentatore (m)	mo'addem (m)	مقدّم
annunciatore (m)	mozee' (m)	مذيع
commentatore (m)	mo'alleq (m)	معلّق
giornalista (m)	ṣaḥafy (m)	صحفي
corrispondente (m)	morāsel (m)	مراسل
fotocronista (m)	moṣawwer ṣaḥafy (m)	مصوّر صحفي
cronista (m)	ṣaḥafy (m)	صحفي
redattore (m)	moḥarrer (m)	محرّر
redattore capo (m)	ra'īs taḥrīr (m)	رئيس تحرير
abbonarsi a ...	eʃtarak	إشترك
abbonamento (m)	eʃterāk (m)	إشتراك
abbonato (m)	moʃtarek (m)	مشترك
leggere (vi, vt)	'ara	قرأ
lettore (m)	qāre' (m)	قارئ
tiratura (f)	tadāwol (m)	تداول
mensile (agg)	ʃahry	شهري
settimanale (agg)	osbū'y	أسبوعي
numero (m)	'adad (m)	عدد
fresco (agg)	gedīd	جديد
testata (f)	'enwān (m)	عنوان
trafiletto (m)	maqāla saɣīra (f)	مقالة قصيرة
rubrica (f)	'amūd (m)	عمود
articolo (m)	maqāla (f)	مقالة
pagina (f)	ṣafḥa (f)	صفحة
servizio (m), reportage (m)	rebortāʒ (m)	ريبورتاج
evento (m)	ḥadass (m)	حدث
sensazione (f)	ḍagga (f)	ضجّة
scandalo (m)	feḍīḥa (f)	فضيحة
scandaloso (agg)	fāḍeḥ	فاضح
enorme (un ~ scandalo)	ʃahīr	شهير
trasmissione (f)	barnāmeg (m)	برنامج
intervista (f)	leqā' ṣaḥafy (m)	لقاء صحفي
trasmissione (f) in diretta	ezā'a mobāʃera (f)	إذاعة مباشرة
canale (m)	qanah (f)	قناة

120. Agricoltura

agricoltura (f)	zerāʿa (f)	زراعة
contadino (m)	fallāḥ (m)	فلّاح
contadina (f)	fallāḥa (f)	فلّاحة
fattore (m)	mozāreʿ (m)	مزارع
trattore (m)	garrār (m)	جرّار
mietitrebbia (f)	ḥaṣṣāda (f)	حصّادة
aratro (m)	meḥrās (m)	محراث
arare (vt)	ḥaras	حرث
terreno (m) coltivato	ḥaql maḥrūθ (m)	حقل محروث
solco (m)	talem (m)	تلم
seminare (vt)	bezr	بذر
seminatrice (f)	bazzara (f)	بذّارة
semina (f)	zarʿ (m)	زرع
falce (f)	meḥasʃ (m)	محشّ
falciare (vt)	ḥasʃ	حشّ
pala (f)	karīk (m)	كريك
scavare (vt)	ḥaras	حرث
zappa (f)	magrafa (f)	مجرفة
zappare (vt)	estʾṣal nabatāt	إستأصل نباتات
erbaccia (f)	nabāt ṭafayly (m)	نبات طفيّلي
innaffiatoio (m)	raʃāʃa (f)	رشّاشة
innaffiare (vt)	saʾa	سقى
innaffiamento (m)	saʾy (m)	سقي
forca (f)	mazrāh (f)	مذراة
rastrello (m)	madamma (f)	مدمّة
concime (m)	semād (m)	سماد
concimare (vt)	sammed	سمّد
letame (m)	semād (m)	سماد
campo (m)	ḥaql (m)	حقل
prato (m)	marag (m)	مرج
orto (m)	bostān χoḍār (m)	بستان خضار
frutteto (m)	bostān (m)	بستان
pascolare (vt)	raʿa	رعى
pastore (m)	rāʿy (m)	راعي
pascolo (m)	marʿa (m)	مرعى
allevamento (m) di bestiame	tarbeya el mawāʃy (f)	تربية المواشي
allevamento (m) di pecore	tarbeya aɣnām (f)	تربية أغنام
piantagione (f)	mazraʿa (f)	مزرعة
filare (m) (un ~ di alberi)	ḥoḍe (m)	حوض
serra (f) da orto	dafīʾa (f)	دفيئة

siccità (f)	gafāf (m)	جفاف
secco, arido (un'estate ~a)	gāf	جاف
grano (m)	ḥobūb (pl)	حبوب
cereali (m pl)	maḥaṣīl el ḥubūb (pl)	محاصيل الحبوب
raccogliere (vt)	ḥaṣad	حصد
mugnaio (m)	ṭaḥḥān (m)	طحّان
mulino (m)	ṭaḥūna (f)	طاحونة
macinare (~ il grano)	ṭaḥn el ḥobūb	طحن الحبوب
farina (f)	deʾī' (m)	دقيق
paglia (f)	ʾaʃ (m)	قشّ

121. Edificio. Attività di costruzione

cantiere (m) edile	arḍ benāʾ (f)	أرض بناء
costruire (vt)	bana	بنى
operaio (m) edile	ʿāmel benāʾ (m)	عامل بناء
progetto (m)	maʃrūʿ (m)	مشروع
architetto (m)	mohandes meʿmāry (m)	مهندس معماري
operaio (m)	ʿāmel (m)	عامل
fondamenta (f pl)	asās (m)	أساس
tetto (m)	saʾf (m)	سقف
palo (m) di fondazione	kawmet el asās (f)	كومة الأساس
muro (m)	ḥeyṭa (f)	حيطة
barre (f pl) di rinforzo	ḥadīd taslīḥ (m)	حديد تسليح
impalcatura (f)	saʾʾāla (f)	سقّالة
beton (m)	χarasāna (f)	خرسانة
granito (m)	granīt (m)	جرانيت
pietra (f)	ḥagar (m)	حجر
mattone (m)	ṭūb (m)	طوب
sabbia (f)	raml (m)	رمل
cemento (m)	asmant (m)	إسمنت
intonaco (m)	ṭalāʾ gaṣṣ (m)	طلاء جصّ
intonacare (vt)	ṭala bel gaṣṣ	طلى بالجصّ
pittura (f)	dehān (m)	دهان
pitturare (vt)	dahhen	دهّن
botte (f)	barmīl (m)	برميل
gru (f)	rāfeʿa (f)	رافعة
sollevare (vt)	rafaʿ	رفع
abbassare (vt)	nazzel	نزّل
bulldozer (m)	bulldozer (m)	بولدوزر
scavatrice (f)	ḥaffāra (f)	حفّارة
cucchiaia (f)	magrafa (f)	مجرفة
scavare (vt)	ḥafar	حفر
casco (m) (~ di sicurezza)	χawza (f)	خوذة

122. Scienza. Ricerca. Scienziati

scienza (f)	‘elm (m)	علم
scientifico (agg)	‘elmy	علمي
scienziato (m)	‘ālem (m)	عالم
teoria (f)	naẓariya (f)	نظريّة
assioma (m)	badīhiya (f)	بديهيّة
analisi (f)	taḥlīl (m)	تحليل
analizzare (vt)	ḥallel	حلّل
argomento (m)	borhān (m)	برهان
sostanza, materia (f)	madda (f)	مادّة
ipotesi (f)	faraḍiya (f)	فرضيّة
dilemma (m)	mo‘ḍela (f)	معضلة
tesi (f)	resāla ‘elmiya (f)	رسالة علميّة
dogma (m)	‘aqīda (f)	عقيدة
dottrina (f)	mazhab (m)	مذهب
ricerca (f)	baḥs (m)	بحث
fare ricerche	baḥs	بحث
prova (f)	eχtebārāt (pl)	إختبارات
laboratorio (m)	moχtabar (m)	مختبر
metodo (m)	manhag (m)	منهج
molecola (f)	gozaye’ (m)	جزيء
monitoraggio (m)	reqāba (f)	رقابة
scoperta (f)	ekteʃāf (m)	إكتشاف
postulato (m)	mosallama (f)	مسلّمة
principio (m)	mabda’ (m)	مبدأ
previsione (f)	tanabbo’ (m)	تنبّؤ
fare previsioni	tanabba’	تنبّأ
sintesi (f)	tarkīb (m)	تركيب
tendenza (f)	ettegāh (m)	إتّجاه
teorema (m)	naẓariya (f)	نظريّة
insegnamento (m)	ta‘alīm (pl)	تعاليم
fatto (m)	ḥaī’a (f)	حقيقة
spedizione (f)	be‘sa (f)	بعثة
esperimento (m)	tagreba (f)	تجربة
accademico (m)	akadīmy (m)	أكاديمي
laureato (m)	bakaleryūs (m)	بكالوريوس
dottore (m)	doktore (m)	دكتور
professore (m) associato	ostāz moʃārek (m)	أستاذ مشارك
Master (m)	maʒestīr (m)	ماجستير
professore (m)	brofessor (m)	بروفيسور

Professioni e occupazioni

123. Ricerca di un lavoro. Licenziamento

lavoro (m)	ʻamal (m)	عمل
organico (m)	kawādir (pl)	كوادر
personale (m)	ṭāqem el ʻāmelīn (m)	طاقم العاملين
carriera (f)	mehna (f)	مهنة
prospettiva (f)	'āfāq (pl)	آفاق
abilità (f pl)	maharāt (pl)	مهارات
selezione (f) (~ del personale)	eχteyār (m)	إختيار
agenzia (f) di collocamento	wekālet tawẓīf (f)	وكالة توّظيف
curriculum vitae (f)	sīra zātiya (f)	سيرة ذاتّية
colloquio (m)	mo'ablet ʻamal (f)	مقابلة عمل
posto (m) vacante	wazīfa χaleya (f)	وظيفة خالية
salario (m)	morattab (m)	مرتّب
stipendio (m) fisso	rāteb sābet (m)	راتب ثابت
compenso (m)	ogra (f)	أجرة
carica (f), funzione (f)	manṣeb (m)	منصب
mansione (f)	wāgeb (m)	واجب
mansioni (f pl) di lavoro	magmūʻa men el wāgebāt (f)	مجموعة من الواجبات
occupato (agg)	maʃɣūl	مشغول
licenziare (vt)	rafad	رفد
licenziamento (m)	eqāla (m)	إقالة
disoccupazione (f)	baṭāla (f)	بطالة
disoccupato (m)	ʻāṭel (m)	عاطل
pensionamento (m)	maʻāʃ (m)	معاش
andare in pensione	oḥīl ʻala el maʻāʃ	أحيل على المعاش

124. Gente d'affari

direttore (m)	modīr (m)	مدير
dirigente (m)	modīr (m)	مدير
capo (m)	ra'īs (m)	رئيس
superiore (m)	motafawweq (m)	متفوّق
capi (m pl)	ro'asā' (pl)	رؤساء
presidente (m)	ra'īs (m)	رئيس
presidente (m) (impresa)	ra'īs (m)	رئيس
vice (m)	nā'eb (m)	نائب
assistente (m)	mosāʻed (m)	مساعد

segretario (m)	sekerteyr (m)	سكرتير
assistente (m) personale	sekerteyr χāṣ (m)	سكرتير خاص
uomo (m) d'affari	ragol aʿmāl (m)	رجل أعمال
imprenditore (m)	rāʾed aʿmāl (m)	رائد أعمال
fondatore (m)	moʾasses (m)	مؤسّس
fondare (vt)	asses	أسّس
socio (m)	moʾasses (m)	مؤسّس
partner (m)	ʃerīk (m)	شريك
azionista (m)	mālek el as-hom (m)	مالك الأسهم
milionario (m)	millyonīr (m)	مليونير
miliardario (m)	milliardīr (m)	ملياردير
proprietario (m)	ṣāḥeb (m)	صاحب
latifondista (m)	ṣāḥeb el arḍ (m)	صاحب الأرض
cliente (m) (di professionista)	ʿamīl (m)	عميل
cliente (m) abituale	ʿamīl dāʾem (m)	عميل دائم
compratore (m)	moʃtary (m)	مشتري
visitatore (m)	zāʾer (m)	زائر
professionista (m)	moḥtaref (m)	محترف
esperto (m)	χabīr (m)	خبير
specialista (m)	motaχaṣṣeṣ (m)	متخصّص
banchiere (m)	ṣāḥeb maṣraf (m)	صاحب مصرف
broker (m)	semsār (m)	سمسار
cassiere (m)	ʿāmel kaʃier (m)	عامل كاشيير
contabile (m)	muḥāseb (m)	محاسب
guardia (f) giurata	ḥāres amn (m)	حارس أمن
investitore (m)	mostasmer (m)	مستثمر
debitore (m)	modīn (m)	مدين
creditore (m)	dāʾen (m)	دائن
mutuatario (m)	moqtareḍ (m)	مقترض
importatore (m)	mostawred (m)	مستورّد
esportatore (m)	moṣadder (m)	مصدّر
produttore (m)	el ʃerka el moṣanneʿa (f)	الشركة المصنّعة
distributore (m)	mowazzeʿ (m)	موزّع
intermediario (m)	wasīṭ (m)	وسيط
consulente (m)	mostaʃār (m)	مستشار
rappresentante (m)	mandūb mabiʿāt (m)	مندوب مبيعات
agente (m)	wakīl (m)	وكيل
assicuratore (m)	wakīl el taʾmīn (m)	وكيل التأمين

125. Professioni amministrative

cuoco (m)	ṭabbāχ (m)	طبّاخ
capocuoco (m)	el ʃeyf (m)	الشيف

fornaio (m)	xabbāz (m)	خبّاز
barista (m)	bārman (m)	بارمان
cameriere (m)	garsone (m)	جرسون
cameriera (f)	garsona (f)	جرسونة
avvocato (m)	muḥāmy (m)	محامي
esperto (m) legale	muḥāmy xabīr qanūny (m)	محامي خبير قانوني
notaio (m)	mowassaq (m)	موثّق
elettricista (m)	kahrabā'y (m)	كهربائي
idraulico (m)	samkary (m)	سمكري
falegname (m)	naggār (m)	نجّار
massaggiatore (m)	modallek (m)	مدلّك
massaggiatrice (f)	modalleka (f)	مدلّكة
medico (m)	doktore (m)	دكتور
taxista (m)	sawwā' taksi (m)	سوّاق تاكسي
autista (m)	sawwā' (m)	سوّاق
fattorino (m)	rāgel el delivery (m)	راجل الديلفري
cameriera (f)	'āmela tandīf ɣoraf (f)	عاملة تنظيف غرف
guardia (f) giurata	ḥāres amn (m)	حارس أمن
hostess (f)	moḍīfet ṭayarān (f)	مضيفة طيران
insegnante (m, f)	modarres madrasa (m)	مدرّس مدرسة
bibliotecario (m)	amīn maktaba (m)	أمين مكتبة
traduttore (m)	motargem (m)	مترجم
interprete (m)	motargem fawwry (m)	مترجم فوّري
guida (f)	morʃed (m)	مرشد
parrucchiere (m)	ḥallā' (m)	حلاّق
postino (m)	sā'y el barīd (m)	ساعي البريد
commesso (m)	bayā' (m)	بيّاع
giardiniere (m)	bostāny (m)	بستاني
domestico (m)	xādema (m)	خادمة
domestica (f)	xadema (f)	خادمة
donna (f) delle pulizie	'āmela tandīf (f)	عاملة تنظيف

126. Professioni militari e gradi

soldato (m) semplice	gondy (m)	جنّدي
sergente (m)	raqīb tāny (m)	رقيب تاني
tenente (m)	molāzem tāny (m)	ملازم تاني
capitano (m)	naqīb (m)	نقيب
maggiore (m)	rā'ed (m)	رائد
colonnello (m)	'aqīd (m)	عقيد
generale (m)	ʒenerāl (m)	جنرال
maresciallo (m)	marʃāl (m)	مارشال
ammiraglio (m)	amerāl (m)	أميرال
militare (m)	'askary (m)	عسكري
soldato (m)	gondy (m)	جنّدي

ufficiale (m)	ḍābeṭ (m)	ضابط
comandante (m)	qā'ed (m)	قائد
guardia (f) di frontiera	ḥaras ḥodūd (m)	حرس حدود
marconista (m)	'āmel lāselky (m)	عامل لاسلكي
esploratore (m)	rā'ed mostakʃef (m)	رائد مستكشف
geniere (m)	mohandes 'askary (m)	مهندس عسكري
tiratore (m)	rāmy (m)	رامي
navigatore (m)	mallāḥ (m)	ملاّح

127. Funzionari. Sacerdoti

re (m)	malek (m)	ملك
regina (f)	maleka (f)	ملكة
principe (m)	amīr (m)	أمير
principessa (f)	amīra (f)	أميرة
zar (m)	qayṣar (m)	قيصر
zarina (f)	qayṣara (f)	قيصرة
presidente (m)	ra'īs (m)	رئيس
ministro (m)	wazīr (m)	وزير
primo ministro (m)	ra'īs wozarā' (m)	رئيس وزراء
senatore (m)	'oḍw magles el ʃoyūχ (m)	عضو مجلس الشيوخ
diplomatico (m)	deblomāsy (m)	دبلوماسي
console (m)	qonṣol (m)	قنصل
ambasciatore (m)	safīr (m)	سفير
consigliere (m)	mostaʃār (m)	مستشار
funzionario (m)	mowazzaf (m)	موظّف
prefetto (m)	ra'īs edāret el ḥayī (m)	رئيس إدارة الحي
sindaco (m)	ra'īs el baladiya (m)	رئيس البلديّة
giudice (m)	qāḍy (m)	قاضي
procuratore (m)	el na'eb el 'ām (m)	النائب العام
missionario (m)	mobasʃer (m)	مبشّر
monaco (m)	rāheb (m)	راهب
abate (m)	ra'īs el deyr (m)	رئيس الدير
rabbino (m)	ḥaχām (m)	حاخام
visir (m)	wazīr (m)	وزير
scià (m)	ʃāh (m)	شاه
sceicco (m)	ʃεyχ (m)	شيخ

128. Professioni agricole

apicoltore (m)	naḥḥāl (m)	نحّال
pastore (m)	rā'y (m)	راعي
agronomo (m)	mohandes zerā'y (m)	مهندس زراعي

allevatore (m) di bestiame	morabby el mawāʃy (m)	مربّي المواشي
veterinario (m)	doktore beṭary (m)	دكتور بيطري
fattore (m)	mozāreʿ (m)	مزارع
vinificatore (m)	ṣāneʿ el χamr (m)	صانع الخمر
zoologo (m)	χabīr fe ʿelm el ḥayawān (m)	خبير في علم الحيوان
cowboy (m)	rāʿy el baʾar (m)	راعي البقر

129. Professioni artistiche

attore (m)	momassel (m)	ممثّل
attrice (f)	momassela (f)	ممثّلة
cantante (m)	moṭreb (m)	مطرب
cantante (f)	moṭreba (f)	مطربة
danzatore (m)	rāqeṣ (m)	راقص
ballerina (f)	raʾāṣa (f)	راقصة
artista (m)	fannān (m)	فنّان
artista (f)	fannāna (f)	فنّانة
musicista (m)	ʿāzef (m)	عازف
pianista (m)	ʿāzef biano (m)	عازف بيانو
chitarrista (m)	ʿāzef guitar (m)	عازف جيتار
direttore (m) d'orchestra	qāʾed orkestra (m)	قائد أوركسترا
compositore (m)	molaḥḥen (m)	ملحّن
impresario (m)	modīr ferʾa (m)	مدير فرقة
regista (m)	moχreg aflām (m)	مخرج أفلام
produttore (m)	monteg (m)	منتج
sceneggiatore (m)	kāteb senario (m)	كاتب سيناريو
critico (m)	nāqed (m)	ناقد
scrittore (m)	kāteb (m)	كاتب
poeta (m)	ʃāʿer (m)	شاعر
scultore (m)	naḥḥāt (m)	نحّات
pittore (m)	rassām (m)	رسّام
giocoliere (m)	bahlawān (m)	بهلوان
pagliaccio (m)	aragoze (m)	أراجوز
acrobata (m)	bahlawān (m)	بهلوان
prestigiatore (m)	sāḥer (m)	ساحر

130. Professioni varie

medico (m)	doktore (m)	دكتور
infermiera (f)	momarreḍa (f)	ممرّضة
psichiatra (m)	doktore nafsāny (m)	دكتور نفساني
dentista (m)	doktore asnān (m)	دكتور أسنان
chirurgo (m)	garrāḥ (m)	جرّاح

astronauta (m)	rā'ed faḍā' (m)	رائد فضاء
astronomo (m)	'ālem falak (m)	عالم فلك
pilota (m)	ṭayār (m)	طيّار
autista (m)	sawwā' (m)	سوّاق
macchinista (m)	sawwā' (m)	سوّاق
meccanico (m)	mikanīky (m)	ميكانيكي
minatore (m)	'āmel mangam (m)	عامل منجم
operaio (m)	'āmel (m)	عامل
operaio (m) metallurgico	'affāl (m)	قفّال
falegname (m)	naggār (m)	نجّار
tornitore (m)	χarrāṭ (m)	خرّاط
operaio (m) edile	'āmel benā' (m)	عامل بناء
saldatore (m)	laḥḥām (m)	لحّام
professore (m)	brofessor (m)	بروفيسور
architetto (m)	mohandes me'māry (m)	مهندس معماري
storico (m)	mo'arreχ (m)	مؤرّخ
scienziato (m)	'ālem (m)	عالم
fisico (m)	fizyā'y (m)	فيزيائي
chimico (m)	kemyā'y (m)	كيميائي
archeologo (m)	'ālem'āsār (m)	عالم آثار
geologo (m)	ʒeoloʒy (m)	جيولوجي
ricercatore (m)	bāḥes (m)	باحث
baby-sitter (m, f)	dāda (f)	دادة
insegnante (m, f)	mo'allem (m)	معلّم
redattore (m)	moḥarrer (m)	محرّر
redattore capo (m)	ra'īs taḥrīr (m)	رئيس تحرير
corrispondente (m)	morāsel (m)	مراسل
dattilografa (f)	kāteba 'ala el 'āla el kāteba (f)	كاتبة على الآلة الكاتبة
designer (m)	moṣammem (m)	مصمّم
esperto (m) informatico	motaχaṣṣeṣ bel kombuter (m)	متخصص بالكمبيوتر
programmatore (m)	mobarmeg (m)	مبرمج
ingegnere (m)	mohandes (m)	مهندس
marittimo (m)	baḥḥār (m)	بحّار
marinaio (m)	baḥḥār (m)	بحّار
soccorritore (m)	monqez (m)	منقذ
pompiere (m)	rāgel el maṭāfy (m)	راجل المطافئ
poliziotto (m)	ʃorṭy (m)	شرطي
guardiano (m)	ḥāres (m)	حارس
detective (m)	moḥaqqeq (m)	محقّق
doganiere (m)	mowazzaf el gamārek (m)	موظّف الجمارك
guardia (f) del corpo	ḥāres ʃaχṣy (m)	حارس شخصي
guardia (f) carceraria	ḥāres segn (m)	حارس سجن
ispettore (m)	mofatteʃ (m)	مفتّش
sportivo (m)	reyāḍy (m)	رياضي
allenatore (m)	modarreb (m)	مدرّب

macellaio (m)	gazzār (m)	جزّار
calzolaio (m)	eskāfy (m)	إسكافي
uomo (m) d'affari	tāger (m)	تاجر
caricatore (m)	ʃayāl (m)	شيّال
stilista (m)	moṣammem azyā' (m)	مصمّم أزياء
modella (f)	modeyl (f)	موديل

131. Attività lavorative. Condizione sociale

scolaro (m)	talmīz (m)	تلميذ
studente (m)	ṭāleb (m)	طالب
filosofo (m)	faylasūf (m)	فيلسوف
economista (m)	eqtiṣādy (m)	إقتصادي
inventore (m)	moχtare' (m)	مخترع
disoccupato (m)	'āṭel (m)	عاطل
pensionato (m)	motaqā'ed (m)	متقاعد
spia (f)	gasūs (m)	جاسوس
detenuto (m)	sagīn (m)	سجين
scioperante (m)	moḍrab (m)	مضرب
burocrate (m)	buroqrāṭy (m)	بيروقراطي
viaggiatore (m)	raḥḥāla (m)	رحّالة
omosessuale (m)	ʃāz (m)	شاذ
hacker (m)	haker (m)	هاكر
hippy (m, f)	hippi (m)	هيبّي
bandito (m)	qāṭe' ṭarī' (m)	قاطع طريق
sicario (m)	qātel ma'gūr (m)	قاتل مأجور
drogato (m)	modmen moχaddarāt (m)	مدمن مخدّرات
trafficante (m) di droga	tāger moχaddarāt (m)	تاجر مخدّرات
prostituta (f)	mommos (f)	مومّس
magnaccia (m)	qawwād (m)	قوّاد
stregone (m)	sāḥer (m)	ساحر
strega (f)	sāḥera (f)	ساحرة
pirata (m)	'orṣān (m)	قرصان
schiavo (m)	'abd (m)	عبد
samurai (m)	samuray (m)	ساموراي
selvaggio (m)	motawaḥḥeʃ (m)	متوحّش

Sport

132. Tipi di sport. Sportivi

sportivo (m)	reyāḍy (m)	رياضي
sport (m)	nūʿ men el reyāḍa (m)	نوع من الرياضة
pallacanestro (m)	koret el salla (f)	كرة السلّة
cestista (m)	lāʿeb korat el salla (m)	لاعب كرة السلّة
baseball (m)	baseball (m)	بيسبول
giocatore (m) di baseball	lāʿeb basebāl (m)	لاعب بيسبول
calcio (m)	koret el qadam (f)	كرة القدم
calciatore (m)	lāʿeb korat qadam (m)	لاعب كرة القدم
portiere (m)	ḥāres el marma (m)	حارس المرمى
hockey (m)	hoky (m)	هوكي
hockeista (m)	lāʿeb hoky (m)	لاعب هوكي
pallavolo (m)	voliball (m)	فولي بول
pallavolista (m)	lāʿeb volly bal (m)	لاعب فولي بول
pugilato (m)	molakma (f)	ملاكمة
pugile (m)	molākem (m)	ملاكم
lotta (f)	moṣarʿa (f)	مصارعة
lottatore (m)	moṣāreʿ (m)	مصارع
karate (m)	karate (m)	كاراتيه
karateka (m)	lāʿeb karateyh (m)	لاعب كاراتيه
judo (m)	ʒudo (m)	جودو
judoista (m)	lāʿeb ʒudo (m)	لاعب جودو
tennis (m)	tennis (m)	تنس
tennista (m)	lāʿeb tennis (m)	لاعب تنس
nuoto (m)	sebāḥa (f)	سباحة
nuotatore (m)	sabbāḥ (m)	سبّاح
scherma (f)	mobarza (f)	مبارزة
schermitore (m)	mobārez (m)	مبارز
scacchi (m pl)	ʃaṭarang (m)	شطرنج
scacchista (m)	lāʿeb ʃaṭarang (m)	لاعب شطرنج
alpinismo (m)	tasalloq el gebāl (m)	تسلّق الجبال
alpinista (m)	motasalleq el gebāl (m)	متسلّق الجبال
corsa (f)	garyī (m)	جري

corridore (m)	‘addā’ (m)	عدّاء
atletica (f) leggera	al‘āb el qowa (pl)	ألعاب القوى
atleta (m)	lā‘eb reyāḍy (m)	لاعب رياضي
ippica (f)	reyāḍa el forūsiya (f)	رياضة الفروسيّة
fantino (m)	fāres (m)	فارس
pattinaggio (m) artistico	tazallog fanny ‘alal galīd (m)	تزلّج فنّي على الجليد
pattinatore (m)	motazalleg rāqeṣ (m)	متزلّج راقص
pattinatrice (f)	motazallega rāqeṣa (f)	متزلّجة راقصة
pesistica (f)	raf‘ el asqāl (m)	رفع الأثقال
pesista (m)	rāfe‘ el asqāl (m)	رافع الأثقال
automobilismo (m)	sebā’ el sayarāt (m)	سباق السيارات
pilota (m)	sawwā’ sebā’ (m)	سائق سباق
ciclismo (m)	rokūb el darragāt (m)	ركوب الدرّاجات
ciclista (m)	lā‘eb el darrāga (m)	لاعب الدرّاجة
salto (m) in lungo	el qafz el ‘āly (m)	القفز العالي
salto (m) con l'asta	el qafz bel ‘aṣa (m)	القفز بالعصا
saltatore (m)	qāfez (m)	قافز

133. Tipi di sport. Varie

football (m) americano	koret el qadam (f)	كرة القدم
badminton (m)	el rīʃa (m)	الريشة
biathlon (m)	el biatlon (m)	البياتلون
biliardo (m)	bilyardo (m)	بلياردو
bob (m)	zalāga gama‘iya (f)	زلاجة جماعية
culturismo (m)	body building (m)	بادي بيلدنج
pallanuoto (m)	koret el maya (f)	كرة الميّة
pallamano (m)	koret el yad (f)	كرة اليد
golf (m)	golf (m)	جولف
canottaggio (m)	tagdīf (m)	تجديف
immersione (f) subacquea	ɣoṣe (m)	غوص
sci (m) di fondo	reyāḍa el ski (f)	رياضة الإسكي
tennis (m) da tavolo	koret el ṭawla (f)	كرة الطاولة
vela (f)	reyāḍa ebḥār el marākeb (f)	رياضة إبحارالمراكب
rally (m)	sebā’ el sayarāt (m)	سباق السيارات
rugby (m)	rugby (m)	رجبي
snowboard (m)	el tazallog ‘lal galīd (m)	التزلّج على الجليد
tiro (m) con l'arco	remāya (f)	رماية

134. Palestra

bilanciere (m)	bār ḥadīd (m)	بار حديد
manubri (m pl)	dumbbells (m)	دمبلز

attrezzo (m) sportivo	gehāz tadrīb (m)	جهاز تدريب
cyclette (f)	ʿagalet tadrīb (f)	عجلة تدريب
tapis roulant (m)	trīdmil (f)	تريد ميل
sbarra (f)	ʿoʾla (f)	عقلة
parallele (f pl)	el motawaziyīn (pl)	المتوازيين
cavallo (m)	manaṣṣet el qafz (f)	منصّة القفز
materassino (m)	ḥaṣīra (f)	حصيرة
corda (f) per saltare	ḥabl el naṭṭ (m)	حبل النطّ
aerobica (f)	aerobiks (m)	ايروبيكس
yoga (m)	yoga (f)	يوجا

135. Hockey

hockey (m)	hoky (m)	هوكي
hockeista (m)	lāʿeb hoky (m)	لاعب هوكي
giocare a hockey	leʿeb el hoky	لعب الهوكي
ghiaccio (m)	galīd (m)	جليد
disco (m)	ʾorṣ el hoky (m)	قرص الهوكي
bastone (m) da hockey	maḍrab el hoky (m)	مضرب الهوكي
pattini (m pl)	zallagāt (pl)	زلّاجات
bordo (m)	ḥalabet el hokky (f)	حلبة الهوكي
tiro (m)	ramya (f)	رمية
portiere (m)	ḥāres el marma (m)	حارس المرمى
gol (m)	hadaf (m)	هدف
segnare un gol	gāb hadaf	جاب هدف
tempo (m)	ʃoṭe (m)	شوط
secondo tempo (m)	el ʃoṭe el tāni (m)	الشوط التاني
panchina (f)	dekket el eḥṭiāṭy (f)	دكّة الإحتياطي

136. Calcio

calcio (m)	koret el qadam (f)	كرة القدم
calciatore (m)	lāʿeb korat qadam (m)	لاعب كرة القدم
giocare a calcio	leʿeb korret el qadam	لعب كرة القدم
La Prima Divisione	el dawry el kebīr (m)	الدوّري الكبير
società (f) calcistica	nādy koret el qadam (m)	نادي كرة القدم
allenatore (m)	modarreb (m)	مدرّب
proprietario (m)	ṣāḥeb (m)	صاحب
squadra (f)	farīʾ (m)	فريق
capitano (m) di squadra	kabten el farīʾ (m)	كابتن الفريق
giocatore (m)	lāʿeb (m)	لاعب
riserva (f)	lāʿeb eḥteyāṭy (m)	لاعب إحتياطي
attaccante (m)	lāʿeb hogūm (m)	لاعب هجوم
centrocampista (m)	wasaṭ el hogūm (m)	وسط الهجوم

bomber (m)	haddāf (m)	هدّاف
terzino (m)	modāfeʿ (m)	مدافع
mediano (m)	lāʿeb χaṭṭ wasaṭ (m)	لاعب خطّ وسط
partita (f)	mobarā (f)	مباراة
incontrarsi (vr)	ʾābel	قابل
finale (m)	mobarāh nehaʾiya (f)	مباراة نهائيّة
semifinale (m)	el dore el neṣf el nehāʾy (m)	الدور النصف النهائي
campionato (m)	boṭūla (f)	بطولة
tempo (m)	ʃoṭe (m)	شوط
primo tempo (m)	el ʃoṭe el awwal (m)	الشوط الأوّل
intervallo (m)	beyn el ʃoṭeyn	بين الشوطين
porta (f)	marma (m)	مرمى
portiere (m)	ḥāres el marma (m)	حارس المرمى
palo (m)	ʿārḍa (f)	عارضة
traversa (f)	ʿārḍa (f)	عارضة
rete (f)	ʃabaka (f)	شبكة
subire un gol	samaḥ be eṣābet el hadaf	سمح بإصابة الهدف
pallone (m)	kora (f)	كرة
passaggio (m)	tamrīra (f)	تمريرة
calcio (m), tiro (m)	ḍarba (f)	ضربة
tirare un calcio	ʃāt	شات
calcio (m) di punizione	ḍarba ḥorra (f)	ضربة حرّة
calcio (m) d'angolo	ḍarba rokniya (f)	ضربة ركنيّة
attacco (m)	hogūm (m)	هجوم
contrattacco (m)	hagma moḍāda (f)	هجمة مضادّة
combinazione (f)	tarkīb (m)	تركيب
arbitro (m)	ḥakam (m)	حكم
fischiare (vi)	ṣaffar	صفّر
fischio (m)	ṣoffāra (f)	صفّارة
fallo (m)	moχalfa (f)	مخالفة
fare un fallo	χālef	خالف
espellere dal campo	ṭarad men el malʿab	طرد من الملعب
cartellino (m) giallo	el kart el aṣfar (m)	الكارت الأصفر
cartellino (m) rosso	el kart el aḥmar (m)	الكارت الأحمر
squalifica (f)	ḥermān (m)	حرمان
squalificare (vt)	ḥaram	حرم
rigore (m)	ḍarbet gazāʾ (f)	ضربة جزاء
barriera (f)	ḥāʾeṭ (m)	حائط
segnare (~ un gol)	gāb hadaf	جاب هدف
gol (m)	hadaf (m)	هدف
segnare un gol	gāb hadaf	جاب هدف
sostituzione (f)	tabdīl (m)	تبديل
sostituire (vt)	baddal	بدّل
regole (f pl)	qawāʿed (pl)	قواعد
tattica (f)	taktīk (m)	تكتيك
stadio (m)	malʿab (m)	ملعب
tribuna (f)	modarrag (m)	مدرّج

tifoso, fan (m)	moʃaggeʻ (m)	مشجّع
gridare (vi)	ṣarraχ	صرّخ
tabellone (m) segnapunti	lawḥet el natīga (f)	لوحة النتيجة
punteggio (m)	natīga (f)	نتيجة
sconfitta (f)	hazīma (f)	هزيمة
subire una sconfitta	χeser	خسر
pareggio (m)	taʻādol (m)	تعادل
pareggiare (vi)	taʻādal	تعادل
vittoria (f)	foze (m)	فوز
vincere (vi)	fāz	فاز
campione (m)	baṭal (m)	بطل
migliore (agg)	aḥsan	أحسن
congratularsi (con qn per qc)	hanna	هنّأ
commentatore (m)	moʻalleq (m)	معلّق
commentare (vt)	ʻallaʼ	علّق
trasmissione (f)	ezāʻa (f)	إذاعة

137. Sci alpino

sci (m pl)	zallagāt (pl)	زلّاجات
sciare (vi)	tazallag	تزلّج
stazione (f) sciistica	montagaʻ gabaly lel tazaḥloq (m)	منتجع جبلي للتزلج
sciovia (f)	meṣʻad (m)	مصعد
bastoni (m pl) da sci	ʻeṣyān el tazallog (pl)	عصيان التزلّج
pendio (m)	monḥadar (m)	منحدر
slalom (m)	el tazallog el motaʻarreg (m)	التزلّج المتعرّج

138. Tennis. Golf

golf (m)	golf (m)	جولف
golf club (m)	nādy golf (m)	نادي جولف
golfista (m)	lāʻeb golf (m)	لاعب جولف
buca (f)	tagwīf (m)	تجويف
mazza (f) da golf	maḍrab (m)	مضرب
carrello (m) da golf	ʻaraba lel golf (f)	عربة للجولف
tennis (m)	tennis (m)	تنس
campo (m) da tennis	malʻab tennis (m)	ملعب تنس
battuta (f)	monawla (f)	مناولة
servire (vt)	nāwel	ناول
racchetta (f)	maḍrab (m)	مضرب
rete (f)	ʃabaka (f)	شبكة
palla (f)	kora (f)	كرة

139. Scacchi

scacchi (m pl)	ʃaṭarang (m)	شطرنج
pezzi (m pl) degli scacchi	aḥgār el ʃaṭarang (pl)	أحجار الشطرنج
scacchista (m)	lā'eb ʃaṭarang (m)	لاعب شطرنج
scacchiera (f)	lawḥet el ʃaṭarang (f)	لوحة الشطرنج
pezzo (m)	ḥagar (m)	حجر
Bianchi (m pl)	aḥgār bayḍā' (pl)	أحجار بيضاء
Neri (m pl)	aḥgār sawdā' (pl)	أحجار سوداء
pedina (f)	bayda' (m)	بيدق
alfiere (m)	fīl (m)	فيل
cavallo (m)	ḥoṣān (m)	حصان
torre (f)	rakχ (m)	رخ
regina (f)	el maleka (f)	الملكة
re (m)	el malek (m)	الملك
mossa (m)	χaṭwa (f)	خطوة
muovere (vt)	ḥarrak	حرّك
sacrificare (vt)	ḍaḥḥa	ضحّى
arrocco (m)	χaṭwa el raχ wel ʃah (f)	خطوة الرخ والشاه
scacco (m)	kesʃ	كشّ
scacco matto (m)	kesʃ malek	كشّ ملك
torneo (m) di scacchi	boṭūlet ʃaṭarang (f)	بطولة شطرنج
gran maestro (m)	grand master (m)	جراند ماستر
combinazione (f)	tarkīb (m)	تركيب
partita (f) (~ a scacchi)	dore (m)	دور
dama (f)	dama (f)	داما

140. Pugilato

pugilato (m), boxe (f)	molakma (f)	ملاكمة
incontro (m)	molakma (f)	ملاكمة
incontro (m) di boxe	mobarāt molakma (f)	مباراة ملاكمة
round (m)	gawla (f)	جولة
ring (m)	ḥalaba (f)	حلبة
gong (m)	naqūs (m)	ناقوس
pugno (m)	ḍarba (f)	ضربة
knock down (m)	ḍarba ḥasema (f)	ضربة حاسمة
knock-out (m)	ḍarba 'āḍya (f)	ضربة قاضية
mettere knock-out	ḍarab ḍarba qāḍiya	ضرب ضربة قاضية
guantone (m) da pugile	qoffāz el molakma (m)	قفّاز الملاكمة
arbitro (m)	ḥakam (m)	حكم
peso (m) leggero	el wazn el χafīf (m)	الوزن الخفيف
peso (m) medio	el wazn el motawasseṭ (m)	الوزن المتوسط
peso (m) massimo	el wazn el te'īl (m)	الوزن الثقيل

141. Sport. Varie

Giochi (m pl) Olimpici	alʿāb olombiya (pl)	ألعاب أولمبيّة
vincitore (m)	fāʾez (m)	فائز
ottenere la vittoria	fāz	فاز
vincere (vi)	fāz	فاز
leader (m), capo (m)	zaʿīm (m)	زعيم
essere alla guida	taʾaddam	تقدّم
primo posto (m)	el martaba el ūla (f)	المرتبة الأولى
secondo posto (m)	el martaba el tanya (f)	المرتبة الثانية
terzo posto (m)	el martaba el talta (f)	المرتبة الثالثة
medaglia (f)	medalya (f)	ميدالية
trofeo (m)	kaʾs (f)	كأس
coppa (f) (trofeo)	kaʾs (f)	كأس
premio (m)	gayza (f)	جائزة
primo premio (m)	akbar gayza (f)	أكبر جائزة
record (m)	raqam qeyāsy (m)	رقم قياسي
stabilire un record	fāz be raqam qeyāsy	فاز برقم قياسي
finale (m)	mobarāh nehaʾiya (f)	مباراة نهائيّة
finale (agg)	nehāʾy	نهائي
campione (m)	baṭal (m)	بطل
campionato (m)	boṭūla (f)	بطولة
stadio (m)	malʿab (m)	ملعب
tribuna (f)	modarrag (m)	مدرّج
tifoso, fan (m)	moʃaggeʿ (m)	مشجّع
avversario (m)	ʿadeww (m)	عدوّ
partenza (f)	χaṭṭ el bedāya (m)	خطّ البداية
traguardo (m)	χaṭṭ el nehāya (m)	خطّ النهاية
sconfitta (f)	hazīma (f)	هزيمة
perdere (vt)	χeser	خسر
arbitro (m)	ḥakam (m)	حكم
giuria (f)	hayʾet el ḥokm (f)	هيئة الحكم
punteggio (m)	natīga (f)	نتيجة
pareggio (m)	taʿādol (m)	تعادل
pareggiare (vi)	taʿādal	تعادل
punto (m)	noʾṭa (f)	نقطة
risultato (m)	natīga nehaʾiya (f)	نتيجة نهائية
tempo (primo ~)	ʃoṭe (m)	شوط
intervallo (m)	beyn el ʃoṭeyn	بين الشوطين
doping (m)	monasʃeṭāt (pl)	منشّطات
penalizzare (vt)	ʿāqab	عاقب
squalificare (vt)	ḥaram	حرم
attrezzatura (f)	adah (f)	أداة
giavellotto (m)	remḥ (m)	رمح

peso (m) (sfera metallica)	kora maʿdaniya (f)	كرة معدنية
biglia (f) (palla)	kora (f)	كرة
obiettivo (m)	hadaf (m)	هدف
bersaglio (m)	hadaf (m)	هدف
sparare (vi)	ḍarab bel nār	ضرب بالنار
preciso (agg)	maḍbūṭ	مضبوط
allenatore (m)	modarreb (m)	مدرّب
allenare (vt)	darrab	درّب
allenarsi (vr)	etdarrab	إتدرّب
allenamento (m)	tadrīb (m)	تدريب
palestra (f)	gīm (m)	جيم
esercizio (m)	tamrīn (m)	تمرين
riscaldamento (m)	tasχīn (m)	تسخين

Istruzione

142. Scuola

scuola (f)	madrasa (f)	مدرسة
direttore (m) di scuola	modīr el madrasa (m)	مدير المدرسة
allievo (m)	talmīz (m)	تلميذ
allieva (f)	telmīza (f)	تلميذة
scolaro (m)	talmīz (m)	تلميذ
scolara (f)	telmīza (f)	تلميذة
insegnare (qn)	ʿallem	علّم
imparare (una lingua)	taʿallam	تعلّم
imparare a memoria	ḥafaẓ	حفظ
studiare (vi)	taʿallam	تعلّم
frequentare la scuola	daras	درس
andare a scuola	rāḥ el madrasa	راح المدرسة
alfabeto (m)	abgadiya (f)	أبجدية
materia (f)	madda (f)	مادّة
classe (f)	faṣl (m)	فصل
lezione (f)	dars (m)	درس
ricreazione (f)	estrāḥa (f)	إستراحة
campanella (f)	garas el madrasa (m)	جرس المدرسة
banco (m)	disk el madrasa (m)	ديسك المدرسة
lavagna (f)	sabbūra (f)	سبّورة
voto (m)	daraga (f)	درجة
voto (m) alto	daraga kewayesa (f)	درجة كويسة
voto (m) basso	daraga meʃ kewayesa (f)	درجة مش كويسة
dare un voto	edda daraga	إدّى درجة
errore (m)	χaṭaʾ (m)	خطأ
fare errori	aχṭaʾ	أخطأ
correggere (vt)	ṣaḥḥaḥ	صحّح
bigliettino (m)	berʃām (m)	برشام
compiti (m pl)	wāgeb (m)	واجب
esercizio (m)	tamrīn (m)	تمرين
essere presente	ḥaḍar	حضر
essere assente	ɣāb	غاب
mancare le lezioni	taɣeyyab ʿan el madrasa	تغيّب عن المدرسة
punire (vt)	ʿāqab	عاقب
punizione (f)	ʿeqāb (m)	عقاب
comportamento (m)	solūk (m)	سلوك

pagella (f)	el taqrīr el madrasy (m)	التقرير المدرسي
matita (f)	'alam roṣāṣ (m)	قلم رصاص
gomma (f) per cancellare	astīka (f)	استيكة
gesso (m)	ṭabaʃīr (m)	طباشير
astuccio (m) portamatite	ma'lama (f)	مقلمة
cartella (f)	ʃanṭet el madrasa (f)	شنطة المدرسة
penna (f)	'alam (m)	قلم
quaderno (m)	daftar (m)	دفتر
manuale (m)	ketāb ta'līm (m)	كتاب تعليم
compasso (m)	bargal (m)	برجل
disegnare (tracciare)	rasam rasm teqany	رسم رسم تقني
disegno (m) tecnico	rasm teqany (m)	رسم تقني
poesia (f)	'aṣīda (f)	قصيدة
a memoria	'an ẓahr qalb	عن ظهر قلب
imparare a memoria	ḥafaẓ	حفظ
vacanze (f pl) scolastiche	agāza (f)	أجازة
essere in vacanza	'ando agāza	عنده أجازة
passare le vacanze	'aḍa el agāza	قضى الأجازة
prova (f) scritta	emteḥān (m)	إمتحان
composizione (f)	enʃā' (m)	إنشاء
dettato (m)	emlā' (m)	إملاء
esame (m)	emteḥān (m)	إمتحان
sostenere un esame	'amal emteḥān	عمل إمتحان
esperimento (m)	tagreba (f)	تجربة

143. Istituto superiore. Università

accademia (f)	akademiya (f)	أكاديميّة
università (f)	gam'a (f)	جامعة
facoltà (f)	kolliya (f)	كلّيّة
studente (m)	ṭāleb (m)	طالب
studentessa (f)	ṭāleba (f)	طالبة
docente (m, f)	muḥāḍer (m)	محاضر
aula (f)	modarrag (m)	مدرّج
diplomato (m)	motaχarreg (m)	متخرج
diploma (m)	dibloma (f)	دبلومة
tesi (f)	resāla 'elmiya (f)	رسالة علميّة
ricerca (f)	derāsa (f)	دراسة
laboratorio (m)	moχtabar (m)	مختبر
lezione (f)	moḥaḍra (f)	محاضرة
compagno (m) di corso	zamīl fel ṣaff (m)	زميل في الصفّ
borsa (f) di studio	menḥa derāsiya (f)	منحة دراسيّة
titolo (m) accademico	daraga 'elmiya (f)	درجة علميّة

144. Scienze. Discipline

matematica (f)	reyāḍīāt (pl)	رياضيّات
algebra (f)	el gabr (m)	الجبر
geometria (f)	handasa (f)	هندسة
astronomia (f)	ʻelm el falak (m)	علم الفلك
biologia (f)	al aḥya' (m)	الأحياء
geografia (f)	goɣrafia (f)	جغرافيا
geologia (f)	ʒeoloʒia (f)	جيولوجيا
storia (f)	tarīχ (m)	تاريخ
medicina (f)	ṭebb (m)	طبّ
pedagogia (f)	tarbeya (f)	تربية
diritto (m)	qanūn (m)	قانون
fisica (f)	fezya' (f)	فيزياء
chimica (f)	kemya' (f)	كيمياء
filosofia (f)	falsafa (f)	فلسفة
psicologia (f)	ʻelm el nafs (m)	علم النفس

145. Sistema di scrittura. Ortografia

grammatica (f)	el naḥw wel ṣarf (m)	النحو والصرف
lessico (m)	mofradāt el loɣa (pl)	مفردات اللغة
fonetica (f)	ṣawtīāt (pl)	صوتيات
sostantivo (m)	esm (m)	اسم
aggettivo (m)	ṣefa (f)	صفة
verbo (m)	fe'l (m)	فعل
avverbio (m)	ẓarf (m)	ظرف
pronome (m)	ḍamīr (m)	ضمير
interiezione (f)	oslūb el ta'aggob (m)	أسلوب التعجّب
preposizione (f)	ḥarf el garr (m)	حرف الجرّ
radice (f)	gezr el kelma (m)	جذر الكلمة
desinenza (f)	nehāya (f)	نهاية
prefisso (m)	sabaeqa (f)	سابقة
sillaba (f)	maqṭa' lafzy (m)	مقطع لفظي
suffisso (m)	lāḥeqa (f)	لاحقة
accento (m)	nabra (f)	نبرة
apostrofo (m)	ʻalāmet ḥazf (f)	علامة حذف
punto (m)	no'ṭa (f)	نقطة
virgola (f)	faṣla (f)	فاصلة
punto (m) e virgola	no'ṭa w faṣla (f)	نقطة وفاصلة
due punti	no'ṭeteyn (pl)	نقطتين
puntini di sospensione	talat no'aṭ (pl)	ثلاث نقط
punto (m) interrogativo	ʻalāmet estefhām (f)	علامة إستفهام
punto (m) esclamativo	'alāmet ta'aggob (f)	علامة تعجّب

virgolette (f pl)	'alamāt el eqtebās (pl)	علامات الإقتباس
tra virgolette	beyn 'alamaty el eqtebās	بين علامتي الاقتباس
parentesi (f pl)	qoseyn (du)	قوسين
tra parentesi	beyn el qoseyn	بين القوسين
trattino (m)	'alāmet waṣl (f)	علامة وصل
lineetta (f)	ʃorṭa (f)	شرطة
spazio (m) (tra due parole)	farāɣ (m)	فراغ
lettera (f)	ḥarf (m)	حرف
lettera (f) maiuscola	ḥarf kebīr (m)	حرف كبير
vocale (f)	ḥarf ṣauty (m)	حرف صوتي
consonante (f)	ḥarf sāken (m)	حرف ساكن
proposizione (f)	gomla (f)	جملة
soggetto (m)	fā'el (m)	فاعل
predicato (m)	mosnad (m)	مسند
riga (f)	saṭr (m)	سطر
a capo	men bedāyet el saṭr	من بداية السطر
capoverso (m)	faqra (f)	فقرة
parola (f)	kelma (f)	كلمة
gruppo (m) di parole	magmū'a men el kelamāt (pl)	مجموعة من الكلمات
espressione (f)	moṣṭalaḥ (m)	مصطلح
sinonimo (m)	morādef (m)	مرادف
antonimo (m)	motaḍād loɣawy (m)	متضاد لغوي
regola (f)	qa'eda (f)	قاعدة
eccezione (f)	estesnā' (m)	إستثناء
giusto (corretto)	ṣaḥīḥ	صحيح
coniugazione (f)	ṣarf (m)	صرف
declinazione (f)	taṣrīf el asmā' (m)	تصريف الأسماء
caso (m) nominativo	ḥāla esmiya (f)	حالة أسمية
domanda (f)	so'āl (m)	سؤال
sottolineare (vt)	ḥaṭṭ χaṭṭ taḥt	حطّ خطّ تحت
linea (f) tratteggiata	χaṭṭ mena''aṭ (m)	خطّ منقّط

146. Lingue straniere

lingua (f)	loɣa (f)	لغة
straniero (agg)	agnaby	أجنبيّ
lingua (f) straniera	loɣa agnabiya (f)	لغة أجنبية
studiare (vt)	daras	درس
imparare (una lingua)	ta'allam	تعلّم
leggere (vi, vt)	'ara	قرأ
parlare (vi, vt)	kallem	كلّم
capire (vt)	fehem	فهم
scrivere (vi, vt)	katab	كتب
rapidamente	bosor'a	بسرعة
lentamente	bo boṭ'	ببطء

correntemente	beṭalāqa	بطلاقة
regole (f pl)	qawā'ed (pl)	قواعد
grammatica (f)	el naḥw wel ṣarf (m)	النحو والصرف
lessico (m)	mofradāt el loɣa (pl)	مفردات اللغة
fonetica (f)	ṣawtīāt (pl)	صوتيات
manuale (m)	ketāb ta'līm (m)	كتاب تعليم
dizionario (m)	qamūs (m)	قاموس
manuale (m) autodidattico	ketāb ta'līm zāty (m)	كتاب تعليم ذاتي
frasario (m)	ketāb lel 'ebarāt el ʃā'e'a (m)	كتاب للعبارت الشائعة
cassetta (f)	kasett (m)	كاسيت
videocassetta (f)	ʃerī'ṭ video (m)	شريط فيديو
CD (m)	sidī (m)	سي دي
DVD (m)	dividī (m)	دي في دي
alfabeto (m)	abgadiya (f)	أبجدية
compitare (vt)	tahagga	تهجّى
pronuncia (f)	noṭ' (m)	نطق
accento (m)	lahga (f)	لهجة
con un accento	be lahga	بـ لهجة
senza accento	men ɣeyr lahga	من غير لهجة
vocabolo (m)	kelma (f)	كلمة
significato (m)	ma'na (m)	معنى
corso (m) (~ di francese)	dawra (f)	دورة
iscriversi (vr)	saggel esmo	سجّل إسمه
insegnante (m, f)	modarres (m)	مدرّس
traduzione (f) (fare una ~)	targama (f)	ترجمة
traduzione (f) (un testo)	targama (f)	ترجمة
traduttore (m)	motargem (m)	مترجم
interprete (m)	motargem fawwry (m)	مترجم فوّري
poliglotta (m)	'alīm be'eddet loɣāt (m)	عليم بعدّة لغات
memoria (f)	zākera (f)	ذاكرة

147. Personaggi delle fiabe

Babbo Natale (m)	baba neweyl (m)	بابا نويل
Cenerentola (f)	sindrīla	سيندريلا
sirena (f)	'arūset el baḥr (f)	عروسة البحر
Nettuno (m)	nibtūn (m)	نبتون
mago (m)	sāḥer (m)	ساحر
fata (f)	genniya (f)	جنّيّة
magico (agg)	seḥry	سحري
bacchetta (f) magica	el 'aṣāya el seḥriya (f)	العصاية السحرية
fiaba (f), favola (f)	ḥekāya χayaliya (f)	حكاية خيالية
miracolo (m)	mo'geza (f)	معجزة
nano (m)	qazam (m)	قزم

trasformarsi in ...	taḥawwal ela ...	تحوّل إلى...
fantasma (m)	ʃabaḥ (m)	شبح
spettro (m)	ʃabaḥ (m)	شبح
mostro (m)	waḥʃ (m)	وحش
drago (m)	tennīn (m)	تنّين
gigante (m)	ʻemlāq (m)	عملاق

148. Segni zodiacali

Ariete (m)	borg el ḥaml (m)	برج الحمل
Toro (m)	borg el sore (m)	برج الثور
Gemelli (m pl)	borg el gawzāʼ (m)	برج الجوزاء
Cancro (m)	borg el saraṭān (m)	برج السرطان
Leone (m)	borg el asad (m)	برج الأسد
Vergine (f)	borg el ʻazrāʼ (m)	برج العذراء
Bilancia (f)	borg el mezān (m)	برج الميزان
Scorpione (m)	borg el ʻaʼrab (m)	برج العقرب
Sagittario (m)	borg el qose (m)	برج القوس
Capricorno (m)	borg el gady (m)	برج الجدي
Acquario (m)	borg el dalw (m)	برج الدلو
Pesci (m pl)	borg el ḥūt (m)	برج الحوت
carattere (m)	ʃaχṣiya (f)	شخصية
tratti (m pl) del carattere	el ṣefāt el ʃaχṣiya (pl)	الصفات الشخصية
comportamento (m)	solūk (m)	سلوك
predire il futuro	ʼara el ṭāleʻ	قرأ الطالع
cartomante (f)	ʻarrāfa (f)	عرّافة
oroscopo (m)	tawaqqoʻāt el abrāg (pl)	توقّعات الأبراج

Arte

149. Teatro

teatro (m)	masraḥ (m)	مسرح
opera (f)	obra (f)	أوبرا
operetta (f)	obrette (f)	أوبريت
balletto (m)	baleyh (m)	باليه
cartellone (m)	molṣaq (m)	ملصق
compagnia (f) teatrale	fer'a (f)	فرقة
tournée (f)	gawlet fananīn (f)	جولة فنّانين
andare in tourn?e	tagawwal	تجوّل
fare le prove	ʿamal brova	عمل بروفة
prova (f)	brova (f)	بروفة
repertorio (m)	barnāmeg el masraḥ (m)	برنامج المسرح
rappresentazione (f)	adā' (m)	أداء
spettacolo (m)	ʿarḍ masraḥy (m)	عرض مسرحي
opera (f) teatrale	masraḥiya (f)	مسرحيّة
biglietto (m)	tazkara (f)	تذكرة
botteghino (m)	ʃebbāk el tazāker (m)	شبّاك التذاكر
hall (f)	ṣāla (f)	صالة
guardaroba (f)	ɣorfet īdāʿ el maʿāṭef (f)	غرفة إيداع المعاطف
cartellino (m) del guardaroba	beṭā'et edāʿ el maʿaṭef (f)	بطاقة إيداع المعاطف
binocolo (m)	naḍḍāra moʿaẓẓema lel obera (f)	نظارة معظمة للأوبرا
maschera (f)	ḥāgeb el sinema (m)	حاجب السينما
platea (f)	karāsy el orkestra (pl)	كراسي الأوركسترا
balconata (f)	balakona (f)	بلكونة
prima galleria (f)	ʃorfa (f)	شرفة
palco (m)	log (m)	لوج
fila (f)	ṣaff (m)	صفّ
posto (m)	meqʿad (m)	مقعد
pubblico (m)	gomhūr (m)	جمهور
spettatore (m)	moʃāhed (m)	مشاهد
battere le mani	ṣaffa'	صفّق
applauso (m)	taṣfī' (m)	تصفيق
ovazione (f)	taṣfī' ḥār (m)	تصفيق حار
palcoscenico (m)	xaʃabet el masraḥ (f)	خشبة المسرح
sipario (m)	setāra (f)	ستارة
scenografia (f)	dekor (m)	ديكور
quinte (f pl)	kawalīs (pl)	كواليس
scena (f) (l'ultima ~)	maʃ-had (m)	مشهد
atto (m)	faṣl (m)	فصل
intervallo (m)	estrāḥa (f)	استراحة

150. Cinema

attore (m)	momassel (m)	ممثّل
attrice (f)	momassela (f)	ممثّلة
cinema (m) (industria)	el aflām (m)	الأفلام
film (m)	film (m)	فيلم
puntata (f)	goz' (m)	جزء
film (m) giallo	film bolīsy (m)	فيلم بوليسي
film (m) d'azione	film akʃen (m)	فيلم أكشن
film (m) d'avventure	film moɣamarāt (m)	فيلم مغامرات
film (m) di fantascienza	film χayāl 'elmy (m)	فيلم خيال علمي
film (m) d'orrore	film ro'b (m)	فيلم رعب
film (m) comico	film komedia (f)	فيلم كوميديا
melodramma (m)	melodrama (m)	ميلودراما
dramma (m)	drama (f)	دراما
film (m) a soggetto	film χayāly (m)	فيلم خيالي
documentario (m)	film wasā'eqy (m)	فيلم وثائقي
cartoni (m pl) animati	kartōn (m)	كرتون
cinema (m) muto	sinema ṣāmeta (f)	سينما صامتة
parte (f)	dore (m)	دور
parte (f) principale	dore ra'īsy (m)	دور رئيسي
recitare (vi, vt)	massel	مثّل
star (f), stella (f)	negm senamā'y (m)	نجم سينمائي
noto (agg)	ma'rūf	معروف
famoso (agg)	maʃ-hūr	مشهور
popolare (agg)	maḥbūb	محبوب
sceneggiatura (m)	senario (m)	سيناريو
sceneggiatore (m)	kāteb senario (m)	كاتب سيناريو
regista (m)	moχreg (m)	مخرج
produttore (m)	monteg (m)	منتج
assistente (m)	mosā'ed (m)	مساعد
cameraman (m)	moṣawwer (m)	مصوّر
cascatore (m)	mo'addy maʃāhed χaṭīra (m)	مؤدي مشاهد خطيرة
controfigura (f)	momassel badīl (m)	ممثّل بديل
girare un film	ṣawwar film	صوّر فيلم
provino (m)	tagreba adā' (f)	تجربة أداء
ripresa (f)	taṣwīr (m)	تصوير
troupe (f) cinematografica	ṭāqem el film (m)	طاقم الفيلم
set (m)	mante'et taṣwīr (f)	منطقة التصوير
cinepresa (f)	kamera (f)	كاميرا
cinema (m) (~ all'aperto)	sinema (f)	سينما
schermo (m)	ʃāʃa (f)	شاشة
proiettare un film	'araḍ film	عرض فيلم
colonna (f) sonora	mosīqa taṣweriya (f)	موسيقي تصويرية
effetti (m pl) speciali	mo'asserāt χāṣa (pl)	مؤثّرات خاصّة

sottotitoli (m pl)	targamet el ḥewār (f)	ترجمة الحوار
titoli (m pl) di coda	ʃāret el nehāya (f)	شارة النهاية
traduzione (f)	targama (f)	ترجمة

151. Pittura

arte (f)	fann (m)	فنّ
belle arti (f pl)	fonūn gamīla (pl)	فنون جميلة
galleria (f) d'arte	ma'raḍ fonūn (m)	معرض فنون
mostra (f)	ma'raḍ fanny (m)	معرض فنّي
pittura (f)	lawḥa (f)	لوحة
grafica (f)	fann taṣwīry (m)	فن تصويري
astrattismo (m)	fann tagrīdy (m)	فنّ تجريدي
impressionismo (m)	el enṭebā'iya (f)	الإنطباعيّة
quadro (m)	lawḥa (f)	لوحة
disegno (m)	rasm (m)	رسم
cartellone, poster (m)	boster (m)	بوستر
illustrazione (f)	rasm tawḍīḥy (m)	رسم توضيحي
miniatura (f)	ṣūra moṣagɣara (f)	صورة مصغّرة
copia (f)	nosχa (f)	نسخة
riproduzione (f)	nosχa ṭeb' el aṣl (f)	نسخة طبق الأصل
mosaico (m)	fosayfesā' (f)	فسيفساء
vetrata (f)	ʃebbāk 'ezāz mlawwen (m)	شبّاك قزاز ملوّن
affresco (m)	taṣwīr gaṣṣy (m)	تصوير جصي
incisione (f)	na'ʃ (m)	نقش
busto (m)	temsāl neṣfy (m)	تمثال نصفي
scultura (f)	naḥt (m)	نحت
statua (f)	temsāl (m)	تمثال
gesso (m)	gibss (m)	جبس
in gesso	men el gebs	من الجبس
ritratto (m)	bortreyh (m)	بورتريه
autoritratto (m)	bortreyh ʃaχṣy (m)	بورتريه شخصي
paesaggio (m)	lawḥet manzar ṭabee'y (f)	لوحة منظر طبيعي
natura (f) morta	ṭabee'a ṣāmeta (f)	طبيعة صامتة
caricatura (f)	ṣūra karikatoriya (f)	صورة كاريكاتورية
abbozzo (m)	rasm tamhīdy (m)	رسم تمهيدي
colore (m)	lone (m)	لون
acquerello (m)	alwān maya (m)	ألوان ميّة
olio (m)	zeyt (m)	زيت
matita (f)	'alam roṣāṣ (m)	قلم رصاص
inchiostro (m) di china	ḥebr hendy (m)	حبر هندي
carbone (m)	faḥm (m)	فحم
disegnare (a matita)	rasam	رسم
dipingere (un quadro)	rasam	رسم
posare (vi)	'a'ad	قعد
modello (m)	modeyl ḥayī amām el rassām (m)	موديل حيّ أمام الرسّام

modella (f)	modeyl ḥayī amām el rassām (m)	موديل حيّ أمام الرسّام
pittore (m)	rassām (m)	رسّام
opera (f) d'arte	'amal fanny (m)	عمل فنّي
capolavoro (m)	toḥfa faniya (f)	تحفة فنية
laboratorio (m) (di artigiano)	warʃa (f)	ورشة
tela (f)	kanava (f)	كانفا
cavalletto (m)	masnad el loḥe (m)	مسند اللوح
tavolozza (f)	lawḥet el alwān (f)	لوحة الألوان
cornice (f) (~ di un quadro)	eṭār (m)	إطار
restauro (m)	tarmīm (m)	ترميم
restaurare (vt)	rammem	رمّم

152. Letteratura e poesia

letteratura (f)	adab (m)	أدب
autore (m)	mo'allef (m)	مؤلّف
pseudonimo (m)	esm mosta'ār (m)	اسم مستعار
libro (m)	ketāb (m)	كتاب
volume (m)	mogallad (m)	مجلّد
sommario (m), indice (m)	gadwal el moḥtawayāt (m)	جدوّل المحتويات
pagina (f)	ṣafḥa (f)	صفحة
protagonista (m)	el ʃaχṣiya el ra'esiya (f)	الشخصية الرئيسية
autografo (m)	tawqee' el mo'allef (m)	توقيع المؤلّف
racconto (m)	qeṣṣa 'aṣīra (f)	قصّة قصيرة
romanzo (m) breve	'oṣṣa (f)	قصّة
romanzo (m)	rewāya (f)	رواية
opera (f) (~ letteraria)	mo'allef (m)	مؤلّف
favola (f)	ḥekāya (f)	حكاية
giallo (m)	rewāya bolesiya (f)	رواية بوليسية
verso (m)	'aṣīda (f)	قصيدة
poesia (f) (~ lirica)	ʃe'r (m)	شعر
poema (m)	'aṣīda (f)	قصيدة
poeta (m)	ʃā'er (m)	شاعر
narrativa (f)	χayāl (m)	خيال
fantascienza (f)	χayāl 'elmy (m)	خيال علمي
avventure (f pl)	adab el moɣamrāt (m)	أدب المغامرات
letteratura (f) formativa	adab tarbawy (m)	أدب تربوّي
libri (m pl) per l'infanzia	adab el aṭfāl (m)	أدب الأطفال

153. Circo

circo (m)	serk (m)	سيرك
tendone (m) del circo	serk motana''el (m)	سيرك متنقّل
programma (m)	barnāmeg (m)	برنامج
spettacolo (m)	adā' (m)	أداء

numero (m)	ʻarḍ (m)	عرض
arena (f)	ḥalabet el serk (f)	حلبة السيرك
pantomima (m)	momassel īmā'y (m)	ممثّل إيمائي
pagliaccio (m)	aragoze (m)	أراجوز
acrobata (m)	bahlawān (m)	بهلوان
acrobatica (f)	alʻab bahlawaniya (f)	ألعاب بهلوانية
ginnasta (m)	lāʻeb gombāz (m)	لاعب جمباز
ginnastica (m)	gombāz (m)	جمباز
salto (m) mortale	ḥarakāt ʃa'laba (pl)	حركات شقلبة
forzuto (m)	el ragl el qawy (m)	الرجل القوي
domatore (m)	morawweḍ (m)	مروّض
cavallerizzo (m)	fāres (m)	فارس
assistente (m)	mosāʻed (m)	مساعد
acrobazia (f)	ḥeyla (f)	حيلة
gioco (m) di prestigio	χedʻa seḥriya (f)	خدعة سحرية
prestigiatore (m)	sāḥer (m)	ساحر
giocoliere (m)	bahlawān (m)	بهلوان
giocolare (vi)	leʻeb be korāt ʻadīda	لعب بكرات عديدة
ammaestratore (m)	modarreb ḥayawanāt (m)	مدرّب حيوانات
ammaestramento (m)	tadrīb el ḥayawanāt (m)	تدريب الحيوانات
ammaestrare (vt)	darrab	درّب

154. Musica. Musica pop

musica (f)	mosīqa (f)	موسيقى
musicista (m)	ʻāzef (m)	عازف
strumento (m) musicale	'āla moseqiya (f)	آلة موسيقيّة
suonare ...	ʻazaf ...	عزف...
chitarra (f)	guitar (m)	جيتار
violino (m)	kamān (m)	كمان
violoncello (m)	el tʃello (m)	التشيلو
contrabbasso (m)	kamān kebīr (m)	كمان كبير
arpa (f)	qesār (m)	قيثار
pianoforte (m)	biano (m)	بيانو
pianoforte (m) a coda	biano kebīr (m)	بيانو كبير
organo (m)	arγan (m)	أرغن
strumenti (m pl) a fiato	'ālāt el nafχ (pl)	آلات النفخ
oboe (m)	mezmār (m)	مزمار
sassofono (m)	saksofon (m)	ساكسوفون
clarinetto (m)	klarinet (m)	كلارنيت
flauto (m)	flute (m)	فلوت
tromba (f)	bū' (m)	بوق
fisarmonica (f)	okordiōn (m)	أكورديون
tamburo (m)	ṭabla (f)	طبلة
duetto (m)	sonā'y (m)	ثنائي

trio (m)	solāsy (m)	ثلاثي
quartetto (m)	robā'y (m)	رباعي
coro (m)	korale (m)	كورال
orchestra (f)	orkestra (f)	أوركسترا
musica (f) pop	mosīqa el bob (f)	موسيقى البوب
musica (f) rock	mosīqa el rok (f)	موسيقى الروك
gruppo (m) rock	fer'et el rokk (f)	فرقة الروك
jazz (m)	ʒāzz (m)	جاز
idolo (m)	ma'būd (m)	معبود
ammiratore (m)	mo'gab (m)	معجب
concerto (m)	ḥafla mūsiqiya (f)	حفلة موسيقيّة
sinfonia (f)	semfoniya (f)	سمفونيّة
composizione (f)	'eṭ'a mosiqiya (f)	قطعة موسيقيّة
comporre (vt), scrivere (vt)	allaf	ألّف
canto (m)	ɣenā' (m)	غناء
canzone (f)	oɣniya (f)	أغنيّة
melodia (f)	laḥn (m)	لحن
ritmo (m)	eqā' (m)	إيقاع
blues (m)	mosīqa el blues (f)	موسيقى البلوز
note (f pl)	notāt (pl)	نوتات
bacchetta (f)	'aṣa el maystro (m)	عصا المايسترو
arco (m)	qose (m)	قوس
corda (f)	watar (m)	وتر
custodia (f) (~ della chitarra)	ʃanṭa (f)	شنطة

Ristorante. Intrattenimento. Viaggi

155. Escursione. Viaggio

turismo (m)	seyāḥa (f)	سياحة
turista (m)	sā'eḥ (m)	سائح
viaggio (m) (all'estero)	reḥla (f)	رحلة
avventura (f)	moɣamra (f)	مغامرة
viaggio (m) (corto)	reḥla (f)	رحلة
vacanza (f)	agāza (f)	أجازة
essere in vacanza	kān fi agāza	كان في أجازة
riposo (m)	estrāḥa (f)	إستراحة
treno (m)	qeṭār, 'aṭṭr (m)	قطار
in treno	bel qeṭār - bel aṭṭr	بالقطار
aereo (m)	ṭayāra (f)	طيّارة
in aereo	bel ṭayāra	بالطيّارة
in macchina	bel sayāra	بالسيّارة
in nave	bel safīna	بالسفينة
bagaglio (m)	el ʃonaṭ (pl)	الشنط
valigia (f)	ʃanṭa (f)	شنطة
carrello (m)	ʿarabet ʃonaṭ (f)	عربة شنط
passaporto (m)	basbore (m)	باسبور
visto (m)	ta'ʃira (f)	تأشيرة
biglietto (m)	tazkara (f)	تذكرة
biglietto (m) aereo	tazkara ṭayarān (f)	تذكرة طيران
guida (f)	dalīl (m)	دليل
carta (f) geografica	χarīṭa (f)	خريطة
località (f)	mante'a (f)	منطقة
luogo (m)	makān (m)	مكان
ogetti (m pl) esotici	ɣarāba (f)	غرابة
esotico (agg)	ɣarīb	غريب
sorprendente (agg)	mod-heʃ	مدهش
gruppo (m)	magmūʿa (f)	مجموعة
escursione (f)	gawla (f)	جولة
guida (f) (cicerone)	morʃed (m)	مرشد

156. Hotel

albergo (m)	fondo' (m)	فندق
motel (m)	motel (m)	موتيل
tre stelle	talat nogūm	ثلاث نجوم

cinque stelle	χamas nogūm	خمس نجوم
alloggiare (vi)	nezel	نزل
camera (f)	oḍa (f)	أوضة
camera (f) singola	owḍa le ʃaχṣ wāḥed (f)	أوضة لشخص واحد
camera (f) doppia	oḍa le ʃaχṣeyn (f)	أوضة لشخصين
prenotare una camera	ḥagaz owḍa	حجز أوضة
mezza pensione (f)	wagbeteyn fel yome (du)	وجبتين في اليوم
pensione (f) completa	talat wagabāt fel yome	ثلاث وجبات في اليوم
con bagno	bel banyo	بـ البانيو
con doccia	bel doʃ	بالدوش
televisione (f) satellitare	televizion be qanawāt faḍā'iya (m)	تليفزيون بقنوات فضائية
condizionatore (m)	takyīf (m)	تكييف
asciugamano (m)	fūṭa (f)	فوطة
chiave (f)	meftāḥ (m)	مفتاح
amministratore (m)	modīr (m)	مدير
cameriera (f)	'āmela tandīf ɣoraf (f)	عاملة تنظيف غرف
portabagagli (m)	ʃayāl (m)	شيّال
portiere (m)	bawwāb (m)	بوّاب
ristorante (m)	maṭ'am (m)	مطعم
bar (m)	bār (m)	بار
colazione (f)	foṭūr (m)	فطور
cena (f)	'aʃā' (m)	عشاء
buffet (m)	bofeyh (m)	بوفيه
hall (f) (atrio d'ingresso)	rad-ha (f)	ردهة
ascensore (m)	asanseyr (m)	اسانسير
NON DISTURBARE	nargu 'adam el ez'āg	نرجو عدم الإزعاج
VIETATO FUMARE!	mamnū' el tadχīn	ممنوع التدخين

157. Libri. Lettura

libro (m)	ketāb (m)	كتاب
autore (m)	mo'allef (m)	مؤلّف
scrittore (m)	kāteb (m)	كاتب
scrivere (vi, vt)	allaf	ألّف
lettore (m)	qāre' (m)	قارئ
leggere (vi, vt)	'ara	قرأ
lettura (f) (sala di ~)	qerā'a (f)	قراءة
in silenzio (leggere ~)	beṣamt	بصمت
ad alta voce	beṣote 'āly	بصوت عالي
pubblicare (vt)	naʃar	نشر
pubblicazione (f)	naʃr (m)	نشر
editore (m)	nāʃer (m)	ناشر
casa (f) editrice	dar el ṭebā'a wel naʃr (f)	دار الطباعة والنشر

uscire (vi)	ṣadar	صدر
uscita (f)	ṣodūr (m)	صدور
tiratura (f)	'adad el nosaχ (m)	عدد النسخ
libreria (f)	maḥal kotob (m)	محل كتب
biblioteca (f)	maktaba (f)	مكتبة
romanzo (m) breve	'oṣṣa (f)	قصّة
racconto (m)	qeṣṣa 'aṣīra (f)	قصّة قصيرة
romanzo (m)	rewāya (f)	رواية
giallo (m)	rewāya bolesiya (f)	رواية بوليسية
memorie (f pl)	mozakkerāt (pl)	مذكّرات
leggenda (f)	osṭūra (f)	أسطورة
mito (m)	χorāfa (f)	خرافة
poesia (f), versi (m pl)	ʃe'r (m)	شعر
autobiografia (f)	sīret ḥayah (f)	سيرة حياة
opere (f pl) scelte	muχtarāt (pl)	مختارات
fantascienza (f)	χayāl 'elmy (m)	خيال علمي
titolo (m)	'enwān (m)	عنوان
introduzione (f)	moqaddema (f)	مقدّمة
frontespizio (m)	ṣafḥet 'enwān (f)	صفحة العنوان
capitolo (m)	faṣl (m)	فصل
frammento (m)	χolāṣa (f)	خلاصة
episodio (m)	maʃ-had (m)	مشهد
soggetto (m)	ḥabka (f)	حبكة
contenuto (m)	moḥtawayāt (pl)	محتويات
sommario (m)	gadwal el moḥtawayāt (m)	جدوَل المحتويات
protagonista (m)	el ʃaχṣiya el ra'esiya (f)	الشخصية الرئيسية
volume (m)	mogallad (m)	مجلّد
copertina (f)	ɣelāf (m)	غلاف
rilegatura (f)	taglīd (m)	تجليد
segnalibro (m)	ʃerī'ṭ (m)	شريط
pagina (f)	ṣafḥa (f)	صفحة
sfogliare (~ le pagine)	'alleb el ṣafaḥāt	قلّب الصفحات
margini (m pl)	hāmeʃ (m)	هامش
annotazione (f)	molaḥza (f)	ملاحظة
nota (f) (a fondo pagina)	molaḥza (f)	ملاحظة
testo (m)	noṣṣ (m)	نصّ
carattere (m)	nū' el χaṭṭ (m)	نوع الخطّ
refuso (m)	χaṭa' maṭba'y (m)	خطأ مطبعيّ
traduzione (f)	targama (f)	ترجمة
tradurre (vt)	targem	ترجم
originale (m) (leggere l'~)	aṣliya (f)	أصلية
famoso (agg)	maʃ-hūr	مشهور
sconosciuto (agg)	meʃ ma'rūf	مش معروف
interessante (agg)	moʃawweq	مشوّق

best seller (m)	aktar mabee'an (m)	أكثر مبيعاً
dizionario (m)	qamūs (m)	قاموس
manuale (m)	ketāb ta'līm (m)	كتاب تعليم
enciclopedia (f)	ensayklopedia (f)	إنسيكلوبيديا

158. Caccia. Pesca

caccia (f)	ṣeyd (m)	صيد
cacciare (vt)	eṣṭād	إصطاد
cacciatore (m)	ṣayād (m)	صيّاد
sparare (vi)	ḍarab bel nār	ضرب بالنار
fucile (m)	bondoqiya (f)	بندقيّة
cartuccia (f)	roṣāṣa (f)	رصاصة
pallini (m pl) da caccia	'eyār (m)	عيار
tagliola (f) (~ per orsi)	maṣyada (f)	مصيّدة
trappola (f) (~ per uccelli)	fakҳ (m)	فخّ
cadere in trappola	we'e' fe fakҳ	وقع في فخّ
tendere una trappola	naṣb fakҳ	نصب فخّ
bracconiere (m)	sāre' el ṣeyd (m)	سارق الصيد
cacciagione (m)	ṣeyd (m)	صيد
cane (m) da caccia	kalb ṣeyd (m)	كلب صيد
safari (m)	safāry (m)	سفاري
animale (m) impagliato	ḥayawān moḥannaṭ (m)	حيوان محنّط
pescatore (m)	ṣayād el samak (m)	صيّاد السمك
pesca (f)	ṣeyd el samak (m)	صيد السمك
pescare (vi)	eṣṭād samak	إصطاد سمك
canna (f) da pesca	ṣennāra (f)	صنّارة
lenza (f)	ҳeyṭ (m)	خيط
amo (m)	ʃaṣ el garīma (m)	شص الصيد
galleggiante (m)	'awwāma (f)	عوّامة
esca (f)	ṭa'm (m)	طعم
lanciare la canna	ṭaraḥ el ṣennāra	طرح الصنّارة
abboccare (pesce)	'aḍḍ	عضّ
pescato (m)	el samak el moṣṭād (m)	السمك المصطاد
buco (m) nel ghiaccio	fat-ḥa fel galīd (f)	فتحة في الجليد
rete (f)	ʃabaket el ṣeyd (f)	شبكة الصيد
barca (f)	markeb (m)	مركب
prendere con la rete	eṣṭād bel ʃabaka	إصطاد بالشبكة
gettare la rete	rama ʃabaka	رمى شبكة
tirare le reti	aҳrag ʃabaka	أخرج شبكة
cadere nella rete	we'e' fe ʃabaka	وقع في شبكة
baleniere (m)	ṣayād el ḥūt (m)	صيّاد الحوت
baleniera (f) (nave)	safīna ṣeyd ḥitān (f)	سفينة صيد الحيتان
rampone (m)	ḥerba (f)	حربة

159. Ciochi. Biliardo

biliardo (m)	bilyardo (m)	بلياردو
sala (f) da biliardo	qā'a bilyardo (m)	قاعة بلياردو
bilia (f)	kora (f)	كرة
imbucare (vt)	dakχal kora	دخّل كرة
stecca (f) da biliardo	'aṣāyet bilyardo (f)	عصاية بلياردو
buca (f)	geyb bilyardo (m)	جيب بلياردو

160. Giochi. Carte da gioco

quadri (m pl)	el dinary (m)	الديناري
picche (f pl)	el bastūny (m)	البستوني
cuori (m pl)	el koba (f)	الكوبة
fiori (m pl)	el sebāty (m)	السباتي
asso (m)	'āss (m)	آس
re (m)	malek (m)	ملك
donna (f)	maleka (f)	ملكة
fante (m)	walad (m)	ولد
carta (f) da gioco	wara'a (f)	ورقة
carte (f pl)	wara' (m)	ورق
briscola (f)	wara'a rābeḥa (f)	ورقة رابحة
mazzo (m) di carte	desta wara' 'enab (f)	دستة ورق اللعب
punto (m)	nu'ṭa (f)	نقطة
dare le carte	farra'	فرّق
mescolare (~ le carte)	χalaṭ	خلط
turno (m)	dore (m)	دور
baro (m)	moḥtāl fel 'omār (m)	محتال في القمار

161. Casinò. Roulette

casinò (m)	kazino (m)	كازينو
roulette (f)	rulett (m)	روليت
puntata (f)	rahān (m)	رهان
puntare su ...	qāmar	قامر
rosso (m)	aḥmar (m)	أحمر
nero (m)	aswad (m)	أسود
puntare sul rosso	rāhen 'ala el aḥmar	راهن على الأحمر
puntare sul nero	rāhen 'ala el aswad	راهن على الأسود
croupier (m)	mowazzaf nādy el 'omār (m)	موظّف نادى القمار
far girare la ruota	dawwar el 'agala	دوّر العجلة
regole (f pl) del gioco	qawā'ed (pl)	قواعد
fiche (f)	fīʃa (f)	فيشة
vincere (vi, vt)	keseb	كسب
vincita (f)	rebḥ (m)	ربح

perdere (vt)	xeser	خسر
perdita (f)	xesāra (f)	خسارة
giocatore (m)	lā'eb (m)	لاعب
black jack (m)	blɛkdʒɛk (m)	بلاك جاك
gioco (m) dei dadi	le'bet el nard (f)	لعبة النرد
dadi (m pl)	zahr el nard (m)	زهر النرد
slot machine (f)	'ālet qomār (f)	آلة قمار

162. Riposo. Giochi. Varie

passeggiare (vi)	tamasʃa	تمشّى
passeggiata (f)	tamʃeya (f)	تمشيّة
gita (f)	gawla bel sayāra (f)	جولة بالسيّارة
avventura (f)	moɣamra (f)	مغامرة
picnic (m)	nozha (f)	نزهة
gioco (m)	le'ba (f)	لعبة
giocatore (m)	lā'eb (m)	لاعب
partita (f) (~ a scacchi)	dore (m)	دور
collezionista (m)	gāme' (m)	جامع
collezionare (vt)	gamma'	جمّع
collezione (f)	magmū'a (f)	مجموعة
cruciverba (m)	kalemāt motaqaṭ'a (pl)	كلمات متقاطعة
ippodromo (m)	ḥalabet el sebā' (f)	حلبة السباق
discoteca (f)	disko (m)	ديسكو
sauna (f)	sauna (f)	ساونا
lotteria (f)	yanaṣīb (m)	يانصيب
campeggio (m)	reḥlet taxyīm (f)	رحلة تخييم
campo (m)	moxayam (m)	مخيّم
tenda (f) da campeggio	xeyma (f)	خيمة
bussola (f)	boṣla (f)	بوصلة
campeggiatore (m)	moxayam (m)	مخيّم
guardare (~ un film)	ʃāhed	شاهد
telespettatore (m)	moʃāhed (m)	مشاهد
trasmissione (f)	barnāmeg televiziony (m)	برنامج تليفزيوني

163. Fotografia

macchina (f) fotografica	kamera (f)	كاميرا
fotografia (f)	ṣūra (f)	صورة
fotografo (m)	moṣawwer (m)	مصوّر
studio (m) fotografico	estudio taṣwīr (m)	إستوديو تصوير
album (m) di fotografie	albūm el ṣewar (m)	ألبوم الصور
obiettivo (m)	'adaset kamera (f)	عدسة الكاميرا
teleobiettivo (m)	'adasa teleskopiya (f)	عدسة تلسكوبيّة

filtro (m)	filter (m)	فلتر
lente (f)	ʿadasa (f)	عدسة
ottica (f)	baṣrīāt (pl)	بصريات
diaframma (m)	saddāda (f)	سدّادة
tempo (m) di esposizione	moddet el taʿarroḍ (f)	مدّة التعرض
mirino (m)	el ʿeyn el faḥeṣa (f)	العين الفاحصة
fotocamera (f) digitale	kamera diʒital (f)	كاميرا ديجيتال
cavalletto (m)	tribod (m)	ترايبود
flash (m)	flāʃ (m)	فلاش
fotografare (vt)	ṣawwar	صوّر
fare foto	ṣawwar	صوّر
fotografarsi	etṣawwar	إتصوّر
fuoco (m)	tarkīz (m)	تركيز
mettere a fuoco	rakkez	ركّز
nitido (agg)	ḥādda	حادّة
nitidezza (f)	ḥedda (m)	حدّة
contrasto (m)	tabāyon (m)	تباين
contrastato (agg)	motabāyen	متباين
foto (f)	ṣūra (f)	صورة
negativa (f)	el nosχa el salba (f)	النسخة السالبة
pellicola (f) fotografica	film (m)	فيلم
fotogramma (m)	eṭār (m)	إطار
stampare (~ le foto)	ṭabaʿ	طبع

164. Spiaggia. Nuoto

spiaggia (f)	ʃāṭeʾ (m)	شاطئ
sabbia (f)	raml (m)	رمل
deserto (agg)	mahgūr	مهجور
abbronzatura (f)	esmerār el baʃra (m)	إسمرار البشرة
abbronzarsi (vr)	etʃammes	إتشمّس
abbronzato (agg)	asmar	أسمر
crema (f) solare	krīm wāqy men el ʃams (m)	كريم واقي من الشمس
bikini (m)	bikini (m)	بكيني
costume (m) da bagno	mayo (m)	مايّوه
slip (m) da bagno	mayo regāly (m)	مايّوه رجالي
piscina (f)	ḥammām sebāḥa (m)	حمّام سباحة
nuotare (vi)	ʿām, sabaḥ	عام, سبح
doccia (f)	doʃ (m)	دوش
cambiarsi (~ i vestiti)	ɣayar lebso	غيّر لبسه
asciugamano (m)	fūṭa (f)	فوطة
barca (f)	markeb (m)	مركب
motoscafo (m)	lunʃ (m)	لنش
sci (m) nautico	tazallog ʿalal māʾ (m)	تزلّج على الماء

pedalò (m)	el baddāl (m)	البدّال
surf (m)	surfing (m)	سيرفينج
surfista (m)	rākeb el amwāg (m)	راكب الأمواج
autorespiratore (m)	gehāz el tanaffos (m)	جهاز التنفّس
pinne (f pl)	za'ānef el sebāḥa (pl)	زعانف السباحة
maschera (f)	kamāma (f)	كمامة
subacqueo (m)	ɣawwāṣ (m)	غوّاص
tuffarsi (vr)	ɣāṣ	غاص
sott'acqua	taḥt el maya	تحت المايّة
ombrellone (m)	ʃamsiya (f)	شمسيّة
sdraio (f)	korsy blāʒ (m)	كرسي بلاج
occhiali (m pl) da sole	naḍḍāret ʃams (f)	نضّارة شمس
materasso (m) ad aria	martaba hawa'iya (f)	مرتبة هوائية
giocare (vi)	le'eb	لعب
fare il bagno	sebeḥ	سبح
pallone (m)	koret ʃaṭṭ (f)	كرة شطّ
gonfiare (vt)	nafaχ	نفخ
gonfiabile (agg)	qābel lel nafχ	قابل للنفخ
onda (f)	mouga (f)	موجة
boa (f)	ʃamandūra (f)	شمندورة
annegare (vi)	ɣere'	غرق
salvare (vt)	anqaz	أنقذ
giubbotto (m) di salvataggio	sotret nagah (f)	سترة نجاة
osservare (vt)	rāqab	راقب
bagnino (m)	ḥāres ʃāṭe' (m)	حارس شاطئ

ATTREZZATURA TECNICA. MEZZI DI TRASPORTO

Attrezzatura tecnica

165. Computer

Italiano	Traslitterazione	Arabo
computer (m)	kombuter (m)	كمبيوتر
computer (m) portatile	lab tob (m)	لابتوب
accendere (vt)	fataḥ, ʃagɣal	فتح, شغّل
spegnere (vt)	ṭaffa	طفّى
tastiera (f)	lawḥet el mafatīḥ (f)	لوحة المفاتيح
tasto (m)	meftāḥ (m)	مفتاح
mouse (m)	maws (m)	ماوس
tappetino (m) del mouse	maws bād (m)	ماوس باد
tasto (m)	zerr (m)	زرّ
cursore (m)	mo'asʃer (m)	مؤشّر
monitor (m)	ʃāʃa (f)	شاشة
schermo (m)	ʃāʃa (f)	شاشة
disco (m) rigido	hard disk (m)	هارد ديسك
spazio (m) sul disco rigido	se'et el hard disk (f)	سعة الهارد ديسك
memoria (f)	zākera (f)	ذاكرة
memoria (f) operativa	zākerat el woṣūl el 'aʃwā'y (f)	ذاكرة الوصول العشوائي
file (m)	malaff (m)	ملفّ
cartella (f)	ḥāfeza (m)	حافظة
aprire (vt)	fataḥ	فتح
chiudere (vt)	'afal	قفل
salvare (vt)	ḥafaẓ	حفظ
eliminare (vt)	masaḥ	مسح
copiare (vt)	nasax	نسخ
ordinare (vt)	ṣannaf	صنّف
trasferire (vt)	na'al	نقل
programma (m)	barnāmeg (m)	برنامج
software (m)	barmagīāt (pl)	برمجيّات
programmatore (m)	mobarmeg (m)	مبرمج
programmare (vt)	barmag	برمج
hacker (m)	haker (m)	هاكر
password (f)	kelmet el serr (f)	كلمة السرّ
virus (m)	virūs (m)	فيروس
trovare (un virus, ecc.)	la'a	لقى
byte (m)	byte (m)	بايت

megabyte (m)	megabayt (m)	ميجا بايت
dati (m pl)	bayanāt (pl)	بيانات
database (m)	qa'edet bayanāt (f)	قاعدة بيانات
cavo (m)	kabl (m)	كابل
sconnettere (vt)	faṣal	فصل
collegare (vt)	waṣṣal	وصّل

166. Internet. Posta elettronica

internet (f)	internet (m)	إنترنت
navigatore (m)	motaṣaffeḥ (m)	متصفّح
motore (m) di ricerca	moḥarrek baḥs (m)	محرك بحث
provider (m)	ʃerket el internet (f)	شركة الإنترنت
webmaster (m)	modīr el mawqe' (m)	مدير الموقع
sito web (m)	mawqe' elektrony (m)	موقع الكتروني
pagina web (f)	ṣafḥet web (f)	صفحة ويب
indirizzo (m)	'enwān (m)	عنوان
rubrica (f) indirizzi	daftar el 'anawīn (m)	دفتر العناوين
casella (f) di posta	ṣandū' el barīd (m)	صندوق البريد
posta (f)	barīd (m)	بريد
troppo piena (agg)	mumtali'	ممتلىء
messaggio (m)	resāla (f)	رسالة
messaggi (m pl) in arrivo	rasa'el wārda (pl)	رسائل واردة
messaggi (m pl) in uscita	rasa'el ṣādra (pl)	رسائل صادرة
mittente (m)	morsel (m)	مرسل
inviare (vt)	arsal	أرسل
invio (m)	ersāl (m)	إرسال
destinatario (m)	morsel elayh (m)	مرسل إليه
ricevere (vt)	estalam	إستلم
corrispondenza (f)	morasla (f)	مراسلة
essere in corrispondenza	tarāsal	تراسل
file (m)	malaff (m)	ملفّ
scaricare (vt)	ḥammel	حمّل
creare (vt)	'amal	عمل
eliminare (vt)	masaḥ	مسح
eliminato (agg)	mamsūḥ	ممسوح
connessione (f)	etteṣāl (m)	إتّصال
velocità (f)	sor'a (f)	سرعة
modem (m)	modem (m)	مودم
accesso (m)	woṣūl (m)	وصول
porta (f)	maχrag (m)	مخرج
collegamento (m)	etteṣāl (m)	إتّصال
collegarsi a ...	yuwṣel	يوصل
scegliere (vt)	eχtār	إختار
cercare (vt)	baḥs	بحث

167. Elettricità

elettricità (f)	kahraba' (m)	كهرباء
elettrico (agg)	kahrabā'y	كهربائي
centrale (f) elettrica	maḥaṭṭa kahraba'iya (f)	محطة كهربائيّة
energia (f)	ṭāqa (f)	طاقة
energia (f) elettrica	ṭāqa kahraba'iya (f)	طاقة كهربائيّة
lampadina (f)	lammba (f)	لمبّة
torcia (f) elettrica	kasʃāf el nūr (m)	كشّاف النور
lampione (m)	'amūd el nūr (m)	عمود النور
luce (f)	nūr (m)	نور
accendere (luce)	fataḥ, ʃagɣal	فتح, شغّل
spegnere (vt)	ṭaffa	طفّى
spegnere la luce	ṭaffa el nūr	طفّى النور
fulminarsi (vr)	etṭafa	إتّطفى
corto circuito (m)	dayra kahraba'iya 'aṣīra (f)	دائرة كهربائية قصيرة
rottura (f) (~ di un cavo)	selk ma'ṭū' (m)	سلك مقطوع
contatto (m)	talāmos (m)	تلامس
interruttore (m)	meftāḥ el nūr (m)	مفتاح النور
presa (f) elettrica	bareza el kaharaba' (f)	بريزة الكهرباء
spina (f)	fīʃet el kahraba' (f)	فيشة الكهرباء
prolunga (f)	selk tawṣīl (m)	سلك توصيل
fusibile (m)	fetīl (m)	فتيل
filo (m)	selk (m)	سلك
impianto (m) elettrico	aslāk (pl)	أسلاك
ampere (m)	ambere (m)	أمبير
intensità di corrente	ʃeddet el tayār (f)	شدّة التيّار
volt (m)	volt (m)	فولت
tensione (f)	el gohd el kaharab'y (m)	الجهد الكهربائي
apparecchio (m) elettrico	gehāz kahrabā'y (m)	جهاز كهربائي
indicatore (m)	mo'asʃer (m)	مؤشّر
elettricista (m)	kahrabā'y (m)	كهربائي
saldare (vt)	laḥam	لحم
saldatoio (m)	adat laḥm (f)	إداة لحم
corrente (f)	tayār kahrabā'y (m)	تيّاركهربائي

168. Utensili

utensile (m)	adah (f)	أداة
utensili (m pl)	adawāt (pl)	أدوات
impianto (m)	mo'eddāt (pl)	معدّات
martello (m)	ʃakūʃ (m)	شاكوش
giravite (m)	mefakk (m)	مفكّ
ascia (f)	fa's (m)	فأس

sega (f)	monʃār (m)	منشار
segare (vt)	naʃar	نشر
pialla (f)	meshāg (m)	مسحاج
piallare (vt)	sahag	سحج
saldatoio (m)	adat laḥm (f)	إداة لحم
saldare (vt)	laḥam	لحم
lima (f)	mabrad (m)	مبرد
tenaglie (f pl)	kamʃa (f)	كمشة
pinza (f) a punte piatte	zardiya (f)	زرديّة
scalpello (m)	ezmīl (m)	إزميل
punta (f) da trapano	mesqāb (m)	مثقاب
trapano (m) elettrico	drill kahrabā'y (m)	دريل كهربائي
trapanare (vt)	ḥafar	حفر
coltello (m)	sekkīna (f)	سكّينة
coltello (m) da tasca	sekkīnet gīb (m)	سكّينة جيب
lama (f)	ʃafra (f)	شفرة
affilato (coltello ~)	ḥād	حاد
smussato (agg)	telma	تلمة
smussarsi (vr)	kānet telma	كانت تلمة
affilare (vt)	sann	سنّ
bullone (m)	mesmār 'alawoze (m)	مسمار قلاووظ
dado (m)	ṣamūla (f)	صامولة
filettatura (f)	χaʃχana (f)	خشخنة
vite (f)	'alawūz (m)	قلاووظ
chiodo (m)	mesmār (m)	مسمار
testa (f) di chiodo	rās el mesmār (m)	رأس المسمار
regolo (m)	masṭara (f)	مسطرة
nastro (m) metrico	ʃerī'ṭ el 'eyās (m)	شريط القياس
livella (f)	mizān el maya (m)	ميزان الميّة
lente (f) d'ingradimento	'adasa mokabbera (f)	عدسة مكبّرة
strumento (m) di misurazione	gehāz 'eyās (m)	جهاز قياس
misurare (vt)	'ās	قاس
scala (f) graduata	me'yās (m)	مقياس
lettura, indicazione (f)	qerā'a (f)	قراءة
compressore (m)	kombressor (m)	كومبرسور
microscopio (m)	mikroskob (m)	ميكروسكوب
pompa (f) (~ dell'acqua)	ṭolommba (f)	طلمّبة
robot (m)	robot (m)	روبوت
laser (m)	laser (m)	ليزر
chiave (f)	meftāḥ rabṭ (m)	مفتاح ربط
nastro (m) adesivo	laz' (m)	لزق
colla (f)	ṣamɣ (m)	صمغ
carta (f) smerigliata	wara' ṣanfara (m)	ورق صنفرة
molla (f)	sosta (f)	سوستة

magnete (m)	meɣnaṭīs (m)	مغنطيس
guanti (m pl)	gwanty (m)	جوانتي
corda (f)	ḥabl (m)	حبل
cordone (m)	selk (m)	سلك
filo (m) (~ del telefono)	selk (m)	سلك
cavo (m)	kabl (m)	كابل
mazza (f)	marzaba (f)	مرزبة
palanchino (m)	ʿatala (f)	عتلة
scala (f) a pioli	sellem (m)	سلّم
scala (m) a libretto	sellem naʾāl (m)	سلّم نقال
avvitare (stringere)	aḥkam el ʃadd	أحكم الشدّ
svitare (vt)	fataḥ	فتح
stringere (vt)	kamaʃ	كمش
incollare (vt)	alṣaq	ألصق
tagliare (vt)	ʾaṭaʿ	قطع
guasto (m)	ʿoṭl (m)	عطل
riparazione (f)	taṣlīḥ (m)	تصليح
riparare (vt)	ṣallaḥ	صلّح
regolare (~ uno strumento)	ḍabaṭ	ضبط
verificare (ispezionare)	eχtabar	إختبر
controllo (m)	faḥṣ (m)	فحص
lettura, indicazione (f)	qerāʾa (f)	قراءة
sicuro (agg)	matīn	متين
complesso (agg)	morakkab	مركّب
arrugginire (vi)	ṣadaʾ	صدئ
arrugginito (agg)	meṣaddy	مصدّي
ruggine (f)	ṣadaʾ (m)	صدأ

Mezzi di trasporto

169. Aeroplano

aereo (m)	ṭayāra (f)	طيّارة
biglietto (m) aereo	tazkara ṭayarān (f)	تذكرة طيران
compagnia (f) aerea	ʃerket ṭayarān (f)	شركة طيران
aeroporto (m)	maṭār (m)	مطار
supersonico (agg)	χāreq lel ṣote	خارق للصوت
comandante (m)	kabten (m)	كابتن
equipaggio (m)	ṭa'm (m)	طقم
pilota (m)	ṭayār (m)	طيّار
hostess (f)	moḍīfet ṭayarān (f)	مضيفة طيران
navigatore (m)	mallāḥ (m)	ملاّح
ali (f pl)	agneḥa (pl)	أجنحة
coda (f)	deyl (m)	ذيل
cabina (f)	kabīna (f)	كابينة
motore (m)	motore (m)	موتور
carrello (m) d'atterraggio	ʿagalāt el hobūṭ (pl)	عجلات الهبوط
turbina (f)	torbīna (f)	توربينة
elica (f)	marwaḥa (f)	مروّحة
scatola (f) nera	mosaggel el ṭayarān (m)	مسجّل الطيران
barra (f) di comando	moqawwed el ṭayāra (m)	مقوّد الطيّارة
combustibile (m)	woqūd (m)	وقود
safety card (f)	beṭā'et el salāma (f)	بطاقة السلامة
maschera (f) ad ossigeno	mask el oksyʒīn (m)	ماسك الاوكسيجين
uniforme (f)	zayī muwaḥḥad (m)	زيّ موحّد
giubbotto (m) di salvataggio	sotret nagah (f)	سترة نجاة
paracadute (m)	baraʃot (m)	باراشوت
decollo (m)	eqlāʿ (m)	إقلاع
decollare (vi)	aqlaʿet	أقلعت
pista (f) di decollo	modarrag el ṭa'erāṭ (m)	مدرّج الطائرات
visibilità (f)	ro'ya (f)	رؤية
volo (m)	ṭayarān (m)	طيران
altitudine (f)	ertefāʿ (m)	إرتفاع
vuoto (m) d'aria	geyb hawā'y (m)	جيب هوائي
posto (m)	meqʿad (m)	مقعد
cuffia (f)	sammaʿāt ra'siya (pl)	سمّاعات رأسية
tavolinetto (m) pieghevole	ṣeniya qabela lel ṭayī (f)	صينية قابلة للطيّ
oblò (m), finestrino (m)	ʃebbāk el ṭayāra (m)	شبّاك الطيّارة
corridoio (m)	mamarr (m)	ممر

170. Treno

treno (m)	qeṭār, 'aṭṭr (m)	قطار
elettrotreno (m)	qeṭār rokkāb (m)	قطار ركّاب
treno (m) rapido	qeṭār saree' (m)	قطار سريع
locomotiva (f) diesel	qāṭeret dīzel (f)	قاطرة ديزل
locomotiva (f) a vapore	qāṭera boχariya (f)	قاطرة بخاريّة
carrozza (f)	'araba (f)	عربة
vagone (m) ristorante	'arabet el ṭa'ām (f)	عربة الطعام
rotaie (f pl)	qoḍbān (pl)	قضبان
ferrovia (f)	sekka ḥadīdiya (f)	سكّة حديديّة
traversa (f)	'āreḍa sekket ḥadīd (f)	عارضة سكّة الحديد
banchina (f) (~ ferroviaria)	raṣīf (m)	رصيف
binario (m) (~ 1, 2)	χaṭṭ (m)	خطّ
semaforo (m)	semafore (m)	سيمافور
stazione (f)	maḥaṭṭa (f)	محطّة
macchinista (m)	sawwā' (m)	سوّاق
portabagagli (m)	ʃayāl (m)	شيّال
cuccettista (m, f)	mas'ūl 'arabet el qeṭār (m)	مسؤول عربة القطار
passeggero (m)	rākeb (m)	راكب
controllore (m)	kamsary (m)	كمسري
corridoio (m)	mamarr (m)	ممرّ
freno (m) di emergenza	farāmel el ṭawāre' (pl)	فرامل الطوارئ
scompartimento (m)	ɣorfa (f)	غرفة
cuccetta (f)	serīr (m)	سرير
cuccetta (f) superiore	serīr 'olwy (m)	سرير علوّي
cuccetta (f) inferiore	serīr sofly (m)	سرير سفلي
biancheria (f) da letto	aɣṭeyet el serīr (pl)	أغطيّة السرير
biglietto (m)	tazkara (f)	تذكرة
orario (m)	gadwal (m)	جدول
tabellone (m) orari	lawḥet ma'lomāt (f)	لوحة معلومات
partire (vi)	ɣādar	غادر
partenza (f)	moɣadra (f)	مغادرة
arrivare (di un treno)	weṣel	وصل
arrivo (m)	woṣūl (m)	وصول
arrivare con il treno	weṣel bel qeṭār	وصل بالقطار
salire sul treno	rekeb el qeṭār	ركب القطار
scendere dal treno	nezel men el qeṭār	نزل من القطار
deragliamento (m)	ḥeṭām qeṭār (m)	حطام قطار
deragliare (vi)	χarag 'an χaṭṭ sīru	خرج عن خطّ سيره
locomotiva (f) a vapore	qāṭera boχariya (f)	قاطرة بخاريّة
fuochista (m)	'aṭʃagy (m)	عطشجي
forno (m)	forn el moḥarrek (m)	فرن المحرّك
carbone (m)	faḥm (m)	فحم

171. Nave

nave (f)	safīna (f)	سفينة
imbarcazione (f)	safīna (f)	سفينة
piroscafo (m)	baχera (f)	باخرة
barca (f) fluviale	baχera nahriya (f)	باخرة نهرية
transatlantico (m)	safīna seyaḥiya (f)	سفينة سياحيّة
incrociatore (m)	ṭarrād safīna baḥariya (m)	طرّاد سفينة بحريّة
yacht (m)	yaχt (m)	يخت
rimorchiatore (m)	qāṭera baḥariya (f)	قاطرة بحريّة
chiatta (f)	ṣandal (m)	صندل
traghetto (m)	'abbāra (f)	عبّارة
veliero (m)	safīna ʃera'iya (m)	سفينة شراعيّة
brigantino (m)	markeb ʃerā'y (m)	مركب شراعي
rompighiaccio (m)	moḥaṭṭemet galīd (f)	محطّمة جليد
sottomarino (m)	ɣawwāṣa (f)	غوّاصة
barca (f)	markeb (m)	مركب
scialuppa (f)	zawra' (m)	زورق
scialuppa (f) di salvataggio	qāreb nagah (m)	قارب نجاة
motoscafo (m)	lunʃ (m)	لنش
capitano (m)	'obṭān (m)	قبطان
marittimo (m)	baḥḥār (m)	بحّار
marinaio (m)	baḥḥār (m)	بحّار
equipaggio (m)	ṭāqem (m)	طاقم
nostromo (m)	rabbān (m)	ربّان
mozzo (m) di nave	ṣaby el safīna (m)	صبي السفينة
cuoco (m)	ṭabbāχ (m)	طبّاخ
medico (m) di bordo	ṭabīb el safīna (m)	طبيب السفينة
ponte (m)	saṭ-ḥ el safīna (m)	سطح السفينة
albero (m)	sāreya (f)	سارية
vela (f)	ʃerā' (m)	شراع
stiva (f)	'anbar (m)	عنبر
prua (f)	mo'addema (m)	مقدّمة
poppa (f)	mo'aχeret el safīna (f)	مؤخّرة السفينة
remo (m)	megdāf (m)	مجذاف
elica (f)	marwaḥa (f)	مروّحة
cabina (f)	kabīna (f)	كابينة
quadrato (m) degli ufficiali	ɣorfet el ṭa'ām wel rāḥa (f)	غرفة الطعام والراحة
sala (f) macchine	qesm el 'ālāt (m)	قسم الآلات
ponte (m) di comando	borg el qeyāda (m)	برج القيادة
cabina (f) radiotelegrafica	ɣorfet el lāselky (f)	غرفة اللاسلكي
onda (f)	mouga (f)	موجة
giornale (m) di bordo	segel el safīna (m)	سجل السفينة
cannocchiale (m)	monzār (m)	منظار
campana (f)	garas (m)	جرس

bandiera (f)	ʿalam (m)	علم
cavo (m) (~ d'ormeggio)	ḥabl (m)	حبل
nodo (m)	ʿoʾda (f)	عقدة
ringhiera (f)	drabzīn saṭ-ḥ el safīna (m)	درابزين سطح السفينة
passerella (f)	sellem (m)	سلّم
ancora (f)	marsāh (f)	مرساة
levare l'ancora	rafaʿ morsah	رفع مرساة
gettare l'ancora	rasa	رسا
catena (f) dell'ancora	selselet morsah (f)	سلسلة مرساة
porto (m)	mināʾ (m)	ميناء
banchina (f)	marsa (m)	مرسى
ormeggiarsi (vr)	rasa	رسا
salpare (vi)	aqlaʿ	أقلع
viaggio (m)	reḥla (f)	رحلة
crociera (f)	reḥla baḥariya (f)	رحلة بحريّة
rotta (f)	masār (m)	مسار
itinerario (m)	ṭarīʾ (m)	طريق
tratto (m) navigabile	magra melāḥy (m)	مجرى ملاحيّ
secca (f)	meyāh ḍaḥla (f)	مياه ضحلة
arenarsi (vr)	ganaḥ	جنح
tempesta (f)	ʿāṣefa (f)	عاصفة
segnale (m)	eʃara (f)	إشارة
affondare (andare a fondo)	ɣereʾ	غرق
Uomo in mare!	saʾaṭ rāgil min el sefīna!	سقط راجل من السفينة!
SOS	nedāʾ eɣāsa (m)	نداء إغاثة
salvagente (m) anulare	ṭoʾe nagah (m)	طوق نجاة

172. Aeroporto

aeroporto (m)	maṭār (m)	مطار
aereo (m)	ṭayāra (f)	طيّارة
compagnia (f) aerea	ʃerket ṭayarān (f)	شركة طيران
controllore (m) di volo	marākeb el ḥaraka el gawiya (m)	مراكب الحركة الجويّة
partenza (f)	moɣadra (f)	مغادرة
arrivo (m)	woṣūl (m)	وصول
arrivare (vi)	weṣel	وصل
ora (f) di partenza	waʾt el moɣadra (m)	وقت المغادرة
ora (f) di arrivo	waʾt el woṣūl (m)	وقت الوصول
essere ritardato	taʾakχar	تأخّر
volo (m) ritardato	taʾaχor el reḥla (m)	تأخّر الرحلة
tabellone (m) orari	lawḥet el maʿlomāt (f)	لوحة المعلومات
informazione (f)	esteʿlamāt (pl)	إستعلامات
annunciare (vt)	aʿlan	أعلن

volo (m)	reḥlet ṭayarān (f)	رحلة طيران
dogana (f)	gamārek (pl)	جمارك
doganiere (m)	mowazzaf el gamārek (m)	موظّف الجمارك
dichiarazione (f)	taṣrīḥ gomroky (m)	تصريح جمركي
riempire (~ una dichiarazione)	mala	ملا
riempire una dichiarazione	mala el taṣrīḥ	ملأ التصريح
controllo (m) passaporti	taftīʃ el gawazāt (m)	تفتيش الجوازات
bagaglio (m)	el ʃonaṭ (pl)	الشنط
bagaglio (m) a mano	ʃonaṭ el yad (pl)	شنط اليد
carrello (m)	ʿarabet ʃonaṭ (f)	عربة شنط
atterraggio (m)	hobūṭ (m)	هبوط
pista (f) di atterraggio	mamarr el hobūṭ (m)	ممرّ الهبوط
atterrare (vi)	habaṭ	هبط
scaletta (f) dell'aereo	sellem el ṭayāra (m)	سلّم الطيّارة
check-in (m)	tasgīl (m)	تسجيل
banco (m) del check-in	makān tasgīl (m)	مكان تسجيل
fare il check-in	saggel	سجّل
carta (f) d'imbarco	beṭāqet el rokūb (f)	بطاقة الركوب
porta (f) d'imbarco	bawwābet el moɣadra (f)	بوّابة المغادرة
transito (m)	tranzīt (m)	ترانزيت
aspettare (vt)	estanna	إستنّى
sala (f) d'attesa	ṣālet el moɣadra (f)	صالة المغادرة
accompagnare (vt)	waddaʿ	ودّع
congedarsi (vr)	waddaʿ	ودّع

173. Bicicletta. Motocicletta

bicicletta (f)	beskeletta (f)	بيسكلتّة
motorino (m)	fezba (f)	فزبة
motocicletta (f)	motosekl (m)	موتوسيكل
andare in bicicletta	rāḥ bel beskeletta	راح بالبسكلتّة
manubrio (m)	moqawwed (m)	مقود
pedale (m)	dawwāsa (f)	دوّاسة
freni (m pl)	farāmel (pl)	فرامل
sellino (m)	korsy (m)	كرسي
pompa (f)	ṭolommba (f)	طلمبّة
portabagagli (m)	raff el amteʿa (m)	رفّ الأمتعة
fanale (m) anteriore	el meṣbāḥ el amāmy (m)	المصباح الأمامي
casco (m)	χawza (f)	خوذة
ruota (f)	ʿagala (f)	عجلة
parafango (m)	refrāf (m)	رفراف
cerchione (m)	eṭār (m)	إطار
raggio (m)	mekbaḥ el ʿagala (m)	مكبح العجلة

Automobili

174. Tipi di automobile

automobile (f)	sayāra (f)	سيّارة
auto (f) sportiva	sayāra reyāḍiya (f)	سيّارة رياضيّة
limousine (f)	limozīn (m)	ليموزين
fuoristrada (m)	sayāret ṭoro' wa'ra (f)	سيّارة طرق وعرة
cabriolet (m)	kabryoleyh (m)	كابريوليه
pulmino (m)	mikrobāṣ (m)	ميكروباص
ambulanza (f)	es'āf (m)	إسعاف
spazzaneve (m)	garrāfet talg (f)	جرّافة ثلج
camion (m)	ʃāḥena (f)	شاحنة
autocisterna (f)	nāqelet betrūl (f)	ناقلة بترول
furgone (m)	'arabiyet na'l (f)	عربيّة نقل
motrice (f)	garrār (m)	جرّار
rimorchio (m)	ma'ṭūra (f)	مقطورة
confortevole (agg)	morīḥ	مريح
di seconda mano	mosta'mal	مستعمل

175. Automobili. Carrozzeria

cofano (m)	kabbūt (m)	كبّوت
parafango (m)	refrāf (m)	رفراف
tetto (m)	sa'f (m)	سقف
parabrezza (m)	ezāz amāmy (f)	إزاز أمامي
retrovisore (m)	merāya daχeliya (f)	مراية داخليّة
lavacristallo (m)	monazzef el ezāz el amāmy (m)	منظّف الإزاز الأمامي
tergicristallo (m)	massāḥāt (pl)	مسّاحات
finestrino (m) laterale	ʃebbāk gāneby (m)	شبّاك جانبي
alzacristalli (m)	ezāz kahrabā'y (m)	إزاز كهربائي
antenna (f)	hawā'y (m)	هوائي
tettuccio (m) apribile	fat-ḥet el sa'f (f)	فتحة السقف
paraurti (m)	ekṣedām (m)	اكصدام
bagagliaio (m)	ʃanṭet el 'arabiya (f)	شنطة العربيّة
portapacchi (m)	raff sa'f el 'arabiya (m)	رفّ سقف العربيّة
portiera (f)	bāb (m)	باب
maniglia (f)	okret el bāb (f)	اوكرة الباب
serratura (f)	'efl el bāb (m)	قفل الباب
targa (f)	lawḥet raqam el sayāra (f)	لوحة رقم السيارة

marmitta (f)	kātem lel ṣote (m)	كاتم للصوت
serbatoio (m) della benzina	χazzān el banzīn (m)	خزّان البنزين
tubo (m) di scarico	anbūb el ʿādem (m)	أنبوب العادم
acceleratore (m)	γāz (m)	غاز
pedale (m)	dawwāsa (f)	دوّاسة
pedale (m) dell'acceleratore	dawwāset el banzīn (f)	دوّاسة البنزين
freno (m)	farāmel (pl)	فرامل
pedale (m) del freno	dawwāset el farāmel (m)	دوّاسة الفرامل
frenare (vi)	farmel	فرمل
freno (m) a mano	farāmel el enteẓār (pl)	فرامل الإنتظار
frizione (f)	klatʃ (m)	كلتش
pedale (m) della frizione	dawwāset el klatʃ (f)	دوّاسة الكلتش
disco (m) della frizione	ʾorṣ el klatʃ (m)	قرص الكلتش
ammortizzatore (m)	momtaṣṣ lel ṣadamāt (m)	ممتصّ للصدمات
ruota (f)	ʿagala (f)	عجلة
ruota (f) di scorta	ʿagala eḥteyāṭy (f)	عجلة إحتياطية
pneumatico (m)	eṭār (m)	إطار
copriruota (m)	ṭīs (m)	طيس
ruote (f pl) motrici	ʿagalāt el qeyāda (pl)	عجلات القيادة
a trazione anteriore	dafʿ amāmy (m)	دفع أمامي
a trazione posteriore	dafʿ χalfy (m)	دفع خلفي
a trazione integrale	dafʿ kāmel (m)	دفع كامل
scatola (f) del cambio	gearboks (m)	جير بوكس
automatico (agg)	otomatīky	أوتوماتيكي
meccanico (agg)	mikanīky	ميكانيكي
leva (f) del cambio	meqbaḍ nāqel lel ḥaraka (m)	مقبض ناقل الحركة
faro (m)	el meṣbāḥ el amāmy (m)	المصباح الأمامي
luci (f pl), fari (m pl)	el maṣabīḥ el amamiya (pl)	المصابيح الأمامية
luci (f pl) anabbaglianti	nūr moʾaʃer monχafeḍ (pl)	نور مؤشر منخفض
luci (f pl) abbaglianti	nūr moʾasʃer ʿāly (m)	نور مؤشر عالي
luci (f pl) di arresto	nūr el farāmel (m)	نور الفرامل
luci (f pl) di posizione	lambet el enteẓār (f)	لمبة الإنتظار
luci (f pl) di emergenza	eʃārāt el taḥzīr (pl)	إشارات التحذير
fari (m pl) antinebbia	kasʃāf el ḍabāb (m)	كشّاف الضباب
freccia (f)	eʃāret el enʿeṭāf (f)	إشارة الإنعطاف
luci (f pl) di retromarcia	ḍūʾ el rogūʿ lel χalf (m)	ضوء الرجوع للخلف

176. Automobili. Vano passeggeri

abitacolo (m)	ṣalone el sayāra (m)	صالون السيارة
di pelle	men el geld	من الجلد
in velluto	men el moχmal	من المخمل
rivestimento (m)	tangīd (m)	تنجيد
strumento (m) di bordo	gehāz (m)	جهاز
cruscotto (m)	lawḥet ag-heza (f)	لوحة أجهزة

tachimetro (m)	me'yās sor'a (m)	مقياس سرعة
lancetta (f)	mo'asʃer (m)	مؤشّر
contachilometri (m)	'addād el mesafāt (m)	عدّاد المسافات
indicatore (m)	'addād (m)	عدّاد
livello (m)	mostawa (m)	مستوى
spia (f) luminosa	lammbet enzār (f)	لمّبة إنذار
volante (m)	moqawwed (m)	مقوّد
clacson (m)	kalaks (m)	كلاكس
pulsante (m)	zerr (m)	زرّ
interruttore (m)	nāqel, meftāḥ (m)	ناقل, مفتاح
sedile (m)	korsy (m)	كرسي
spalliera (f)	masnad el ḍahr (m)	مسند الظهر
appoggiatesta (m)	masnad el ra's (m)	مسند الرأس
cintura (f) di sicurezza	ḥezām el amān (m)	حزام الأمان
allacciare la cintura	rabaṭ el ḥezām	ربط الحزام
regolazione (f)	ḍabṭ (m)	ضبط
airbag (m)	wesāda hawa'iya (f)	وسادة هوائية
condizionatore (m)	takyīf (m)	تكييف
radio (f)	radio (m)	راديو
lettore (m) CD	moʃagɣel sidi (m)	مشغّل سي دي
accendere (vt)	fataḥ, ʃagɣal	فتح, شغّل
antenna (f)	hawā'y (m)	هوائي
vano (m) portaoggetti	dorg (m)	درج
portacenere (m)	ṭa'ṭū'a (f)	طقطوقة

177. Automobili. Motore

motore (m)	moḥarrek (m)	محرّك
motore (m)	motore (m)	موتور
a diesel	'alal diesel	على الديزل
a benzina	'alal banzīn	على البنزين
cilindrata (f)	ḥagm el moḥarrek (m)	حجم المحرّك
potenza (f)	'owwa (f)	قوّة
cavallo vapore (m)	ḥoṣān (m)	حصان
pistone (m)	mekbas (m)	مكبس
cilindro (m)	esṭewāna (f)	أسطوانة
valvola (f)	ṣamām (m)	صمام
iniettore (m)	baχāχa (f)	بخّاخة
generatore (m)	mowalled (m)	مولّد
carburatore (m)	karburetor (m)	كاربراتير
olio (m) motore	zeyt el moḥarrek (m)	زيت المحرّك
radiatore (m)	radiator (m)	رادياتير
liquido (m) di raffreddamento	mobarred (m)	مبرّد
ventilatore (m)	marwaḥa (f)	مروّحة
batteria (m)	baṭṭariya (f)	بطّاريّة
motorino (m) d'avviamento	meftāḥ el taʃɣīl (m)	مفتاح التشغيل

accensione (f)	nezām taʃɣīl (m)	نظام تشغيل
candela (f) d'accensione	ʃam'et el eḥterāq (f)	شمعة الإحتراق
morsetto (m)	ṭaraf tawṣīl (m)	طرف توصيل
più (m)	ṭaraf muwgeb (m)	طرف موجب
meno (m)	ṭaraf sāleb (m)	طرف سالب
fusibile (m)	fetīl (m)	فتيل
filtro (m) dell'aria	ṣaffāyet el hawā' (f)	صفّاية الهواء
filtro (m) dell'olio	ṣaffāyet el zeyt (f)	صفّاية الزيت
filtro (m) del carburante	ṣaffāyet el banzīn (f)	صفّاية البنزين

178. Automobili. Incidente. Riparazione

incidente (m)	ḥadset sayāra (f)	حادثة سيارة
incidente (m) stradale	ḥādes morūry (m)	حادث مروري
sbattere contro ...	xabaṭ	خبط
avere un incidente	daʃdaʃ	دشدش
danno (m)	xesāra (f)	خسارة
illeso (agg)	salīm	سليم
essere rotto	ta'aṭṭal	تعطّل
cavo (m) di rimorchio	ḥabl el saḥb	حبل السحب
foratura (f)	soqb (m)	ثقب
essere a terra	fasʃ	فشّ
gonfiare (vt)	nafax	نفخ
pressione (f)	ḍaɣṭ (m)	ضغط
controllare (verificare)	extabar	إختبر
riparazione (f)	taṣlīḥ (m)	تصليح
officina (f) meccanica	warʃet taṣlīḥ 'arabīāt (f)	ورشة تصليح عربيات
pezzo (m) di ricambio	'eṭ'et ɣeyār (f)	قطعة غيار
pezzo (m)	'eṭ'a (f)	قطعة
bullone (m)	mesmār 'alawoze (m)	مسمار قلاووظ
bullone (m) a vite	mesmār (m)	مسمار
dado (m)	ṣamūla (f)	صامولة
rondella (f)	warda (f)	وردة
cuscinetto (m)	maḥmal (m)	محمل
tubo (m)	anbūba (f)	أنبوبة
guarnizione (f)	'az'a (f)	عزقة
filo (m), cavo (m)	selk (m)	سلك
cric (m)	'afrīṭa (f)	عفريطة
chiave (f)	meftāḥ rabṭ (m)	مفتاح ربط
martello (m)	ʃakūʃ (m)	شاكوش
pompa (f)	ṭolommba (f)	طلمّبة
giravite (m)	mefakk (m)	مفكّ
estintore (m)	ṭaffayet ḥarī' (f)	طفّاية حريق
triangolo (m) di emergenza	eʃāret taḥzīr (f)	إشارة تحذير
spegnersi (vr)	et'aṭṭal	إتعطّل

spegnimento (m) motore	tawaqqof (m)	توقّف
essere rotto	kān maksūr	كان مكسور
surriscaldarsi (vr)	soχn aktar men el lāzem	سخن أكثر من اللازم
intasarsi (vr)	kān masdūd	كان مسدود
ghiacciarsi (di tubi, ecc.)	etgammed	إتجمّد
spaccarsi (vr)	enqaṭa' - ett'aṭṭa'	إنقطع
pressione (f)	ḍaɣṭ (m)	ضغط
livello (m)	mostawa (m)	مستوى
lento (cinghia ~a)	ḍa'īf	ضعيف
ammaccatura (f)	ṭa'ga (f)	طعجة
battito (m) (nel motore)	da'' (m)	دقّ
fessura (f)	ʃa'' (m)	شقّ
graffiatura (f)	χadʃ (m)	خدش

179. Automobili. Strada

strada (f)	ṭarī' (m)	طريق
autostrada (f)	ṭarī' saree' (m)	طريق سريع
superstrada (f)	otostrad (m)	اوتوستراد
direzione (f)	ettegāh (m)	إتّجاه
distanza (f)	masāfa (f)	مسافة
ponte (m)	kobry (m)	كبري
parcheggio (m)	maw'ef el 'arabeyāt (m)	موقف العربيات
piazza (f)	medān (m)	ميدان
svincolo (m)	taqāṭo' ṭoro' (m)	تقاطع طرق
galleria (f), tunnel (m)	nafa' (m)	نفق
distributore (m) di benzina	maḥaṭṭet banzīn (f)	محطّة بنزين
parcheggio (m)	maw'ef el 'arabeyāt (m)	موقف العربيات
pompa (f) di benzina	maḍaχet banzīn (f)	مضخّة بنزين
officina (f) meccanica	warʃet taṣlīḥ 'arabīāt (f)	ورشة تصليح عربيات
fare benzina	mala banzīn	ملى بنزين
carburante (m)	woqūd (m)	وقود
tanica (f)	ʒerken (m)	جركن
asfalto (m)	asfalt (m)	اسفلت
segnaletica (f) stradale	'alamāt el ṭarī' (pl)	علامات الطريق
cordolo (m)	bardora (f)	بردورة
barriera (f) di sicurezza	sūr (m)	سور
fosso (m)	ter'a (f)	ترعة
ciglio (m) della strada	ḥaffet el ṭarī' (f)	حافّة الطريق
lampione (m)	'amūd nūr (m)	عمود نور
guidare (~ un veicolo)	sā'	ساق
girare (~ a destra)	ḥād	حاد
fare un'inversione a U	laff fe u-turn	لفّ في يو تيرن
retromarcia (m)	ḥaraka ela al warā' (f)	حركة إلى الوراء
suonare il clacson	zammar	زمّر
colpo (m) di clacson	kalaks (m)	كلاكس

incastrarsi (vr)	ɣaraz	غرز
impantanarsi (vr)	dawwar	دوّر
spegnere (~ il motore)	awqaf	أوقف
velocità (f)	sor'a (f)	سرعة
superare i limiti di velocità	'adda el sor'a	عدّى السرعة
multare (vt)	faraḍ ɣarāma	فرض غرامة
semaforo (m)	eʃārāt el morūr (pl)	إشارات المرور
patente (f) di guida	roχṣet el qeyāda (f)	رخصة قيادة
passaggio (m) a livello	ma'bar (m)	معبر
incrocio (m)	taqāṭo' (m)	تقاطع
passaggio (m) pedonale	ma'bar (m)	معبر
curva (f)	mon'aṭaf (m)	منعطف
zona (f) pedonale	mante'a lel moʃāh (f)	منطقة للمشاة

180. Segnaletica stradale

codice (m) stradale	qawā'ed el ṭarī' (pl)	قواعد الطريق
segnale (m) stradale	'alāma (f)	علامة
sorpasso (m)	tagāwuz (m)	تجاوز
curva (f)	mon'aṭaf (m)	منعطف
inversione ad U	malaff (m)	ملفّ
rotatoria (f)	dawarān morūry (m)	دوّران مروري
divieto d'accesso	mamnū' el doχūl	ممنوع الدخول
divieto di transito	mamnū' morūr el sayārāt	ممنوع مرور السيارات
divieto di sorpasso	mamnū' el morūr	ممنوع المرور
divieto di sosta	mamnū' el wo'ūf	ممنوع الوقوف
divieto di fermata	mamnū' el wo'ūf	ممنوع الوقوف
curva (f) pericolosa	mon'aṭaf χaṭar (m)	منعطف خطر
discesa (f) ripida	monḥadar ʃedīd (m)	منحدر شديد
senso (m) unico	ṭarī' etegāh wāḥed	طريق إتجاه واحد
passaggio (m) pedonale	ma'bar (m)	معبر
strada (f) scivolosa	ṭarī' zaleq (m)	طريق زلق
dare la precedenza	eʃāret el awlawiya	إشارة الأولوية

GENTE. SITUAZIONI QUOTIDIANE

Situazioni quotidiane

181. Vacanze. Evento

festa (f)	ʿīd (m)	عيد
festa (f) nazionale	ʿīd waṭany (m)	عيد وطني
festività (f) civile	agāza rasmiya (f)	أجازة رسميّة
festeggiare (vt)	eḥtafal be zekra	إحتفل بذكرى
avvenimento (m)	ḥadass (m)	حدث
evento (m) (organizzare un ~)	monasba (f)	مناسبة
banchetto (m)	walīma (f)	وليمة
ricevimento (m)	ḥaflet esteʾbāl (f)	حفلة إستقبال
festino (m)	walīma (f)	وليمة
anniversario (m)	zekra sanawiya (f)	ذكرى سنوية
giubileo (m)	yobeyl (m)	يوبيل
festeggiare (vt)	eḥtafal	إحتفل
Capodanno (m)	raʾs el sanna (m)	رأس السنة
Buon Anno!	koll sana wenta ṭayeb!	كلّ سنة وأنت طيّب!
Babbo Natale (m)	baba neweyl (m)	بابا نويل
Natale (m)	ʿīd el melād (m)	عيد الميلاد
Buon Natale!	ʿīd melād saʿīd!	عيد ميلاد سعيد!
Albero (m) di Natale	ʃagaret el kresmas (f)	شجرة الكريسمس
fuochi (m pl) artificiali	alʿāb nāriya (pl)	ألعاب ناريّة
nozze (f pl)	faraḥ (m)	فرح
sposo (m)	ʿarīs (m)	عريس
sposa (f)	ʿarūsa (f)	عروسة
invitare (vt)	ʿazam	عزم
invito (m)	beṭāʾet daʿwa (f)	بطاقة دعوة
ospite (m)	ḍeyf (m)	ضيف
andare a trovare	zār	زار
accogliere gli invitati	estaʾbal ḍoyūf	إستقبل ضيوف
regalo (m)	hediya (f)	هديّة
offrire (~ un regalo)	edda	إدّى
ricevere i regali	estalam hadāya	إستلم هدايا
mazzo (m) di fiori	bokeyh (f)	بوكيه
auguri (m pl)	tahneʾa (f)	تهنئة
augurare (vt)	hanna	هنّأ
cartolina (f)	beṭāʾet tahneʾa (f)	بطاقة تهنئة

mandare una cartolina	ba'at beṭā'et tahne'a	بعت بطاقة تهنئة
ricevere una cartolina	estalam beṭā'a tahne'a	استلم بطاقة تهنئة
brindisi (m)	naχab (m)	نخب
offrire (~ qualcosa da bere)	ḍayaf	ضيّف
champagne (m)	ʃambania (f)	شمبانيا
divertirsi (vr)	estamta'	إستمتع
allegria (f)	bahga (f)	بهجة
gioia (f)	sa'āda (f)	سعادة
danza (f), ballo (m)	ra'ṣa (f)	رقصة
ballare (vi, vt)	ra'aṣ	رقص
valzer (m)	valles (m)	فالس
tango (m)	tango (m)	تانجو

182. Funerali. Sepoltura

cimitero (m)	maqbara (f)	مقبرة
tomba (f)	'abr (m)	قبر
croce (f)	ṣalīb (m)	صليب
pietra (f) tombale	ḥagar el ma''bara (m)	حجر المقبرة
recinto (m)	sūr (m)	سور
cappella (f)	kenīsa saɣīra (f)	كنيسة صغيرة
morte (f)	mote (m)	موت
morire (vi)	māt	مات
defunto (m)	el motawaffy (m)	المتوّفي
lutto (m)	ḥedād (m)	حداد
seppellire (vt)	dafan	دفن
sede (f) di pompe funebri	maktab mota'ahhed el dafn (m)	مكتب متعهّد الدفن
funerale (m)	ganāza (f)	جنازة
corona (f) di fiori	eklīl (m)	إكليل
bara (f)	tabūt (m)	تابوت
carro (m) funebre	na'ʃ (m)	نعش
lenzuolo (m) funebre	kafan (m)	كفن
corteo (m) funebre	ganāza (f)	جنازة
urna (f) funeraria	garra gana'eziya (f)	جرّة جنائزية
crematorio (m)	maḥra'et gosas el mawta (f)	محرقة جثث الموتى
necrologio (m)	segel el wafīāt (m)	سجل الوفيات
piangere (vi)	baka	بكى
singhiozzare (vi)	nawwaḥ	نوّح

183. Guerra. Soldati

plotone (m)	faṣīla (f)	فصيلة
compagnia (f)	serriya (f)	سريّة

reggimento (m)	foge (m)	فوج
esercito (m)	geyʃ (m)	جيش
divisione (f)	fer'a (f)	فرقة
distaccamento (m)	weḥda (f)	وحدة
armata (f)	geyʃ (m)	جيش
soldato (m)	gondy (m)	جنّدي
ufficiale (m)	ḍābeṭ (m)	ضابط
soldato (m) semplice	gondy (m)	جنّدي
sergente (m)	raqīb tāny (m)	رقيب تاني
tenente (m)	molāzem tāny (m)	ملازم تاني
capitano (m)	naqīb (m)	نقيب
maggiore (m)	rā'ed (m)	رائد
colonnello (m)	ʿaqīd (m)	عقيد
generale (m)	ʒenerāl (m)	جنرال
marinaio (m)	baḥḥār (m)	بحّار
capitano (m)	'obṭān (m)	قبطان
nostromo (m)	rabbān (m)	ربّان
artigliere (m)	gondy fe selāḥ el madfaʿiya (m)	جنّدي في سلاح المدفعيّة
paracadutista (m)	selāḥ el maẓallāt (m)	سلاح المظلّلات
pilota (m)	ṭayār (m)	طيّار
navigatore (m)	mallāḥ (m)	ملاّح
meccanico (m)	mikanīky (m)	ميكانيكي
geniere (m)	mohandes ʿaskary (m)	مهندس عسكري
paracadutista (m)	gondy el baraʃot (m)	جنّدي الباراشوت
esploratore (m)	kaʃāfet el esteṭlāʿ (f)	كشّافة الإستطلاع
cecchino (m)	qannāṣ (m)	قنّاص
pattuglia (f)	dawriya (f)	دوّريّة
pattugliare (vt)	'ām be dawriya	قام بدوريّة
sentinella (f)	ḥāres (m)	حارس
guerriero (m)	muḥāreb (m)	محارب
patriota (m)	waṭany (m)	وطني
eroe (m)	baṭal (m)	بطل
eroina (f)	baṭala (f)	بطلة
traditore (m)	χāyen (m)	خاين
tradire (vt)	χān	خان
disertore (m)	hāreb men el gondiya (m)	هارب من الجنديّة
disertare (vi)	farr men el geyʃ	فرّ من الجيش
mercenario (m)	ma'gūr (m)	مأجور
recluta (f)	gondy gedīd (m)	جنّدي جديد
volontario (m)	motaṭawweʿ (m)	متطوّع
ucciso (m)	'atīl (m)	قتيل
ferito (m)	garīḥ (m)	جريح
prigioniero (m) di guerra	asīr ḥarb (m)	أسير حرب

184. Guerra. Azioni militari. Parte 1

guerra (f)	ḥarb (f)	حرب
essere in guerra	ḥārab	حارب
guerra (f) civile	ḥarb ahliya (f)	حرب أهليّة
perfidamente	ɣadran	غدراً
dichiarazione (f) di guerra	e'lān ḥarb (m)	إعلان حرب
dichiarare (~ guerra)	a'lan	أعلن
aggressione (f)	'edwān (m)	عدوان
attaccare (vt)	hagam	هجم
invadere (vt)	eḥtall	إحتلّ
invasore (m)	moḥtell (m)	محتلّ
conquistatore (m)	fāteḥ (m)	فاتح
difesa (f)	defā' (m)	دفاع
difendere (~ un paese)	dāfa'	دافع
difendersi (vr)	dāfa' 'an ...	دافع عن ...
nemico (m)	'adeww (m)	عدوّ
avversario (m)	χeṣm (m)	خصم
ostile (agg)	'adeww	عدوّ
strategia (f)	estrateʒiya (f)	إستراتيجيّة
tattica (f)	taktīk (m)	تكتيك
ordine (m)	amr (m)	أمر
comando (m)	amr (m)	أمر
ordinare (vt)	amar	أمر
missione (f)	mohemma (f)	مهمّة
segreto (agg)	serry	سرّي
battaglia (f)	ma'raka (f)	معركة
combattimento (m)	'etāl (m)	قتال
attacco (m)	hogūm (m)	هجوم
assalto (m)	enqeḍāḍ (m)	إنقضاض
assalire (vt)	enqaḍḍ	إنقضّ
assedio (m)	ḥeṣār (m)	حصار
offensiva (f)	hogūm (m)	هجوم
passare all'offensiva	hagam	هجم
ritirata (f)	enseḥāb (m)	إنسحاب
ritirarsi (vr)	ensaḥab	إنسحب
accerchiamento (m)	eḥāṭa (f)	إحاطة
accerchiare (vt)	aḥāṭ	أحاط
bombardamento (m)	'aṣf (m)	قصف
lanciare una bomba	asqaṭ qonbola	أسقط قنبلة
bombardare (vt)	'aṣaf	قصف
esplosione (f)	enfegār (m)	إنفجار
sparo (m)	ṭal'a (f)	طلقة

sparare un colpo	aṭlaq el nār	أطلق النار
sparatoria (f)	eṭlāq nār (m)	إطلاق نار
puntare su ...	ṣawwab ʿala ...	صوّب على ...
puntare (~ una pistola)	ṣawwab	صوّب
colpire (~ il bersaglio)	aṣāb el hadaf	أصاب الهدف
affondare (mandare a fondo)	aɣraʾ	أغرق
falla (f)	soqb (m)	ثقب
affondare (andare a fondo)	ɣereʾ	غرق
fronte (m) (~ di guerra)	gabha (f)	جبهة
evacuazione (f)	eχlāʾ (m)	إخلاء
evacuare (vt)	aχla	أخلى
trincea (f)	χondoq (m)	خندق
filo (m) spinato	aslāk ʃāʾeka (pl)	أسلاك شائكة
sbarramento (m)	ḥāgez (m)	حاجز
torretta (f) di osservazione	borg moraʾba (m)	برج مراقبة
ospedale (m) militare	mostaʃfa ʿaskary (m)	مستشفى عسكري
ferire (vt)	garaḥ	جرح
ferita (f)	garḥ (m)	جرح
ferito (m)	garīḥ (m)	جريح
rimanere ferito	oṣīb bel garḥ	أصيب بالجرح
grave (ferita ~)	χaṭīr	خطير

185. Guerra. Azioni militari. Parte 2

prigionia (f)	asr (m)	أسر
fare prigioniero	asar	أسر
essere prigioniero	etʾasar	أتأسر
essere fatto prigioniero	weʾeʿ fel asr	وقع في الأسر
campo (m) di concentramento	moʿaskar eʿteqāl (m)	معسكر إعتقال
prigioniero (m) di guerra	asīr ḥarb (m)	أسير حرب
fuggire (vi)	hereb	هرب
tradire (vt)	χān	خان
traditore (m)	χāyen (m)	خاين
tradimento (m)	χeyāna (f)	خيانة
fucilare (vt)	aʿdam ramyan bel roṣāṣ	أعدم رمياً بالرصاص
fucilazione (f)	eʿdām ramyan bel roṣāṣ (m)	إعدام رمياً بالرصاص
divisa (f) militare	el ʿetād el ʿaskary (m)	العتاد العسكري
spallina (f)	kattāfa (f)	كتافة
maschera (f) antigas	qenāʿ el ɣāz (m)	قناع الغاز
radiotrasmettitore (m)	gehāz lāselky (m)	جهاز لاسلكي
codice (m)	ʃafra (f)	شفرة
complotto (m)	serriya (f)	سرّية
parola (f) d'ordine	kelmet el morūr (f)	كلمة مرور
mina (f)	loɣz arāḍy (m)	لغم أرضي

minare (~ la strada)	lagɣam	لغّم
campo (m) minato	ḥaql alɣām (m)	حقل ألغام
allarme (m) aereo	enzār gawwy (m)	إنذار جوّي
allarme (m)	enzār (m)	إنذار
segnale (m)	eʃara (f)	إشارة
razzo (m) di segnalazione	eʃāra moḍī'a (f)	إشارة مضيئة
quartier (m) generale	maqarr (m)	مقرّ
esplorazione (m)	kaʃāfet el esteṭlā' (f)	كشّافة الإستطلاع
situazione (f)	ḥāla (f), waḍ' (m)	حالة, وضع
rapporto (m)	ta'rīr (m)	تقرير
agguato (m)	kamīn (m)	كمين
rinforzo (m)	emdadāt 'askariya (pl)	إمدادات عسكريّة
bersaglio (m)	hadaf (m)	هدف
terreno (m) di caccia	arḍ eχtebār (m)	أرض إختبار
manovre (f pl)	monawrāt 'askariya (pl)	مناورات عسكريّة
panico (m)	zo'r (m)	ذعر
devastazione (f)	damār (m)	دمار
distruzione (m)	ḥeṭām (pl)	حطام
distruggere (vt)	dammar	دمّر
sopravvivere (vi, vt)	negy	نجي
disarmare (vt)	garrad men el selāḥ	جرّد من السلاح
maneggiare (una pistola, ecc.)	esta'mel	إستعمل
Attenti!	entebāh!	إنتباه!
Riposo!	estareḥ!	إسترح!
atto (m) eroico	ma'sara (f)	مأثرة
giuramento (m)	qasam (m)	قسم
giurare (vi)	aqsam	أقسم
decorazione (f)	wesām (m)	وسام
decorare (qn)	manaḥ	منح
medaglia (f)	medalya (f)	ميدالية
ordine (m) (~ al Merito)	wesām 'askary (m)	وسام عسكري
vittoria (f)	enteṣār - foze (m)	إنتصار, فوز
sconfitta (m)	hazīma (f)	هزيمة
armistizio (m)	hodna (f)	هدنة
bandiera (f)	rāyet el ma'raka (f)	راية المعركة
gloria (f)	magd (m)	مجد
parata (f)	mawkeb (m)	موكب
marciare (in parata)	sār	سار

186. Armi

armi (f pl)	asleḥa (pl)	أسلحة
arma (f) da fuoco	asleḥa nāriya (pl)	أسلحة ناريّة

arma (f) bianca	asleḥa bayḍā' (pl)	أسلحة بيضاء
armi (f pl) chimiche	asleḥa kemawiya (pl)	أسلحة كيماويّة
nucleare (agg)	nawawy	نوويّ
armi (f pl) nucleari	asleḥa nawawiya (pl)	أسلحة نوويّة
bomba (f)	qonbela (f)	قنبلة
bomba (f) atomica	qonbela nawawiya (f)	قنبلة نوويّة
pistola (f)	mosaddas (m)	مسدّس
fucile (m)	bondoqiya (f)	بندقيّة
mitra (m)	mosaddas rasʃāʃ (m)	مسدّس رشّاش
mitragliatrice (f)	rasʃāʃ (m)	رشّاش
bocca (f)	fawha (f)	فوهة
canna (f)	anbūba (f)	أنبوبة
calibro (m)	ʿeyār (m)	عيار
grilletto (m)	zanād (m)	زناد
mirino (m)	moṣawweb (m)	مصوّب
caricatore (m)	maχzan (m)	مخزن
calcio (m)	ʿaqab el bondo'iya (m)	عقب البندقيّة
bomba (f) a mano	qonbela yadawiya (f)	قنبلة يدويّة
esplosivo (m)	mawād motafaggera (pl)	مواد متفجّرة
pallottola (f)	roṣāṣa (f)	رصاصة
cartuccia (f)	χarṭūʃa (f)	خرطوشة
carica (f)	ḥaʃwa (f)	حشوة
munizioni (f pl)	zaχīra (f)	ذخيرة
bombardiere (m)	qazefet qanābel (f)	قاذفة قنابل
aereo (m) da caccia	ṭayāra muqātela (f)	طيّارة مقاتلة
elicottero (m)	heliokobter (m)	هليكوبتر
cannone (m) antiaereo	madfaʿ moḍād lel ṭa'erāṭ (m)	مدفع مضاد للطائرات
carro (m) armato	dabbāba (f)	دبّابة
cannone (m)	madfaʿ el dabbāba (m)	مدفع الدبّابة
artiglieria (f)	madfaʿiya (f)	مدفعيّة
cannone (m)	madfaʿ (m)	مدفع
mirare a ...	ṣawwab	صوّب
proiettile (m)	qazīfa (f)	قذيفة
granata (f) da mortaio	qonbela hawn (f)	قنبلة هاون
mortaio (m)	hawn (m)	هاون
scheggia (f)	ʃazya (f)	شظية
sottomarino (m)	ɣawwāṣa (f)	غوّاصة
siluro (m)	ṭorbīd (m)	طوربيد
missile (m)	ṣarūχ (m)	صاروخ
caricare (~ una pistola)	ʿammar	عمّر
sparare (vi)	ḍarab bel nār	ضرب بالنار
puntare su ...	ṣawwab ʿala ...	صوّب على ...
baionetta (f)	ḥerba (f)	حربة
spada (f)	seyf zu ḥaddeyn (m)	سيف ذو حدّين

sciabola (f)	seyf monḥany (m)	سيف منحني
lancia (f)	remḥ (m)	رمح
arco (m)	qose (m)	قوس
freccia (f)	sahm (m)	سهم
moschetto (m)	musket (m)	مسكيت
balestra (f)	qose mostaʿraḍ (m)	قوس مستعرض

187. Gli antichi

primitivo (agg)	bedāʾy	بدائي
preistorico (agg)	ma qabl el tarīχ	ما قبل التاريخ
antico (agg)	ʾadīm	قديم
Età (f) della pietra	el ʿaṣr el ḥagary (m)	العصر الحجري
Età (f) del bronzo	el ʿaṣr el bronzy (m)	العصر البرونزي
epoca (f) glaciale	el ʿaṣr el galīdy (m)	العصر الجليدي
tribù (f)	qabīla (f)	قبيلة
cannibale (m)	ʾākel loḥūm el baʃar (m)	آكل لحوم البشر
cacciatore (m)	ṣayād (m)	صيّاد
cacciare (vt)	eṣṭād	إصطاد
mammut (m)	mamūθ (m)	ماموث
caverna (f), grotta (f)	kahf (m)	كهف
fuoco (m)	nār (f)	نار
falò (m)	nār moχayem (m)	نار مخيّم
pittura (f) rupestre	rasm fel kahf (m)	رسم في الكهف
strumento (m) di lavoro	adah (f)	أداة
lancia (f)	remḥ (m)	رمح
ascia (f) di pietra	fa'ʾs ḥagary (m)	فأس حجري
essere in guerra	ḥārab	حارب
addomesticare (vt)	estaʾnas	استئنس
idolo (m)	ṣanam (m)	صنم
idolatrare (vt)	ʿabad	عبد
superstizione (f)	χorāfa (f)	خرافة
rito (m)	mansak (m)	منسك
evoluzione (f)	taṭṭawwor (m)	تطوّر
sviluppo (m)	nomoww (m)	نموّ
estinzione (f)	enqerāḍ (m)	إنقراض
adattarsi (vr)	takayaf (maʿ)	تكيّف (مع)
archeologia (f)	ʿelm el ʾāsār (m)	علم الآثار
archeologo (m)	ʿālem āsār (m)	عالم آثار
archeologico (agg)	asary	أثري
sito (m) archeologico	mawqeʿ ḥafr (m)	موّقع حفر
scavi (m pl)	tanqīb (m)	تنقيب
reperto (m)	ekteʃāf (m)	إكتشاف
frammento (m)	ʾeṭʿa (f)	قطعة

188. Il Medio Evo

popolo (m)	ʃa'b (m)	شعب
popoli (m pl)	ʃo'ūb (pl)	شعوب
tribù (f)	qabīla (f)	قبيلة
tribù (f pl)	qabā'el (pl)	قبائل
barbari (m pl)	el barabra (pl)	البرابرة
galli (m pl)	el ɣaliyūn (pl)	الغاليّون
goti (m pl)	el qūṭiyūn (pl)	القوطيون
slavi (m pl)	el selāf (pl)	السلاف
vichinghi (m pl)	el viking (pl)	الفايكينج
romani (m pl)	el romān (pl)	الرومان
romano (agg)	romāny	روماني
bizantini (m pl)	bizanṭiyūn (pl)	بيزنطيون
Bisanzio (m)	bīzanṭa (f)	بيزنطة
bizantino (agg)	bīzanṭy	بيزنطي
imperatore (m)	embraṭore (m)	إمبراطور
capo (m)	za'īm (m)	زعيم
potente (un re ~)	gabbār	جبّار
re (m)	malek (m)	ملك
governante (m) (sovrano)	ḥākem (m)	حاكم
cavaliere (m)	fāres (m)	فارس
feudatario (m)	eqṭā'y (m)	إقطاعي
feudale (agg)	eqṭā'y	إقطاعي
vassallo (m)	ḥākem tābe' (m)	حاكم تابع
duca (m)	dū' (m)	دوق
conte (m)	earl (m)	ايرل
barone (m)	barūn (m)	بارون
vescovo (m)	asqof (m)	أسقف
armatura (f)	der' (m)	درع
scudo (m)	der' (m)	درع
spada (f)	seyf (m)	سيف
visiera (f)	ḥaffa amamiya lel χoza (f)	حافة أماميّة للخوذة
cotta (f) di maglia	der' el zard (m)	درع الزرد
crociata (f)	ḥamla ṣalībiya (f)	حملة صليبيّة
crociato (m)	ṣalīby (m)	صليبي
territorio (m)	arḍ (f)	أرض
attaccare (vt)	hagam	هجم
conquistare (vt)	fataḥ	فتح
occupare (invadere)	eḥtall	إحتلّ
assedio (m)	ḥeṣār (m)	حصار
assediato (agg)	moḥāṣar	محاصر
assediare (vt)	ḥāṣar	حاصر
inquisizione (f)	maḥākem el taftīʃ (pl)	محاكم التفتيش
inquisitore (m)	mofatteʃ (m)	مفتّش

tortura (f)	ta'zīb (m)	تعذيب
crudele (agg)	waḥʃy	وحشي
eretico (m)	moharṭeq (m)	مهرطق
eresia (f)	harṭa'a (f)	هرطقة
navigazione (f)	el safar bel baḥr (m)	السفر بالبحر
pirata (m)	'orṣān (m)	قرصان
pirateria (f)	'arṣana (f)	قرصنة
arrembaggio (m)	mohagmet safīna (f)	مهاجمة سفينة
bottino (m)	ɣanīma (f)	غنيمة
tesori (m)	konūz (pl)	كنوز
scoperta (f)	ekteʃāf (m)	إكتشاف
scoprire (~ nuove terre)	ektaʃaf	إكتشف
spedizione (f)	be'sa (f)	بعثة
moschettiere (m)	fāres (m)	فارس
cardinale (m)	kardinal (m)	كاردينال
araldica (f)	ʃe'ārāt el nabāla (pl)	شعارات النبالة
araldico (agg)	χāṣṣ be ʃe'arāt el nebāla	خاصّ بشعارات النبالة

189. Leader. Capo. Le autorità

re (m)	malek (m)	ملك
regina (f)	maleka (f)	ملكة
reale (agg)	malaky	ملكي
regno (m)	mamlaka (f)	مملكة
principe (m)	amīr (m)	أمير
principessa (f)	amīra (f)	أميرة
presidente (m)	ra'īs (m)	رئيس
vicepresidente (m)	nā'eb el ra'īs (m)	نائب الرئيس
senatore (m)	'oḍw magles el ʃoyūχ (m)	عضو مجلس الشيوخ
monarca (m)	'āhel (m)	عاهل
governante (m) (sovrano)	ḥākem (m)	حاكم
dittatore (m)	dektatore (m)	ديكتاتور
tiranno (m)	ṭāɣeya (f)	طاغية
magnate (m)	ra'smāly kebīr (m)	رأسمالي كبير
direttore (m)	modīr (m)	مدير
capo (m)	ra'īs (m)	رئيس
dirigente (m)	modīr (m)	مدير
capo (m)	ra'īs (m)	رئيس
proprietario (m)	ṣāḥeb (m)	صاحب
leader (m)	za'īm (m)	زعيم
capo (m) (~ delegazione)	ra'īs (m)	رئيس
autorità (f pl)	solṭāt (pl)	سلطات
superiori (m pl)	ro'asā' (pl)	رؤساء
governatore (m)	muḥāfeẓ (m)	محافظ
console (m)	qonṣol (m)	قنصل

diplomatico (m)	deblomāsy (m)	دبلوماسي
sindaco (m)	ra'īs el baladiya (m)	رئيس البلديّة
sceriffo (m)	ʃerīf (m)	شريف
imperatore (m)	embraṭore (m)	إمبراطور
zar (m)	qayṣar (m)	قيصر
faraone (m)	fer'one (m)	فرعون
khan (m)	χān (m)	خان

190. Strada. Via. Indicazioni

strada (f)	ṭarī' (m)	طريق
cammino (m)	ṭarī' (m)	طريق
superstrada (f)	otostrad (m)	اوتوستراد
autostrada (f)	ṭarī' saree' (m)	طريق سريع
strada (f) statale	ṭarī' waṭany (m)	طريق وطني
strada (f) principale	ṭarī' ra'īsy (m)	طريق رئيسي
strada (f) sterrata	ṭarī' torāby (m)	طريق ترابي
viottolo (m)	mamarr (m)	ممرّ
sentiero (m)	mamarr (m)	ممرّ
Dove? (~ è?)	feyn?	فين؟
Dove? (~ vai?)	feyn?	فين؟
Di dove?, Da dove?	meneyn?	منين؟
direzione (f)	ettegāh (m)	إتّجاه
indicare (~ la strada)	ʃāwer	شاور
a sinistra (girare ~)	lel ʃemāl	للشمال
a destra (girare ~)	lel yemīn	لليمين
dritto (avv)	'ala ṭūl	على طول
indietro (tornare ~)	wara'	وراء
curva (f)	mon'aṭaf (m)	منعطف
girare (~ a destra)	ḥād	حاد
fare un'inversione a U	laff fe u-turn	لفّ في يو تيرن
essere visibile	ẓahar	ظهر
apparire (vi)	ẓahar	ظهر
sosta (f) (breve fermata)	estrāḥa ṭawīla (f)	إستراحة طويلة
riposarsi, fermarsi (vr)	rayaḥ	ريّح
riposo (m)	rāḥa (f)	راحة
perdersi (vr)	tāh	تاه
portare verso ...	adda ela ...	أدّى إلى...
raggiungere (arrivare a)	weṣel ela ...	وصل إلى...
tratto (m) di strada	emtedād (m)	إمتداد
asfalto (m)	asfalt (m)	اسفلت
cordolo (m)	bardora (f)	بردورة

fosso (m)	ter'a (f)	ترعة
tombino (m)	fat-ḥa (f)	فتحة
ciglio (m) della strada	ḥaffet el ṭarī' (f)	حافّة الطريق
buca (f)	ḥofra (f)	حفرة
andare (a piedi)	meʃy	مشى
sorpassare (vt)	egtāz	إجتاز
passo (m)	χaṭwa (f)	خطوة
a piedi	maʃyī	مشيّ
sbarrare (~ la strada)	sadd	سدّ
sbarra (f)	ḥāgez ṭarī' (m)	حاجز طريق
vicolo (m) cieco	ṭarī' masdūd (m)	طريق مسدود

191. Infrangere la legge. Criminali. Parte 1

bandito (m)	qāṭe' ṭarī' (m)	قاطع طريق
delitto (m)	garīma (f)	جريمة
criminale (m)	mogrem (m)	مجرم
ladro (m)	sāre' (m)	سارق
rubare (vi, vt)	sara'	سرق
furto (m), ruberia (f)	ser'a (f)	سرقة
rapire (vt)	χaṭaf	خطف
rapimento (m)	χaṭf (m)	خطف
rapitore (m)	χāṭef (m)	خاطف
riscatto (m)	fedya (f)	فدية
chiedere il riscatto	ṭalab fedya	طلب فدية
rapinare (vt)	nahab	نهب
rapina (f)	nahb (m)	نهب
rapinatore (m)	nahhāb (m)	نهّاب
estorcere (vt)	balṭag	بلطج
estorsore (m)	balṭagy (m)	بلطجي
estorsione (f)	balṭaga (f)	بلطجة
uccidere (vt)	'atal	قتل
assassinio (m)	'atl (m)	قتل
assassino (m)	qātel (m)	قاتل
sparo (m)	ṭal'et nār (f)	طلقة نار
tirare un colpo	aṭlaq el nār	أطلق النار
abbattere (con armi da fuoco)	'atal bel roṣāṣ	قتل بالرصاص
sparare (vi)	ḍarab bel nār	ضرب بالنار
sparatoria (f)	ḍarb nār (m)	ضرب نار
incidente (m) (rissa, ecc.)	ḥādes (m)	حادث
rissa (f)	χenā'a (f)	خناقة
Aiuto!	sā'idni	ساعدني!
vittima (f)	ḍaḥiya (f)	ضحيّة

danneggiare (vt)	χarrab	خرّب
danno (m)	χesāra (f)	خسارة
cadavere (m)	gossa (f)	جثّة
grave (reato ~)	χaṭīra	خطيرة
aggredire (vt)	hagam	هجم
picchiare (vt)	ḍarab	ضرب
malmenare (picchiare)	ḍarab	ضرب
sottrarre (vt)	salab	سلب
accoltellare a morte	ṭa'an ḥatta el mote	طعن حتّى الموت
mutilare (vt)	ʃawwah	شوّه
ferire (vt)	garaḥ	جرح
ricatto (m)	ebtezāz (m)	إبتزاز
ricattare (vt)	ebtazz	إبتزّ
ricattatore (m)	mobtazz (m)	مبتزّ
estorsione (f)	balṭaga (f)	بلطجة
estortore (m)	mobtazz (m)	مبتزّ
gangster (m)	ragol 'eṣāba (m)	رجل عصابة
mafia (f)	mafia (f)	مافيا
borseggiatore (m)	nasʃāl (m)	نشّال
scassinatore (m)	leṣṣ beyūt (m)	لص بيوت
contrabbando (m)	tahrīb (m)	تهريب
contrabbandiere (m)	moharreb (m)	مهرّب
falsificazione (f)	tazwīr (m)	تزوّير
falsificare (vt)	zawwar	زوّر
falso, falsificato (agg)	mozawwara	مزوّرة

192. Infrangere la legge. Criminali. Parte 2

stupro (m)	eɣteṣāb (m)	إغتصاب
stuprare (vt)	eɣtaṣab	إغتصب
stupratore (m)	moɣtaṣeb (m)	مغتصب
maniaco (m)	mahwūs (m)	مهووس
prostituta (f)	mommos (f)	مومّس
prostituzione (f)	da'āra (f)	دعارة
magnaccia (m)	qawwād (m)	قوّاد
drogato (m)	modmen moχaddarāt (m)	مدمن مخدّرات
trafficante (m) di droga	tāger moχaddarāt (m)	تاجر مخدّرات
far esplodere	faggar	فجّر
esplosione (f)	enfegār (m)	إنفجار
incendiare (vt)	aʃ'al el nār	أشعل النار
incendiario (m)	moʃ'el ḥarīq 'an 'amd (m)	مشعل حريق عن عمد
terrorismo (m)	erhāb (m)	إرهاب
terrorista (m)	erhāby (m)	إرهابي
ostaggio (m)	rahīna (m)	رهينة
imbrogliare (vt)	eḥtāl	إحتال

imbroglio (m)	eḥteyāl (m)	إحتيال
imbroglione (m)	moḥtāl (m)	محتال
corrompere (vt)	raʃa	رشا
corruzione (f)	erteʃā' (m)	إرتشاء
bustarella (f)	raʃwa (f)	رشوة
veleno (m)	semm (m)	سمّ
avvelenare (vt)	sammem	سمّم
avvelenarsi (vr)	sammem nafsoh	سمّم نفسه
suicidio (m)	enteḥār (m)	إنتحار
suicida (m)	montaḥer (m)	منتحر
minacciare (vt)	hadded	هدّد
minaccia (f)	tahdīd (m)	تهديد
attentare (vi)	ḥāwel eɣteyāl	حاول إغتيال
attentato (m)	moḥawlet eɣteyāl (f)	محاولة إغتيال
rubare (~ una macchina)	sara'	سرق
dirottare (~ un aereo)	eχtaṭaf	إختطف
vendetta (f)	enteqām (m)	إنتقام
vendicare (vt)	entaqam	إنتقم
torturare (vt)	ʿazzeb	عذّب
tortura (f)	taʿzīb (m)	تعذيب
maltrattare (vt)	ʿazzeb	عذّب
pirata (m)	'orṣān (m)	قرصان
teppista (m)	wabaʃ (m)	وبش
armato (agg)	mosallaḥ	مسلّح
violenza (f)	ʿonf (m)	عنف
illegale (agg)	meʃ qanūniy	مش قانونيّ
spionaggio (m)	tagassas (m)	تجسّس
spiare (vi)	tagassas	تجسّس

193. Polizia. Legge. Parte 1

giustizia (f)	qaḍā' (m)	قضاء
tribunale (m)	maḥkama (f)	محكمة
giudice (m)	qāḍy (m)	قاضي
giurati (m)	moḥallafīn (pl)	محلّفين
processo (m) con giuria	qaḍā' el muḥallafīn (m)	قضاء المحلّفين
giudicare (vt)	ḥakam	حكم
avvocato (m)	muḥāmy (m)	محامي
imputato (m)	moddaʿy ʿaleyh (m)	مدّعي عليه
banco (m) degli imputati	'afaṣ el ettehām (m)	قفص الإتّهام
accusa (f)	ettehām (m)	إتّهام
accusato (m)	mottaham (m)	متّهم

condanna (f)	ḥokm (m)	حكم
condannare (vt)	ḥakam	حكم
colpevole (m)	gāny (m)	جاني
punire (vt)	'āqab	عاقب
punizione (f)	'eqāb (m)	عقاب
multa (f), ammenda (f)	ɣarāma (f)	غرامة
ergastolo (m)	segn mada el ḥayah (m)	سجن مدى الحياة
pena (f) di morte	'oqūbet 'e'dām (f)	عقوبة إعدام
sedia (f) elettrica	el korsy el kaharabā'y (m)	الكرسي الكهربائي
impiccagione (f)	maʃna'a (f)	مشنقة
giustiziare (vt)	a'dam	أعدم
esecuzione (f)	e'dām (m)	إعدام
prigione (f)	segn (m)	سجن
cella (f)	zenzāna (f)	زنزانة
scorta (f)	ḥerāsa (f)	حراسة
guardia (f) carceraria	ḥāres segn (m)	حارس سجن
prigioniero (m)	sagīn (m)	سجين
manette (f pl)	kalabʃāt (pl)	كلابشات
mettere le manette	kalbeʃ	كلبش
fuga (f)	horūb men el segn (m)	هروب من السجن
fuggire (vi)	hereb	هرب
scomparire (vi)	eχtafa	إختفى
liberare (vt)	aχla sabīl	أخلى سبيل
amnistia (f)	'afw 'ām (m)	عفو عام
polizia (f)	ʃorṭa (f)	شرطة
poliziotto (m)	ʃorṭy (m)	شرطي
commissariato (m)	qesm ʃorṭa (m)	قسم شرطة
manganello (m)	'aṣāya maṭṭāṭiya (f)	عصاية مطّاطية
altoparlante (m)	bū' (m)	بوق
macchina (f) di pattuglia	'arabiyet dawrīāt (f)	عربيّة دوريات
sirena (f)	sarīna (f)	سرينة
mettere la sirena	walla' el sarīna	ولّع السرينة
suono (m) della sirena	ṣote sarīna (m)	صوت سرينة
luogo (m) del crimine	masraḥ el garīma (m)	مسرح الجريمة
testimone (m)	ʃāhed (m)	شاهد
libertà (f)	ḥorriya (f)	حرّيّة
complice (m)	ʃerīk fel garīma (m)	شريك في الجريمة
fuggire (vi)	hereb	هرب
traccia (f)	asar (m)	أثر

194. Polizia. Legge. Parte 2

ricerca (f) (~ di un criminale)	baḥs (m)	بحث
cercare (vt)	dawwar 'ala	دوّر على

sospetto (m)	ʃobha (f)	شبهة
sospetto (agg)	maʃbūh	مشبوه
fermare (vt)	awqaf	أوقّف
arrestare (qn)	eʿtaqal	إعتقل
causa (f)	ʾaḍiya (f)	قضيّة
inchiesta (f)	taḥʾīʾ (m)	تحقيق
detective (m)	moḥaqqeq (m)	محقّق
investigatore (m)	mofatteʃ (m)	مفتّش
versione (f)	rewāya (f)	رواية
movente (m)	dāfeʿ (m)	دافع
interrogatorio (m)	estegwāb (m)	إستجواب
interrogare (sospetto)	estagweb	إستجوّب
interrogare (vicini)	estanṭaʾ	إستنطق
controllo (m) (~ di polizia)	faḥṣ (m)	فحص
retata (f)	gamʿ (m)	جمع
perquisizione (f)	taftīʃ (m)	تفتيش
inseguimento (m)	moṭarda (f)	مطاردة
inseguire (vt)	ṭārad	طارد
essere sulle tracce	tatabbaʿ	تتبّع
arresto (m)	eʿteqāl (m)	إعتقال
arrestare (qn)	eʿtaqal	اعتقل
catturare (~ un ladro)	ʾabaḍ ʿala	قبض على
cattura (f)	ʾabḍ (m)	قبض
documento (m)	wasīqa (f)	وثيقة
prova (f), reperto (m)	dalīl (m)	دليل
provare (vt)	asbat	أثبت
impronta (f) del piede	baṣma (f)	بصمة
impronte (f pl) digitali	baṣamāt el aṣābeʿ (pl)	بصمات الأصابع
elemento (m) di prova	ʾeṭʿa men el adella (f)	قطعة من الأدلّة
alibi (m)	ḥegget ɣeyāb (f)	حجّة غياب
innocente (agg)	barīʾ	بريء
ingiustizia (f)	ẓolm (m)	ظلم
ingiusto (agg)	meʃ ʿādel	مش عادل
criminale (agg)	mogrem	مجرم
confiscare (vt)	ṣādar	صادر
droga (f)	moχaddarāt (pl)	مخدّرات
armi (f pl)	selāḥ (m)	سلاح
disarmare (vt)	garrad men el selāḥ	جرّد من السلاح
ordinare (vt)	amar	أمر
sparire (vi)	eχtafa	إختفى
legge (f)	qanūn (m)	قانون
legale (agg)	qanūny	قانوني
illegale (agg)	meʃ qanūny	مش قانوني
responsabilità (f)	masʾoliya (f)	مسؤوليّة
responsabile (agg)	masʾūl (m)	مسؤول

LA NATURA

La Terra. Parte 1

195. L'Universo

cosmo (m)	faḍā' (m)	فضاء
cosmico, spaziale (agg)	faḍā'y	فضائي
spazio (m) cosmico	el faḍā' el χāregy (m)	الفضاء الخارجي
mondo (m)	'ālam (m)	عالم
universo (m)	el kōn (m)	الكون
galassia (f)	el magarra (f)	المجرّة
stella (f)	negm (m)	نجم
costellazione (f)	borg (m)	برج
pianeta (m)	kawwkab (m)	كوكب
satellite (m)	'amar ṣenā'y (m)	قمر صناعي
meteorite (m)	nayzek (m)	نيّزك
cometa (f)	mozannab (m)	مذنّب
asteroide (m)	kowaykeb (m)	كويكب
orbita (f)	madār (m)	مدار
ruotare (vi)	dār	دار
atmosfera (f)	el ɣelāf el gawwy (m)	الغلاف الجوّي
il Sole	el ʃams (f)	الشمس
sistema (m) solare	el magmū'a el ʃamsiya (f)	المجموعة الشمسيّة
eclisse (f) solare	kosūf el ʃams (m)	كسوف الشمس
la Terra	el arḍ (f)	الأرض
la Luna	el 'amar (m)	القمر
Marte (m)	el marrīχ (m)	المرّيخ
Venere (f)	el zahra (f)	الزهرة
Giove (m)	el moʃtary (m)	المشتري
Saturno (m)	zoḥḥol (m)	زحل
Mercurio (m)	'aṭāred (m)	عطارد
Urano (m)	uranus (m)	اورانوس
Nettuno (m)	nibtūn (m)	نبتون
Plutone (m)	bluto (m)	بلوتو
Via (f) Lattea	darb el tebbāna (m)	درب التبّانة
Orsa (f) Maggiore	el dobb el akbar (m)	الدب الأكبر
Stella (f) Polare	negm el 'oṭb (m)	نجم القطب
marziano (m)	sāken el marrīχ (m)	ساكن المرّيخ
extraterrestre (m)	faḍā'y (m)	فضائي

alieno (m)	kā'en faḍā'y (m)	كائن فضائي
disco (m) volante	ṭaba' ṭā'er (m)	طبق طائر
nave (f) spaziale	markaba faḍa'iya (f)	مركبة فضائية
stazione (f) spaziale	maḥaṭṭet faḍā' (f)	محطّة فضاء
lancio (m)	enṭelāq (m)	إنطلاق
motore (m)	motore (m)	موتور
ugello (m)	manfaθ (m)	منفث
combustibile (m)	woqūd (m)	وقود
cabina (f) di pilotaggio	kabīna (f)	كابينة
antenna (f)	hawā'y (m)	هوائي
oblò (m)	kowwa mostadīra (f)	كوّة مستديرة
batteria (f) solare	lawḥa ʃamsiya (f)	لوحة شمسيّة
scafandro (m)	badlet el faḍā' (f)	بدّلة الفضاء
imponderabilità (f)	en'edām wazn (m)	إنعدام الوزن
ossigeno (m)	oksiʒīn (m)	أوكسجين
aggancio (m)	rasw (m)	رسو
agganciarsi (vr)	rasa	رسى
osservatorio (m)	marṣad (m)	مرصد
telescopio (m)	teleskop (m)	تلسكوب
osservare (vt)	rāqab	راقب
esplorare (vt)	estakʃef	إستكشف

196. La Terra

la Terra	el arḍ (f)	الأرض
globo (m) terrestre	el kora el arḍiya (f)	الكرة الأرضيّة
pianeta (m)	kawwkab (m)	كوكب
atmosfera (f)	el ɣelāf el gawwy (m)	الغلاف الجوّي
geografia (f)	goɣrafia (f)	جغرافيا
natura (f)	ṭabee'a (f)	طبيعة
mappamondo (m)	namūzag lel kora el arḍiya (m)	نموذج للكرة الأرضيّة
carta (f) geografica	χarīṭa (f)	خريطة
atlante (m)	aṭlas (m)	أطلس
Europa (f)	orobba (f)	أوروبّا
Asia (f)	asya (f)	آسيا
Africa (f)	afreqia (f)	أفريقيا
Australia (f)	ostorālya (f)	أستراليا
America (f)	amrīka (f)	أمريكا
America (f) del Nord	amrīka el ʃamaliya (f)	أمريكا الشماليّة
America (f) del Sud	amrīka el ganūbiya (f)	أمريكا الجنوبيّة
Antartide (f)	el qoṭb el ganūby (m)	القطب الجنوبي
Artico (m)	el qoṭb el ʃamāly (m)	القطب الشمالي

197. Punti cardinali

nord (m)	ʃemāl (m)	شمال
a nord	lel ʃamāl	للشمال
al nord	fel ʃamāl	في الشمال
del nord (agg)	ʃamāly	شمالي
sud (m)	ganūb (m)	جنوب
a sud	lel ganūb	للجنوب
al sud	fel ganūb	في الجنوب
del sud (agg)	ganūby	جنوبي
ovest (m)	ɣarb (m)	غرب
a ovest	lel ɣarb	للغرب
all'ovest	fel ɣarb	في الغرب
dell'ovest, occidentale	ɣarby	غربي
est (m)	ʃarʾ (m)	شرق
a est	lel ʃarʾ	للشرق
all'est	fel ʃarʾ	في الشرق
dell'est, orientale	ʃarʾy	شرقي

198. Mare. Oceano

mare (m)	baḥr (m)	بحر
oceano (m)	moḥīṭ (m)	محيط
golfo (m)	xalīg (m)	خليج
stretto (m)	maḍīq (m)	مضيق
terra (f) (terra firma)	barr (m)	برّ
continente (m)	qārra (f)	قارّة
isola (f)	gezīra (f)	جزيرة
penisola (f)	ʃebh gezeyra (f)	شبه جزيرة
arcipelago (m)	magmūʿet gozor (f)	مجموعة جزر
baia (f)	xalīg (m)	خليج
porto (m)	mināʾ (m)	ميناء
laguna (f)	lagūn (m)	لاجون
capo (m)	raʾs (m)	رأس
atollo (m)	gezīra morganiya estwaʾiya (f)	جزيرة مرجانيةّ إستوائيّة
scogliera (f)	ʃoʿāb (pl)	شعاب
corallo (m)	morgān (m)	مرجان
barriera (f) corallina	ʃoʿāb morganiya (pl)	شعاب مرجانية
profondo (agg)	ʿamīq	عميق
profondità (f)	ʿomq (m)	عمق
abisso (m)	el ʿomq el saḥīq (m)	العمق السحيق
fossa (f) (~ delle Marianne)	xondoq (m)	خندق
corrente (f)	tayār (m)	تيّار
circondare (vt)	ḥāṭ	حاط
litorale (m)	sāḥel (m)	ساحل

costa (f)	sāḥel (m)	ساحل
alta marea (f)	tayār (m)	تيّار
bassa marea (f)	gozor (m)	جزر
banco (m) di sabbia	meyāh ḍaḥla (f)	مياه ضحلة
fondo (m)	qāʿ (m)	قاع
onda (f)	mouga (f)	موجة
cresta (f) dell'onda	qemma (f)	قمّة
schiuma (f)	zabad el baḥr (m)	زبد البحر
tempesta (f)	ʿāṣefa (f)	عاصفة
uragano (m)	eʿṣār (m)	إعصار
tsunami (m)	tsunāmy (m)	تسونامي
bonaccia (f)	hodūʾ (m)	هدوء
tranquillo (agg)	hady	هادئ
polo (m)	ʾoṭb (m)	قطب
polare (agg)	ʾoṭby	قطبي
latitudine (f)	ʿarḍ (m)	عرض
longitudine (f)	χaṭṭ ṭūl (m)	خطّ طول
parallelo (m)	motawāz (m)	متواز
equatore (m)	χaṭṭ el estewāʾ (m)	خطّ الإستواء
cielo (m)	samāʾ (f)	سماء
orizzonte (m)	ofoq (m)	أفق
aria (f)	hawāʾ (m)	هواء
faro (m)	manāra (f)	منارة
tuffarsi (vr)	ɣāṣ	غاص
affondare (andare a fondo)	ɣereʾ	غرق
tesori (m)	konūz (pl)	كنوز

199. Nomi dei mari e degli oceani

Oceano (m) Atlantico	el moḥeyṭ el aṭlanṭy (m)	المحيط الأطلنطي
Oceano (m) Indiano	el moḥeyṭ el hendy (m)	المحيط الهندي
Oceano (m) Pacifico	el moḥeyṭ el hādy (m)	المحيط الهادي
mar (m) Glaciale Artico	el moḥeyṭ el motagammed el ʃamāly (m)	المحيط المتجمّد الشمالي
mar (m) Nero	el baḥr el aswad (m)	البحر الأسود
mar (m) Rosso	el baḥr el aḥmar (m)	البحر الأحمر
mar (m) Giallo	el baḥr el aṣfar (m)	البحر الأصفر
mar (m) Bianco	el baḥr el abyaḍ (m)	البحر الأبيض
mar (m) Caspio	baḥr qazwīn (m)	بحر قزوين
mar (m) Morto	el baḥr el mayet (m)	البحر الميّت
mar (m) Mediterraneo	el baḥr el abyaḍ el motawasseṭ (m)	البحر الأبيض المتوسّط
mar (m) Egeo	baḥr eygah (m)	بحر إيجة
mar (m) Adriatico	el baḥr el adreyatīky (m)	البحر الأدرياتيكي
mar (m) Arabico	baḥr el ʿarab (m)	بحر العرب

mar (m) del Giappone	baḥr el yabān (m)	بحر اليابان
mare (m) di Bering	baḥr bering (m)	بحر بيرينغ
mar (m) Cinese meridionale	baḥr el ṣeyn el ganūby (m)	بحر الصين الجنوبي
mar (m) dei Coralli	baḥr el morgān (m)	بحر المرجان
mar (m) di Tasman	baḥr tazman (m)	بحر تسمان
mar (m) dei Caraibi	el baḥr el karīby (m)	البحر الكاريبي
mare (m) di Barents	baḥr barents (m)	بحر بارنتس
mare (m) di Kara	baḥr kara (m)	بحر كارا
mare (m) del Nord	baḥr el ʃamāl (m)	بحر الشمال
mar (m) Baltico	baḥr el balṭīq (m)	بحر البلطيق
mare (m) di Norvegia	baḥr el nerwīg (m)	بحر النرويج

200. Montagne

monte (m), montagna (f)	gabal (m)	جبل
catena (f) montuosa	selselet gebāl (f)	سلسلة جبال
crinale (m)	notū' el gabal (m)	نتوء الجبل
cima (f)	qemma (f)	قمّة
picco (m)	qemma (f)	قمّة
piedi (m pl)	asfal (m)	أسفل
pendio (m)	monḥadar (m)	منحدر
vulcano (m)	borkān (m)	بركان
vulcano (m) attivo	borkān naʃeṭ (m)	بركان نشط
vulcano (m) inattivo	borkān χāmed (m)	بركان خامد
eruzione (f)	sawarān (m)	ثوّران
cratere (m)	fawhet el borkān (f)	فوهة البركان
magma (m)	magma (f)	ماجما
lava (f)	ḥomam borkāniya (pl)	حمم بركانية
fuso (lava ~a)	monṣahera	منصهرة
canyon (m)	wādy ḍaye' (m)	وادي ضيّق
gola (f)	mamarr ḍaye' (m)	ممرّ ضيّق
crepaccio (m)	ʃa'' (m)	شقّ
precipizio (m)	hāwya (f)	هاوية
passo (m), valico (m)	mamarr gabaly (m)	ممرّ جبلي
altopiano (m)	haḍaba (f)	هضبة
falesia (f)	garf (m)	جرف
collina (f)	tall (m)	تلّ
ghiacciaio (m)	nahr galīdy (m)	نهر جليدي
cascata (f)	ʃallāl (m)	شلّال
geyser (m)	nab' maya ḥāra (m)	نبع ميّة حارة
lago (m)	boḥeyra (f)	بحيرة
pianura (f)	sahl (m)	سهل
paesaggio (m)	manzar ṭabee'y (m)	منظر طبيعي
eco (f)	ṣada (m)	صدى

alpinista (m)	motasalleq el gebāl (m)	متسلّق الجبال
scalatore (m)	motasalleq ṣoxūr (m)	متسلّق صخور
conquistare (~ una cima)	taɣallab ʿala	تغلّب على
scalata (f)	tasalloq (m)	تسلّق

201. Nomi delle montagne

Alpi (f pl)	gebāl el alb (pl)	جبال الألب
Monte (m) Bianco	mōn blōn (m)	مون بلون
Pirenei (m pl)	gebāl el barānes (pl)	جبال البرانس
Carpazi (m pl)	gebāl el karbāt (pl)	جبال الكاربات
gli Urali (m pl)	gebāl el urāl (pl)	جبال الأورال
Caucaso (m)	gebāl el qoqāz (pl)	جبال القوقاز
Monte (m) Elbrus	gabal elbrus (m)	جبل إلبروس
Monti (m pl) Altai	gebāl altāy (pl)	جبال ألتاي
Tien Shan (m)	gebāl tian ʃan (pl)	جبال تيان شان
Pamir (m)	gebāl bamir (pl)	جبال بامير
Himalaia (m)	himalāya (pl)	هيمالايا
Everest (m)	gabal everest (m)	جبل افرست
Ande (f pl)	gebāl el andīz (pl)	جبال الأنديز
Kilimangiaro (m)	gabal kilimanʒaro (m)	جبل كليمنجارو

202. Fiumi

fiume (m)	nahr (m)	نهر
fonte (f) (sorgente)	ʿeyn (m)	عين
letto (m) (~ del fiume)	magra el nahr (m)	مجرى النهر
bacino (m)	ḥoḍe (m)	حوض
sfociare nel ...	ṣabb fe ...	صبّ في...
affluente (m)	rāfed (m)	رافد
riva (f)	ḍaffa (f)	ضفّة
corrente (f)	tayār (m)	تيّار
a valle	maʿ ettigāh magra el nahr	مع إتّجاه مجرى النهر
a monte	ḍed el tayār	ضد التيار
inondazione (f)	ɣamr (m)	غمر
piena (f)	fayaḍān (m)	فيضان
straripare (vi)	fāḍ	فاض
inondare (vt)	ɣamar	غمر
secca (f)	meyāh ḍaḥla (f)	مياه ضحلة
rapida (f)	monḥadar el nahr (m)	منحدر النهر
diga (f)	sadd (m)	سدّ
canale (m)	qanah (f)	قناة
bacino (m) di riserva	xazzān māʾy (m)	خزّان مائي
chiusa (f)	bawwāba qanṭara (f)	بوّابة قنطرة

specchio (m) d'acqua	berka (f)	بركة
palude (f)	mostanqaʿ (m)	مستنقع
pantano (m)	mostanqaʿ (m)	مستنقع
vortice (m)	dawwāma (f)	دوّامة
ruscello (m)	gadwal (m)	جدوّل
potabile (agg)	el ʃorb	الشرب
dolce (di acqua ~)	ʿazb	عذب
ghiaccio (m)	galīd (m)	جليد
ghiacciarsi (vr)	etgammed	إتجمّد

203. Nomi dei fiumi

Senna (f)	el seyn (m)	السين
Loira (f)	el lua:r (m)	اللوار
Tamigi (m)	el teymz (m)	التيمز
Reno (m)	el rayn (m)	الراين
Danubio (m)	el danūb (m)	الدانوب
Volga (m)	el volga (m)	الفولغا
Don (m)	el done (m)	الدون
Lena (f)	lena (m)	لينا
Fiume (m) Giallo	el nahr el aṣfar (m)	النهر الأصفر
Fiume (m) Azzurro	el yangesty (m)	اليانغستي
Mekong (m)	el mekong (m)	الميكونغ
Gange (m)	el ɣang (m)	الغانج
Nilo (m)	el nīl (m)	النيل
Congo (m)	el kongo (m)	الكونغو
Okavango	okavango (m)	أوكافانجو
Zambesi (m)	el zambizi (m)	الزمبيزي
Limpopo (m)	limbobo (m)	ليمبوبو
Mississippi (m)	el mississibbi (m)	الميسيسيبي

204. Foresta

foresta (f)	ɣāba (f)	غابة
forestale (agg)	ɣāba	غابة
foresta (f) fitta	ɣāba kasīfa (f)	غابة كثيفة
boschetto (m)	bostān (m)	بستان
radura (f)	ezālet el ɣābāt (f)	إزالة الغابات
roveto (m)	agama (f)	أجمة
boscaglia (f)	arāḍy el ʃogayrāt (pl)	أراضي الشجيرات
sentiero (m)	mamarr (m)	ممرّ
calanco (m)	wādy ḍayeʾ (m)	وادي ضيّق
albero (m)	ʃagara (f)	شجرة

foglia (f)	wara'a (f)	ورقة
fogliame (m)	wara' (m)	ورق
caduta (f) delle foglie	tasā'oṭ el awrā' (m)	تساقط الأوراق
cadere (vi)	saqaṭ	سقط
cima (f)	ra's (m)	رأس
ramo (m), ramoscello (m)	ɣoṣn (m)	غصن
ramo (m)	ɣoṣn ra'īsy (m)	غصن رئيسي
gemma (f)	bor'om (m)	برعم
ago (m)	ʃawka (f)	شوكة
pigna (f)	kūz el ṣnowbar (m)	كوز الصنوبر
cavità (f)	gofe (m)	جوف
nido (m)	'eʃ (m)	عشّ
tana (f) (del fox, ecc.)	goḥr (m)	جحر
tronco (m)	gez' (m)	جذع
radice (f)	gezr (m)	جذر
corteccia (f)	leḥā' (m)	لحاء
musco (m)	ṭaḥlab (m)	طحلب
sradicare (vt)	eqtala'	إقتلع
abbattere (~ un albero)	'aṭṭa'	قطّع
disboscare (vt)	azāl el ɣabāt	أزال الغابات
ceppo (m)	gez' el ʃagara (m)	جذع الشجرة
falò (m)	nār moχayem (m)	نار مخيّم
incendio (m) boschivo	ḥarī' ɣāba (m)	حريق غابة
spegnere (vt)	ṭaffa	طفّى
guardia (f) forestale	ḥāres el ɣāba (m)	حارس الغابة
protezione (f)	ḥemāya (f)	حماية
proteggere (~ la natura)	ḥama	حمى
bracconiere (m)	sāre' el ṣeyd (m)	سارق الصيد
tagliola (f) (~ per orsi)	maṣyada (f)	مصيّدة
raccogliere (vt)	gamma'	جمّع
perdersi (vr)	tāh	تاه

205. Risorse naturali

risorse (f pl) naturali	sarawāt ṭabi'iya (pl)	ثروات طبيعيّة
minerali (m pl)	ma'āden (pl)	معادن
deposito (m) (~ di carbone)	rawāseb (pl)	رواسب
giacimento (m) (~ petrolifero)	ḥaql (m)	حقل
estrarre (vt)	estaχrag	إستخرج
estrazione (f)	esteχrāg (m)	إستخراج
minerale (m) grezzo	χām (m)	خام
miniera (f)	mangam (m)	منجم
pozzo (m) di miniera	mangam (m)	منجم
minatore (m)	'āmel mangam (m)	عامل منجم
gas (m)	ɣāz (m)	غاز

gasdotto (m)	χaṭṭ anabīb ɣāz (m)	خطّ أنابيب غاز
petrolio (m)	nafṭ (m)	نفط
oleodotto (m)	anabīb el nafṭ (pl)	أنابيب النفط
torre (f) di estrazione	bīr el nafṭ (m)	بير النفط
torre (f) di trivellazione	ḥaffāra (f)	حفّارة
petroliera (f)	nāqelet betrūl (f)	ناقلة بترول
sabbia (f)	raml (m)	رمل
calcare (m)	ḥagar el kals (m)	حجر الكلس
ghiaia (f)	ḥaṣa (m)	حصى
torba (f)	χaθ faḥm nabāty (m)	خث فحم نباتي
argilla (f)	ṭīn (m)	طين
carbone (m)	faḥm (m)	فحم
ferro (m)	ḥadīd (m)	حديد
oro (m)	dahab (m)	ذهب
argento (m)	faḍḍa (f)	فضّة
nichel (m)	nikel (m)	نيكل
rame (m)	neḥās (m)	نحاس
zinco (m)	zink (m)	زنك
manganese (m)	manganīz (m)	منجنيز
mercurio (m)	ze'baq (m)	زئبق
piombo (m)	roṣāṣ (m)	رصاص
minerale (m)	ma'dan (m)	معدن
cristallo (m)	kristāl (m)	كريستال
marmo (m)	roχām (m)	رخام
uranio (m)	yuranuim (m)	يورانيوم

La Terra. Parte 2

206. Tempo

tempo (m)	ṭa's (m)	طقس
previsione (f) del tempo	naʃra gawiya (f)	نشرة جويّة
temperatura (f)	ḥarāra (f)	حرارة
termometro (m)	termometr (m)	ترمومتر
barometro (m)	barometr (m)	بارومتر
umido (agg)	roṭob	رطب
umidità (f)	roṭūba (f)	رطوبة
caldo (m), afa (f)	ḥarāra (f)	حرارة
molto caldo (agg)	ḥarr	حارّ
fa molto caldo	el gaww ḥarr	الجوّ حرّ
fa caldo	el gaww dafa	الجوّ دفا
caldo, mite (agg)	dāfe'	دافىء
fa freddo	el gaww bāred	الجوّ بارد
freddo (agg)	bāred	بارد
sole (m)	ʃams (f)	شمس
splendere (vi)	nawwar	نوّر
di sole (una giornata ~)	moʃmes	مشمس
sorgere, levarsi (vr)	ʃara'	شرق
tramontare (vi)	ɣarab	غرب
nuvola (f)	saḥāba (f)	سحابة
nuvoloso (agg)	meɣayem	مغيّم
nube (f) di pioggia	saḥābet maṭar (f)	سحابة مطر
nuvoloso (agg)	meɣayem	مغيّم
pioggia (f)	maṭar (m)	مطر
piove	el donia betmaṭṭar	الدنيا بتمطّر
piovoso (agg)	momṭer	ممطر
piovigginare (vi)	maṭṭaret razāz	مطّرت رذاذ
pioggia (f) torrenziale	maṭar monhamer (f)	مطر منهمر
acquazzone (m)	maṭar ɣazīr (m)	مطر غزير
forte (una ~ pioggia)	ʃedīd	شديد
pozzanghera (f)	berka (f)	بركة
bagnarsi (~ sotto la pioggia)	ettbal	إتّبل
foschia (f), nebbia (f)	ʃabbūra (f)	شبّورة
nebbioso (agg)	fih ʃabbūra	فيه شبّورة
neve (f)	talg (m)	ثلج
nevica	fih talg	فيه ثلج

207. Rigide condizioni metereologiche. Disastri naturali

temporale (m)	'āṣefa ra'diya (f)	عاصفة رعدية
fulmine (f)	bar' (m)	برق
lampeggiare (vi)	baraq	برق
tuono (m)	ra'd (m)	رعد
tuonare (vi)	dawa	دوّى
tuona	el samā' dawat ra'd (f)	السماء دوّت رعد
grandine (f)	maṭar bard (m)	مطر برد
grandina	maṭṭaret bard	مطّرت برد
inondare (vt)	ɣamar	غمر
inondazione (f)	fayaḍān (m)	فيضان
terremoto (m)	zelzāl (m)	زلزال
scossa (f)	hazza arḍiya (f)	هزّة أرضية
epicentro (m)	markaz el zelzāl (m)	مركز الزلزال
eruzione (f)	sawarān (m)	ثوّران
lava (f)	ḥomam borkāniya (pl)	حمم بركانية
tromba (f), tornado (m)	e'ṣār (m)	إعصار
tifone (m)	tyfūn (m)	طوفان
uragano (m)	e'ṣār (m)	إعصار
tempesta (f)	'āṣefa (f)	عاصفة
tsunami (m)	tsunāmy (m)	تسونامي
ciclone (m)	e'ṣār (m)	إعصار
maltempo (m)	ṭa's saye' (m)	طقس سيئ
incendio (m)	ḥarī' (m)	حريق
disastro (m)	karsa (f)	كارثة
meteorite (m)	nayzek (m)	نيّزك
valanga (f)	enheyār talgy (m)	إنهيار ثلجي
slavina (f)	enheyār talgy (m)	إنهيار ثلجي
tempesta (f) di neve	'āṣefa talgiya (f)	عاصفة ثلجيّة
bufera (f) di neve	'āṣefa talgiya (f)	عاصفة ثلجيّة

208. Rumori. Suoni

silenzio (m)	ṣamt (m)	صمت
suono (m)	ṣote (m)	صوت
rumore (m)	dawʃa (f)	دوشة
far rumore	'amal dawʃa	عمل دوشة
rumoroso (agg)	moz'eg	مزعج
ad alta voce (parlare ~)	beṣote 'āly	بصوت عالي
alto (voce ~a)	'āly	عالي
costante (agg)	mostamerr	مستمرّ
grido (m)	ṣarχa (f)	صرخة

gridare (vi)	ṣarraχ	صرّخ
sussurro (m)	hamsa (f)	همسة
sussurrare (vi, vt)	hamas	همس
abbaiamento (m)	nebāḥ (m)	نباح
abbaiare (vi)	nabaḥ	نبح
gemito (m) (~ di dolore)	anīn (m)	أنين
gemere (vi)	ann	أنّ
tosse (f)	koḥḥa (f)	كحّة
tossire (vi)	kaḥḥ	كحّ
fischio (m)	taṣfīr (m)	تصفير
fischiare (vi)	ṣaffar	صفّر
bussata (f)	ṭar', da'' (m)	طرق, دقّ
bussare (vi)	da''	دقّ
crepitare (vi)	far'a'	فرقع
crepitio (m)	far'a'a (f)	فرقعة
sirena (f)	sarīna (f)	سرينة
sirena (f) (di fabbrica)	ṣafīr (m)	صفير
emettere un fischio	ṣaffar	صفّر
colpo (m) di clacson	tazmīr (m)	تزمير
clacsonare (vi)	zammar	زمّر

209. Inverno

inverno (m)	ʃetā' (m)	شتاء
invernale (agg)	ʃetwy	شتوّي
d'inverno	fel ʃetā'	في الشتاء
neve (f)	talg (m)	ثلج
nevica	fih talg	فيه ثلج
nevicata (f)	tasā'oṭ el tolūg (m)	تساقط الثلوج
mucchio (m) di neve	rokma talgiya (f)	ركمة ثلجية
fiocco (m) di neve	nadfet talg (f)	ندفة ثلج
palla (f) di neve	koret talg (f)	كرة ثلج
pupazzo (m) di neve	rāgel men el talg (m)	راجل من الثلج
ghiacciolo (m)	'eṭ'et galīd (f)	قطعة جليد
dicembre (m)	desember (m)	ديسمبر
gennaio (m)	yanāyer (m)	يناير
febbraio (m)	febrāyer (m)	فبراير
gelo (m)	ṣaqee' (m)	صقيع
gelido (aria ~a)	ṣā'e'	صاقع
sotto zero	taḥt el ṣefr	تحت الصفر
primi geli (m pl)	ṣaqee' (m)	صقيع
brina (f)	ṣaqee' motagammed (m)	صقيع متجمّد
freddo (m)	bard (m)	برد
fa freddo	el gaww bāred	الجوّ بارد

pelliccia (f)	balṭo farww (m)	بالطو فروّ
manopole (f pl)	gwanty men ɣeyr aṣābeʿ (m)	جوانتي من غير أصابع
ammalarsi (vr)	mereḍ	مرض
raffreddore (m)	zokām (m)	زكام
raffreddarsi (vr)	gālo bard	جاله برد
ghiaccio (m)	galīd (m)	جليد
ghiaccio (m) trasparente	ɣaṭāʾ galīdy ʿlal arḍ (m)	غطاء جليدي على الأرض
ghiacciarsi (vr)	etgammed	إتجمّد
banco (m) di ghiaccio	roqāqet galīd (f)	رقاقة جليد
sci (m pl)	zallagāt (pl)	زلّاجات
sciatore (m)	motazaḥleq ʿalal galīd (m)	متزحلق على الجليد
sciare (vi)	tazallag	تزلّج
pattinare (vi)	tazallag	تزلّج

Fauna

210. Mammiferi. Predatori

predatore (m)	moftares (m)	مفترس
tigre (f)	nemr (m)	نمر
leone (m)	asad (m)	أسد
lupo (m)	ze'b (m)	ذئب
volpe (m)	ta'lab (m)	ثعلب
giaguaro (m)	nemr amrīky (m)	نمر أمريكي
leopardo (m)	fahd (m)	فهد
ghepardo (m)	fahd ṣayād (m)	فهد صيّاد
pantera (f)	nemr aswad (m)	نمر أسوّد
puma (f)	asad el gebāl (m)	أسد الجبال
leopardo (m) delle nevi	nemr el tolūg (m)	نمر الثلوج
lince (f)	waʃaq (m)	وشق
coyote (m)	qayūṭ (m)	قيوط
sciacallo (m)	ebn 'āwy (m)	ابن آوى
iena (f)	ḍeb' (m)	ضبع

211. Animali selvatici

animale (m)	ḥayawān (m)	حيوان
bestia (f)	waḥʃ (m)	وحش
scoiattolo (m)	sengāb (m)	سنجاب
riccio (m)	qonfoz (m)	قنفذ
lepre (f)	arnab barry (m)	أرنب برّي
coniglio (m)	arnab (m)	أرنب
tasso (m)	ɣarīr (m)	غرير
procione (f)	rakūn (m)	راكون
criceto (m)	hamster (m)	هامستر
marmotta (f)	marmoṭ (m)	مرموط
talpa (f)	χold (m)	خلد
topo (m)	fār (m)	فأر
ratto (m)	gerz (m)	جرذ
pipistrello (m)	χoffāʃ (m)	خفّاش
ermellino (m)	qāqem (m)	قاقم
zibellino (m)	sammūr (m)	سمّور
martora (f)	fara'īāt (m)	فرائيات
donnola (f)	ebn 'ers (m)	ابن عرس
visone (m)	mink (m)	منك

castoro (m)	qondos (m)	قندس
lontra (f)	ta'lab maya (m)	ثعلب الميّة
cavallo (m)	ḥoṣān (m)	حصان
alce (m)	eyl el mūz (m)	أيّل الموظ
cervo (m)	ayl (m)	أيل
cammello (m)	gamal (m)	جمل
bisonte (m) americano	bison (m)	بيسون
bisonte (m) europeo	byson orobby (m)	بيسون أوروبي
bufalo (m)	gamūs (m)	جاموس
zebra (f)	ḥomār waḥʃy (m)	حمار وحشي
antilope (f)	ẓaby (m)	ظبي
capriolo (m)	yaḥmūr orobby (m)	يحمورأوروبيّ
daino (m)	eyl asmar orobby (m)	أيّل أسمر أوروبي
camoscio (m)	ʃamwah (f)	شامواه
cinghiale (m)	χenzīr barry (m)	خنزير برّي
balena (f)	ḥūt (m)	حوت
foca (f)	foqma (f)	فقمة
tricheco (m)	el kab' (m)	الكبع
otaria (f)	foqmet el farā' (f)	فقمة الفراء
delfino (m)	dolfīn (m)	دولفين
orso (m)	dobb (m)	دبّ
orso (m) bianco	dobb 'oṭṭby (m)	دبّ قطبي
panda (m)	banda (m)	باندا
scimmia (f)	'erd (m)	قرد
scimpanzè (m)	ʃimbanzy (m)	شيمبانزي
orango (m)	orangutan (m)	أورنغوتان
gorilla (m)	ɣorella (f)	غوريلا
macaco (m)	'erd el makāk (m)	قرد المكاك
gibbone (m)	gibbon (m)	جيبون
elefante (m)	fīl (m)	فيل
rinoceronte (m)	χartīt (m)	خرتيت
giraffa (f)	zarāfa (f)	زرافة
ippopotamo (m)	faras el nahr (m)	فرس النهر
canguro (m)	kangarū (m)	كانجّارو
koala (m)	el koala (m)	الكوالا
mangusta (f)	nems (m)	نمس
cincillà (f)	ʃenʃīla (f)	شنشيلة
moffetta (f)	ẓerbān (m)	ظربان
istrice (m)	nīṣ (m)	نيص

212. Animali domestici

gatta (f)	'oṭṭa (f)	قطّة
gatto (m)	'oṭṭ (m)	قطّ
cane (m)	kalb (m)	كلب

cavallo (m)	ḥoṣān (m)	حصان
stallone (m)	χeyl faḥl (m)	خيل فحل
giumenta (f)	faras (f)	فرس
mucca (f)	ba'ara (f)	بقرة
toro (m)	sore (m)	ثور
bue (m)	sore (m)	ثور
pecora (f)	χarūf (f)	خروف
montone (m)	kebʃ (m)	كبش
capra (f)	meʿza (f)	معزة
caprone (m)	māʿez zakar (m)	ماعز ذكر
asino (m)	ḥomār (m)	حمار
mulo (m)	baɣl (m)	بغل
porco (m)	χenzīr (m)	خنزير
porcellino (m)	χannūṣ (m)	خنّوص
coniglio (m)	arnab (m)	أرنب
gallina (f)	farχa (f)	فرخة
gallo (m)	dīk (m)	ديك
anatra (f)	baṭṭa (f)	بطّة
maschio (m) dell'anatra	dakar el baṭṭ (m)	ذكر البط
oca (f)	wezza (f)	وزّة
tacchino (m)	dīk rūmy (m)	ديك رومي
tacchina (f)	dīk rūmy (m)	ديك رومي
animali (m pl) domestici	ḥayawānāt dawāgen (pl)	حيوانات دواجن
addomesticato (agg)	alīf	أليف
addomesticare (vt)	rawweḍ	روّض
allevare (vt)	rabba	ربّى
fattoria (f)	mazraʿa (f)	مزرعة
pollame (m)	dawāgen (pl)	دواجن
bestiame (m)	māʃeya (f)	ماشية
branco (m), mandria (f)	qaṭeeʿ (m)	قطيع
scuderia (f)	esṭabl χeyl (m)	إسطبل خيل
porcile (m)	ḥazīret χanazīr (f)	حظيرة الخنازير
stalla (f)	zerībet el ba'ar (f)	زريبة البقر
conigliera (f)	qan el arāneb (m)	قن الأرانب
pollaio (m)	qan el ferāχ (m)	قن الفراخ

213. Cani. Razze canine

cane (m)	kalb (m)	كلب
cane (m) da pastore	kalb rāʿy (m)	كلب رعي
pastore (m) tedesco	kalb rāʿy almāny (m)	كلب راعي ألمانيّ
barbone (m)	būdle (m)	بودل
bassotto (m)	daʃhund (m)	داشهند
bulldog (m)	bulldog (m)	بولدوج

boxer (m)	bokser (m)	بوكسر
mastino (m)	mastiff (m)	ماستيف
rottweiler (m)	rottfeyler (m)	روت فايلر
dobermann (m)	doberman (m)	دوبرمان
bassotto (m)	basset (m)	باسيت
bobtail (m)	bobtayl (m)	بوبتيل
dalmata (m)	delmāṭy (m)	دلماطي
cocker (m)	kokker spaniel (m)	كوكر سبانييل
terranova (m)	nyu faundland (m)	نيوفاوندلاند
sanbernardo (m)	sant bernard (m)	سانت بيرنارد
husky (m)	hasky (m)	هاسكي
chow chow (m)	tʃaw tʃaw (m)	تشاوتشاو
volpino (m)	esbitz (m)	إسبتز
carlino (m)	bug (m)	بج

214. Versi emessi dagli animali

abbaiamento (m)	nebāḥ (m)	نباح
abbaiare (vi)	nabaḥ	نبح
miagolare (vi)	mawmaw	موّمو
fare le fusa	χarχar	خرخر
muggire (vacca)	χār	خار
muggire (toro)	χār	خار
ringhiare (vi)	damdam	دمدم
ululato (m)	‘awā’ (m)	عواء
ululare (vi)	‘awa	عوى
guaire (vi)	ann	أنّ
belare (pecora)	ma’ma’	مأمأ
grugnire (maiale)	qaba‘	قبع
squittire (vi)	qaba‘	قبع
gracidare (rana)	na’’	نقّ
ronzare (insetto)	ṭann	طنّ
frinire (vi)	‘ar‘ar	عرعر

215. Cuccioli di animali

cucciolo (m)	ḥayawān ṣaɣīr (m)	حيوان صغير
micino (m)	’oṭṭa saɣīra (f)	قطّة صغيرة
topolino (m)	fār ṣaɣīr (m)	فار صغير
cucciolo (m) di cane	garww (m)	جروّ
leprotto (m)	χarna’ (m)	خرنق
coniglietto (m)	arnab saɣīr (m)	أرنب صغير
cucciolo (m) di lupo	garmūza (m)	جرموزا
cucciolo (m) di volpe	hagras (m)	هجرس

cucciolo (m) di orso	daysam (m)	ديّسم
cucciolo (m) di leone	ʃebl el asad (m)	شبل الأسد
cucciolo (m) di tigre	farz (m)	فرز
elefantino (m)	daɣfal (m)	دغفل
porcellino (m)	χannūṣ (m)	خنّوص
vitello (m)	ʿegl (m)	عجل
capretto (m)	gady (m)	جدي
agnello (m)	ḥaml (m)	حمل
cerbiatto (m)	el raʃa (m)	الرشا
cucciolo (m) di cammello	ṣaɣīr el gamal (m)	صغير الجمل
piccolo (m) di serpente	ḥerbeʃ (m)	حربش
piccolo (m) di rana	ḍeffḍaʿ saɣīr (m)	ضفدع صغير
uccellino (m)	farχ (m)	فرخ
pulcino (m)	katkūt (m)	كتكوت
anatroccolo (m)	baṭṭa ṣaɣīra (f)	بطّة صغيرة

216. Uccelli

uccello (m)	ṭāʾer (m)	طائر
colombo (m), piccione (m)	ḥamāma (f)	حمامة
passero (m)	ʿaṣfūr dawri (m)	عصفور دوري
cincia (f)	qarqaf (m)	قرقف
gazza (f)	ʿaʾʿaʾ (m)	عقعق
corvo (m)	ɣorāb aswad (m)	غراب أسود
cornacchia (f)	ɣorāb (m)	غراب
taccola (f)	zāɣ zarʿy (m)	زاغ زرعي
corvo (m) nero	ɣorāb el qeyẓ (m)	غراب القيظ
anatra (f)	baṭṭa (f)	بطّة
oca (f)	wezza (f)	وزّة
fagiano (m)	tadarrog (m)	تدرج
aquila (f)	ʿeqāb (m)	عقاب
astore (m)	el bāz (m)	الباز
falco (m)	ṣaʾr (m)	صقر
grifone (m)	nesr (m)	نسر
condor (m)	kondor (m)	كندور
cigno (m)	el temm (m)	التمّ
gru (f)	karkiya (m)	كركية
cicogna (f)	loqloq (m)	لقلق
pappagallo (m)	babaɣāʾ (m)	ببغاء
colibrì (m)	ṭannān (m)	طنّان
pavone (m)	ṭawūs (m)	طاووس
struzzo (m)	naʿāma (f)	نعامة
airone (m)	belʃone (m)	بلشون
fenicottero (m)	flamingo (m)	فلامينجو
pellicano (m)	bagʿa (f)	بجعة

usignolo (m)	ʿandalīb (m)	عندليب
rondine (f)	el sonūnū (m)	السنونو
tordo (m)	somnet el ḥoqūl (m)	سمنة الحقول
tordo (m) sasello	somna moɣarreda (m)	سمنة مغرّدة
merlo (m)	ʃaḥrūr aswad (m)	شحرور أسود
rondone (m)	semmāma (m)	سمّامة
allodola (f)	qabra (f)	قبرة
quaglia (f)	semmān (m)	سمّان
picchio (m)	na'ār el χaʃab (m)	نقار الخشب
cuculo (m)	weqwāq (m)	وقواق
civetta (f)	būma (f)	بومة
gufo (m) reale	būm orāsy (m)	بوم أوراسي
urogallo (m)	dīk el χalang (m)	ديك الخلنج
fagiano (m) di monte	ṭyhūg aswad (m)	طيهوج أسوّد
pernice (f)	el ḥagal (m)	الحجل
storno (m)	zerzūr (m)	زرزور
canarino (m)	kanāry (m)	كناري
francolino (m) di monte	ṭyhūg el bondo' (m)	طيهوج البندق
fringuello (m)	ʃarʃūr (m)	شرشور
ciuffolotto (m)	deɣnāʃ (m)	دغناش
gabbiano (m)	nawras (m)	نورس
albatro (m)	el qoṭros (m)	القطرس
pinguino (m)	beṭrīq (m)	بطريق

217. Uccelli. Cinguettio e versi

cantare (vi)	ɣanna	غنّى
gridare (vi)	nāda	نادى
cantare (gallo)	ṣāḥ	صاح
chicchirichì (m)	kokokūko	كوكوكوكو
chiocciare (gallina)	kāky	كاكي
gracchiare (vi)	naʿaq	نعق
fare qua qua	baṭbaṭ	بطبط
pigolare (vi)	ṣawṣaw	صوّصو
cinguettare (vi)	za'za'	زقزق

218. Pesci. Animali marini

abramide (f)	abramīs (m)	أبراميس
carpa (f)	ʃabbūṭ (m)	شبّوط
perca (f)	farχ (m)	فرخ
pesce (m) gatto	'armūṭ (m)	قرموط
luccio (m)	karāky (m)	كراكي
salmone (m)	salamon (m)	سلمون
storione (m)	ḥafʃ (m)	حفش

aringa (f)	renga (f)	رنجة
salmone (m)	salamon aṭlasy (m)	سلمون أطلسي
scombro (m)	makerel (m)	ماكريل
sogliola (f)	samak mefalṭah (f)	سمك مفلطح
lucioperca (f)	samak sandar (m)	سمك سندر
merluzzo (m)	el qadd (m)	القد
tonno (m)	tuna (f)	تونة
trota (f)	salamon mera''aṭ (m)	سلمون مرقّط
anguilla (f)	ḥankalīs (m)	حنكليس
torpedine (f)	ra'ād (m)	رعاد
murena (f)	moraya (f)	مورايية
piranha (f)	bīrana (f)	بيرانا
squalo (m)	'erʃ (m)	قرش
delfino (m)	dolfīn (m)	دولفين
balena (f)	ḥūt (m)	حوت
granchio (m)	kaboria (m)	كابوريا
medusa (f)	'andīl el baḥr (m)	قنديل البحر
polpo (m)	aχṭabūṭ (m)	أخطبوط
stella (f) marina	negmet el baḥr (f)	نجمة البحر
riccio (m) di mare	qonfoz el baḥr (m)	قنفذ البحر
cavalluccio (m) marino	ḥoṣān el baḥr (m)	حصان البحر
ostrica (f)	maḥār (m)	محار
gamberetto (m)	gammbary (m)	جمّبري
astice (m)	estakoza (f)	استكوزا
aragosta (f)	estakoza (m)	استاكوزا

219. Anfibi. Rettili

serpente (m)	te'bān (m)	ثعبان
velenoso (agg)	sām	سام
vipera (f)	af'a (f)	أفعى
cobra (m)	kobra (m)	كوبرا
pitone (m)	te'bān byton (m)	ثعبان بايثون
boa (m)	bawā' el 'aṣera (f)	بواء العاصرة
biscia (f)	te'bān el 'oʃb (m)	ثعبان العشب
serpente (m) a sonagli	af'a megalgela (f)	أفعى مجلجلة
anaconda (f)	anakonda (f)	أناكوندا
lucertola (f)	seḥliya (f)	سحليّة
iguana (f)	eɣwana (f)	إغوانة
varano (m)	warl (m)	ورل
salamandra (f)	salamander (m)	سلمندر
camaleonte (m)	ḥerbāya (f)	حرباية
scorpione (m)	'a'rab (m)	عقرب
tartaruga (f)	solḥefah (f)	سلحفاة
rana (f)	ḍeffḍa' (m)	ضفدع

rospo (m)	ḍeffḍa' el ṭeyn (m)	ضفدع الطين
coccodrillo (m)	temsāḥ (m)	تمساح

220. Insetti

insetto (m)	ḥaʃara (f)	حشرة
farfalla (f)	farāʃa (f)	فراشة
formica (f)	namla (f)	نملة
mosca (f)	debbāna (f)	دبّانة
zanzara (f)	namūsa (f)	ناموسة
scarabeo (m)	χonfesa (f)	خنفسة
vespa (f)	dabbūr (m)	دبّور
ape (f)	naḥla (f)	نحلة
bombo (m)	naḥla ṭannāna (f)	نحلة طنّانة
tafano (m)	na'ra (f)	نعرة
ragno (m)	'ankabūt (m)	عنكبوت
ragnatela (f)	nasīg 'ankabūt (m)	نسيج عنكبوت
libellula (f)	ya'sūb (m)	يعسوب
cavalletta (f)	garād (m)	جراد
farfalla (f) notturna	'etta (f)	عثّة
scarafaggio (m)	ṣarṣūr (m)	صرصور
zecca (f)	qarāda (f)	قرادة
pulce (f)	barɣūt (m)	برغوث
moscerino (m)	ba'ūḍa (f)	بعوضة
locusta (f)	garād (m)	جراد
lumaca (f)	ḥalazōn (m)	حلزون
grillo (m)	ṣarṣūr el ḥaql (m)	صرصور الحقل
lucciola (f)	yarā'a (f)	يراعة
coccinella (f)	χonfesa mena'ṭṭa (f)	خنفسة منقّطة
maggiolino (m)	χonfesa motlefa lel nabāt (f)	خنفسة متّلفة للنبات
sanguisuga (f)	'alaqa (f)	علقة
bruco (m)	yasrū' (m)	يسروع
verme (m)	dūda (f)	دودة
larva (f)	yaraqa (f)	يرقة

221. Animali. Parti del corpo

becco (m)	monqār (m)	منقار
ali (f pl)	agneḥa (pl)	أجنحة
zampa (f)	regl (f)	رجل
piumaggio (m)	rīʃ (m)	ريش
penna (f), piuma (f)	rīʃa (f)	ريشة
cresta (f)	'orf el dīk (m)	عرف الديك
branchia (f)	χāyaʃīm (pl)	خياشيم
uova (f pl)	beyḍ el samak (pl)	بيض السمك

larva (f)	yaraqa (f)	يرقة
pinna (f)	za'nafa (f)	زعنفة
squama (f)	ḥarāfeʃ (pl)	حرافش
zanna (f)	nāb (m)	ناب
zampa (f)	yad (f)	يد
muso (m)	χaṭm (m)	خطم
bocca (f)	bo' (m)	بوء
coda (f)	deyl (m)	ذيل
baffi (m pl)	ʃawāreb (pl)	شوارب
zoccolo (m)	ḥāfer (m)	حافر
corno (m)	'arn (m)	قرن
carapace (f)	der' (m)	درع
conchiglia (f)	maḥāra (f)	محارة
guscio (m) dell'uovo	'eʃret beyḍa (f)	قشرة بيضة
pelo (m)	ʃa'r (m)	شعر
pelle (f)	geld (m)	جلد

222. Azioni degli animali

volare (vi)	ṭār	طار
volteggiare (vi)	ḥallaq	حلّق
volare via	ṭār	طار
battere le ali	rafraf	رفرف
beccare (vi)	na'ar	نقر
covare (vt)	'a'ad 'alal beyḍ	قعد على البيض
sgusciare (vi)	fa'as	فقس
fare il nido	bana 'esʃa	بنى عشّة
strisciare (vi)	zaḥaf	زحف
pungere (insetto)	lasa'	لسع
mordere (vt)	'aḍḍ	عضّ
fiutare (vt)	taʃammam	تشمّم
abbaiare (vi)	nabaḥ	نبح
sibilare (vi)	has-hes	هسهس
spaventare (vt)	χawwef	خوّف
attaccare (vt)	hagam	هجم
rodere (osso, ecc.)	'araḍ	قرض
graffiare (vt)	χarbeʃ	خربش
nascondersi (vr)	estaχabba	إستخبّى
giocare (vi)	le'eb	لعب
cacciare (vt)	eṣṭād	إصطاد
ibernare (vi)	kān di sobār el ʃetā'	كان في سبات الشتاء
estinguersi (vr)	enqaraḍ	إنقرض

223. Animali. Ambiente naturale

ambiente (m) naturale	mawṭen (m)	موّطن
migrazione (f)	hegra (f)	هجرة
monte (m), montagna (f)	gabal (m)	جبل
scogliera (f)	ʃo'āb (pl)	شعاب
falesia (f)	garf (m)	جرف
foresta (f)	ɣāba (f)	غابة
giungla (f)	adɣāl (pl)	أدغال
savana (f)	savanna (f)	سافانّا
tundra (f)	tundra (f)	تندرا
steppa (f)	barāry (pl)	براري
deserto (m)	ṣaḥra' (f)	صحراء
oasi (f)	wāḥa (f)	واحة
mare (m)	baḥr (m)	بحر
lago (m)	boḥeyra (f)	بحيرة
oceano (m)	moḥīṭ (m)	محيط
palude (f)	mostanqa' (m)	مستنقع
di acqua dolce	maya 'azba	ميّة عذبة
stagno (m)	berka (f)	بركة
fiume (m)	nahr (m)	نهر
tana (f) (dell'orso)	wekr (m)	وكر
nido (m)	'eʃ (m)	عشّ
cavità (f) (~ in un albero)	gofe (m)	جوف
tana (f) (del fox, ecc.)	goḥr (m)	جحر
formicaio (m)	'eʃ naml (m)	عش نمل

224. Cura degli animali

zoo (m)	ḥadīqet el ḥayawān (f)	حديقة حيوان
riserva (f) naturale	maḥmiya ṭabe'iya (f)	محمية طبيعية
allevatore (m)	morabby (m)	مربّي
gabbia (f) all'aperto	'afaṣ fel hawā' el ṭal' (m)	قفص في الهواء الطلق
gabbia (f)	'afaṣ (m)	قفص
canile (m)	beyt el kalb (m)	بيت الكلب
piccionaia (f)	borg el ḥamām (m)	برج الحمام
acquario (m)	ḥoḍe samak (m)	حوض سمك
delfinario (m)	ḥoḍe dolfīn (m)	حوض دولفين
allevare (vt)	rabba	ربّي
cucciolata (f)	zorriya (f)	ذريّة
addomesticare (vt)	rawweḍ	روّض
ammaestrare (vt)	darrab	درّب
mangime (m)	'alaf (m)	علف
dare da mangiare	akkel	أكّل

negozio (m) di animali	maḥal ḥayawanāt (m)	محل حيوانات
museruola (f)	kamāma (f)	كمامة
collare (m)	ṭo'e (m)	طوق
nome (m) (di un cane, ecc.)	esm (m)	اسم
pedigree (m)	selselet el nasab (f)	سلسلة النسب

225. Animali. Varie

branco (m)	qaṭee' (m)	قطيع
stormo (m)	serb (m)	سرب
banco (m)	serb (m)	سرب
mandria (f)	qaṭee' (m)	قطيع
maschio (m)	dakar (m)	ذكر
femmina (f)	onsa (f)	أنثى
affamato (agg)	ge'ān	جعان
selvatico (agg)	barry	برّي
pericoloso (agg)	χaṭīr	خطير

226. Cavalli

cavallo (m)	ḥoṣān (m)	حصان
razza (f)	solāla (f)	سلالة
puledro (m)	mahr (m)	مهر
giumenta (f)	faras (f)	فرس
mustang (m)	mustān (m)	موستان
pony (m)	ḥoṣān qazam (m)	حصان قزم
cavallo (m) da tiro pesante	ḥoṣān el na'l (m)	حصان النقل
criniera (f)	'orf (m)	عرف
coda (f)	deyl (m)	ذيل
zoccolo (m)	ḥāfer (m)	حافر
ferro (m) di cavallo	na'l (m)	نعل
ferrare (vt)	na''al	نعّل
fabbro (m)	ḥaddād (m)	حدّاد
sella (f)	serg (m)	سرج
staffa (f)	rekāb (m)	ركاب
briglia (f)	legām (m)	لجام
redini (m pl)	'anān (m)	عنان
frusta (f)	korbāg (m)	كرباج
fantino (m)	fāres (m)	فارس
sellare (vt)	asrag	أسرج
montare in sella	rekeb ḥoṣān	ركب حصان
galoppo (m)	ramāḥa (f)	رماحة
galoppare (vi)	gery bel ḥoṣān	جري بالحصان

trotto (m)	harwala (f)	هروّلة
al trotto	harwel	هروّل
andare al trotto	harwel	هروّل
cavallo (m) da corsa	ḥoṣān sebā' (m)	حصان سباق
corse (f pl)	sebā' el χeyl (m)	سباق الخيل
scuderia (f)	esṭabl χeyl (m)	إسطبل خيل
dare da mangiare	akkel	أكّل
fieno (m)	'asʃ (m)	قشّ
abbeverare (vt)	sa'a	سقى
lavare (~ il cavallo)	naḍḍaf	نظّف
carro (m)	'arabet χayl (f)	عربة خيل
pascolare (vi)	erta'a	إرتعى
nitrire (vi)	ṣahal	صهل
dare un calcio	rafas	رفس

Flora

227. Alberi

albero (m)	ʃagara (f)	شجرة
deciduo (agg)	nafḍiya	نفضيّة
conifero (agg)	ṣonoberiya	صنوبرية
sempreverde (agg)	dā'emet el χoḍra	دائمة الخضرة
melo (m)	ʃagaret toffāḥ (f)	شجرة تفّاح
pero (m)	ʃagaret komettra (f)	شجرة كمثّرى
ciliegio (m), amareno (m)	ʃagaret karaz (f)	شجرة كرز
prugno (m)	ʃagaret bar'ū' (f)	شجرة برقوق
betulla (f)	batola (f)	بتولا
quercia (f)	ballūṭ (f)	بلّوط
tiglio (m)	zayzafūn (f)	زيزفون
pioppo (m) tremolo	ḥūr rāgef	حور راجف
acero (m)	qayqab (f)	قيقب
abete (m)	rateng (f)	راتينج
pino (m)	ṣonober (f)	صنوبر
larice (m)	arziya (f)	أرزية
abete (m) bianco	tanūb (f)	تنوب
cedro (m)	el orz (f)	الأرز
pioppo (m)	ḥūr (f)	حور
sorbo (m)	ɣobayrā' (f)	غبيراء
salice (m)	ṣefsāf (f)	صفصاف
alno (m)	gār el mā' (m)	جار الماء
faggio (m)	el zān (f)	الزان
olmo (m)	derdar (f)	دردار
frassino (m)	marān (f)	مران
castagno (m)	kastanā' (f)	كستناء
magnolia (f)	maɣnolia (f)	ماغنوليا
palma (f)	naχla (f)	نخلة
cipresso (m)	el soro (f)	السرو
mangrovia (f)	mangrūf (f)	مانجروف
baobab (m)	baobab (f)	باوباب
eucalipto (m)	eukalyptus (f)	أوكالبتوس
sequoia (f)	sequoia (f)	سيكويا

228. Arbusti

cespuglio (m)	ʃogeyra (f)	شجيرة
arbusto (m)	ʃogayrāt (pl)	شجيرات

vite (f)	karma (f)	كرمة
vigneto (m)	karam (m)	كرم
lampone (m)	zar'et tūt el 'alī' el aḥmar (f)	زرعة توت العليق الأحمر
ribes (m) rosso	keſmeſ aḥmar (m)	كشمش أحمر
uva (f) spina	'enab el sa'lab (m)	عنب الثعلب
acacia (f)	aqaqia (f)	أقاقيا
crespino (m)	berbarīs (m)	برباريس
gelsomino (m)	yasmīn (m)	ياسمين
ginepro (m)	'ar'ar (m)	عرعر
roseto (m)	ſogeyret ward (f)	شجيرة ورد
rosa (f) canina	ward el seyāg (pl)	ورد السياج

229. Funghi

fungo (m)	feṭr (f)	فطر
fungo (m) commestibile	feṭr ṣāleḥ lel akl (m)	فطر صالح للأكل
fungo (m) velenoso	feṭr sām (m)	فطر سام
cappello (m)	ṭarbūſ el feṭr (m)	طربوش الفطر
gambo (m)	sāq el feṭr (m)	ساق الفطر
porcino (m)	feṭr boleṭe ma'kūl (m)	فطر بوليط مأكول
boleto (m) rufo	feṭr aḥmar (m)	فطر أحمر
porcinello (m)	feṭr boleṭe (m)	فطر بوليط
gallinaccio (m)	feṭr el ſanterel (m)	فطر الشانتريل
rossola (f)	feṭr russula (m)	فطر روسولا
spugnola (f)	feṭr el ɣoſna (m)	فطر الغوشنة
ovolaccio (m)	feṭr amanīt el ṭā'er (m)	فطر أمانيت الطائر
fungo (m) moscario	feṭr amanīt falusyāny el sām (m)	فطر أمانيت فالوسياني السام

230. Frutti. Bacche

frutto (m)	tamra (f)	تمرة
frutti (m pl)	tamr (m)	تمر
mela (f)	toffāḥa (f)	تفّاحة
pera (f)	komettra (f)	كمّثرى
prugna (f)	bar'ū' (m)	برقوق
fragola (f)	farawla (f)	فراولة
amarena (f), ciliegia (f)	karaz (m)	كرز
uva (f)	'enab (m)	عنب
lampone (m)	tūt el 'alī' el aḥmar (m)	توت العليق الأحمر
ribes (m) nero	keſmeſ aswad (m)	كشمش أسود
ribes (m) rosso	keſmeſ aḥmar (m)	كشمش أحمر
uva (f) spina	'enab el sa'lab (m)	عنب الثعلب
mirtillo (m) di palude	'enabiya ḥāda el ɣebā' (m)	عنبية حادة الخباء
arancia (f)	bortoqāl (m)	برتقال

mandarino (m)	yosfy (m)	يوسفي
ananas (m)	ananās (m)	أناناس
banana (f)	moze (m)	موز
dattero (m)	tamr (m)	تمر
limone (m)	lymūn (m)	ليمون
albicocca (f)	meʃmeʃ (f)	مشمش
pesca (f)	χawχa (f)	خوخة
kiwi (m)	kiwi (m)	كيوي
pompelmo (m)	grabe frūt (m)	جريب فروت
bacca (f)	tūt (m)	توت
bacche (f pl)	tūt (pl)	توت
mirtillo (m) rosso	ʿenab el sore (m)	عنب الثور
fragola (f) di bosco	farawla barriya (f)	فراولة برّيّة
mirtillo (m)	ʿenab al aḥrāg (m)	عنب الأحراج

231. Fiori. Piante

fiore (m)	zahra (f)	زهرة
mazzo (m) di fiori	bokeyh (f)	بوكيه
rosa (f)	warda (f)	وردة
tulipano (m)	tolīb (f)	توليب
garofano (m)	ʾoronfol (m)	قرنفل
gladiolo (m)	el dalbūs (f)	الدَلَبُوث
fiordaliso (m)	qanṭeryūn ʿanbary (m)	قنطريون عنبري
campanella (f)	garīs mostadīr el awrāʾ (m)	جريس مستدير الأوراق
soffione (m)	handabāʾ (f)	هندباء
camomilla (f)	kamomile (f)	كاموميل
aloe (m)	el alowa (m)	الألوّة
cactus (m)	ṣabbār (m)	صبّار
ficus (m)	faykas (m)	فيكس
giglio (m)	zanbaq (f)	زنبق
geranio (m)	ɣarnūqy (f)	غرنوقي
giacinto (m)	el lavender (f)	اللافندر
mimosa (f)	mimoza (f)	ميموزا
narciso (m)	nerges (f)	نرجس
nasturzio (m)	abo χangar (f)	أبو خنجر
orchidea (f)	orkid (f)	أوركيد
peonia (f)	fawnia (f)	فاوانيا
viola (f)	el banafseg (f)	البنفسج
viola (f) del pensiero	bansy (f)	بانسي
nontiscordardimé (m)	ʾāzān el faʾr (pl)	آذان الفأر
margherita (f)	aqwaḥān (f)	أقحوان
papavero (m)	el χoʃχāʃ (f)	الخشخاش
canapa (f)	qanb (m)	قنب

menta (f)	ne'nā' (m)	نعناع
mughetto (m)	zanbaq el wādy (f)	زنبق الوادي
bucaneve (m)	zahrat el laban (f)	زهرة اللبن
ortica (f)	'arrāṣ (m)	قرّاص
acetosa (f)	ḥammāḍ bostāny (m)	حمّاض بستاني
ninfea (f)	niloferiya (f)	نيلوفرية
felce (f)	sarχas (m)	سرخس
lichene (m)	aʃna (f)	أشنة
serra (f)	ṣoba (f)	صوبة
prato (m) erboso	'oʃb aχḍar (m)	عشب أخضر
aiuola (f)	geneynet zohūr (f)	جنينة زهور
pianta (f)	nabāt (m)	نبات
erba (f)	'oʃb (m)	عشب
filo (m) d'erba	'oʃba (f)	عشبة
foglia (f)	wara'a (f)	ورقة
petalo (m)	wara'et el zahra (f)	ورقة الزهرة
stelo (m)	sāq (f)	ساق
tubero (m)	darna (f)	درنة
germoglio (m)	nabta saɣīra (f)	نبتة صغيرة
spina (f)	ʃawka (f)	شوكة
fiorire (vi)	fattaḥet	فتّحت
appassire (vi)	debel	ذبل
odore (m), profumo (m)	rīḥa (f)	ريحة
tagliare (~ i fiori)	'aṭa'	قطع
cogliere (vt)	'aṭaf	قطف

232. Cereali, granaglie

grano (m)	ḥobūb (pl)	حبوب
cereali (m pl)	maḥaṣīl el ḥubūb (pl)	محاصيل الحبوب
spiga (f)	sonbola (f)	سنبلة
frumento (m)	'amḥ (m)	قمح
segale (f)	ʃelm mazrū' (m)	شيلم مزروع
avena (f)	ʃofān (m)	شوفان
miglio (m)	el deχn (m)	الدُخن
orzo (m)	ʃe'īr (m)	شعير
mais (m)	dora (f)	ذرة
riso (m)	rozz (m)	رز
grano (m) saraceno	ḥanṭa soda' (f)	حنطة سوداء
pisello (m)	besella (f)	بسلّة
fagiolo (m)	faṣolya (f)	فاصوليا
soia (f)	fūl el ṣoya (m)	فول الصويا
lenticchie (f pl)	'ads (m)	عدس
fave (f pl)	fūl (m)	فول

233. Ortaggi. Verdure

ortaggi (m pl)	xoḍār (pl)	خضار
verdura (f)	xoḍrawāt waraqiya (pl)	خضروات ورقية
pomodoro (m)	ṭamāṭem (f)	طماطم
cetriolo (m)	xeyār (m)	خيار
carota (f)	gazar (m)	جزر
patata (f)	baṭāṭes (f)	بطاطس
cipolla (f)	baṣal (m)	بصل
aglio (m)	tūm (m)	ثوم
cavolo (m)	koronb (m)	كرنب
cavolfiore (m)	'arnabīṭ (m)	قرنبيط
cavoletti (m pl) di Bruxelles	koronb broksel (m)	كرنب بروكسل
broccolo (m)	brūkuli (m)	بروكلي
barbabietola (f)	bangar (m)	بنجر
melanzana (f)	bātengān (m)	باذنجان
zucchina (f)	kōsa (f)	كوسة
zucca (f)	qarʿ ʿasaly (m)	قرع عسلي
rapa (f)	left (m)	لفت
prezzemolo (m)	ba'dūnes (m)	بقدونس
aneto (m)	ʃabat (m)	شبت
lattuga (f)	xass (m)	خسّ
sedano (m)	karfas (m)	كرفس
asparago (m)	helione (m)	هليون
spinaci (m pl)	sabānex (m)	سبانخ
pisello (m)	besella (f)	بسلّة
fave (f pl)	fūl (m)	فول
mais (m)	dora (f)	ذرة
fagiolo (m)	faṣolya (f)	فاصوليا
peperone (m)	felfel (m)	فلفل
ravanello (m)	fegl (m)	فجل
carciofo (m)	xarʃūf (m)	خرشوف

GEOGRAFIA REGIONALE

Paesi. Nazionalità

234. Europa occidentale

Europa (f)	orobba (f)	أوروبّا
Unione (f) Europea	el etteḥād el orobby (m)	الإتّحاد الأوروبّي
europeo (m)	orobby (m)	أوروبّي
europeo (agg)	orobby	أوروبّي
Austria (f)	el nemsa (f)	النمسا
austriaco (m)	nemsāwy (m)	نمساوي
austriaca (f)	nemsāwiya (f)	نمساويّة
austriaco (agg)	nemsāwy	نمساوي
Gran Bretagna (f)	briṭaniya el ʿozma (f)	بريطانيا العظمى
Inghilterra (f)	engeltera (f)	إنجلترا
britannico (m), inglese (m)	briṭāny (m)	بريطاني
britannica (f), inglese (f)	briṭaniya (f)	بريطانيّة
inglese (agg)	englīzy	إنجليزي
Belgio (m)	balʒīka (f)	بلجيكا
belga (m)	balʒīky (m)	بلجيكي
belga (f)	balʒīkiya (f)	بلجيكيّة
belga (agg)	balʒīky	بلجيكي
Germania (f)	almānya (f)	ألمانيا
tedesco (m)	almāny (m)	ألماني
tedesca (f)	almaniya (f)	ألمانيّة
tedesco (agg)	almāniya	ألمانية
Paesi Bassi (m pl)	holanda (f)	هولندا
Olanda (f)	holanda (f)	هولندا
olandese (m)	holandy (m)	هولندي
olandese (f)	holandiya (f)	هولنديّة
olandese (agg)	holandy	هولندي
Grecia (f)	el yunān (f)	اليونان
greco (m)	yunāny (m)	يوناني
greca (f)	yunaniya (f)	يونانيّة
greco (agg)	yunāny	يوناني
Danimarca (f)	el denmark (f)	الدنمارك
danese (m)	denmarky (m)	دنماركي
danese (f)	denmarkiya (f)	دانماركيّة
danese (agg)	denemarky	دانماركي
Irlanda (f)	irelanda (f)	أيرلندا
irlandese (m)	irelandy (m)	أيرلندي

irlandese (f)	irelandiya (f)	أيرلنديّة
irlandese (agg)	irelandy	أيرلندي
Islanda (f)	'āyslanda (f)	آيسلندا
islandese (m)	'āyslandy (m)	آيسلندي
islandese (f)	'āyslandiya (f)	آيسلنديّة
islandese (agg)	'āyslandy	آيسلندي
Spagna (f)	asbānya (f)	إسبانيا
spagnolo (m)	asbāny (m)	إسباني
spagnola (f)	asbaniya (f)	إسبانيّة
spagnolo (agg)	asbāny	إسباني
Italia (f)	eṭālia (f)	إيطاليا
italiano (m)	eṭāly (m)	إيطالي
italiana (f)	eṭaliya (f)	إيطاليّة
italiano (agg)	eṭāly	إيطالي
Cipro (m)	'obroṣ (f)	قبرص
cipriota (m)	'obroṣy (m)	قبرصي
cipriota (f)	'obroṣiya (f)	قبرصيّة
cipriota (agg)	'obroṣy	قبرصي
Malta (f)	malṭa (f)	مالطا
maltese (m)	malṭy (m)	مالطي
maltese (f)	malṭiya (f)	مالطيّة
maltese (agg)	malṭy	مالطي
Norvegia (f)	el nerwīg (f)	النرويج
norvegese (m)	nerwīgy (m)	نرويجي
norvegese (f)	nerwīgiya (f)	نرويجيّة
norvegese (agg)	nerwīgy	نرويجي
Portogallo (f)	el bortoɣāl (f)	البرتغال
portoghese (m)	bortoɣāly (m)	برتغالي
portoghese (f)	bortoɣaliya (f)	برتغاليّة
portoghese (agg)	bortoɣāly	برتغالي
Finlandia (f)	finlanda (f)	فنّلندا
finlandese (m)	finlandy (m)	فنّلندي
finlandese (f)	finlandiya (f)	فنّلنديّة
finlandese (agg)	finlandy	فنّلندي
Francia (f)	faransa (f)	فرنسا
francese (m)	faransāwy (m)	فرنساوي
francese (f)	faransawiya (f)	فرنساويّة
francese (agg)	faransāwy	فرنساوي
Svezia (f)	el sweyd (f)	السويد
svedese (m)	sweydy (m)	سويدي
svedese (f)	sweydiya (f)	سويديّة
svedese (agg)	sweydy	سويدي
Svizzera (f)	swesra (f)	سويسرا
svizzero (m)	swesry (m)	سويسري
svizzera (f)	swesriya (f)	سويسريّة

svizzero (agg)	swesry	سويسري
Scozia (f)	oskotlanda (f)	اسكتّلندا
scozzese (m)	oskotlandy (m)	اسكتّلندي
scozzese (f)	oskotlandiya (f)	اسكتّلنديّة
scozzese (agg)	oskotlandy	اسكتلندي
Vaticano (m)	el vatikān (m)	الفاتيكان
Liechtenstein (m)	liʃtenʃtayn (m)	ليشتنشتاين
Lussemburgo (m)	luksemburg (f)	لوكسمبورج
Monaco (m)	monako (f)	موناكو

235. Europa centrale e orientale

Albania (f)	albānia (f)	ألبانيا
albanese (m)	albāny (m)	ألباني
albanese (f)	albaniya (f)	ألبانيّة
albanese (agg)	albāny	ألباني
Bulgaria (f)	bolɣāria (f)	بلغاريا
bulgaro (m)	bolɣāry (m)	بلغاري
bulgara (f)	bolɣariya (f)	بلغاريّة
bulgaro (agg)	bolɣāry	بلغاري
Ungheria (f)	el magar (f)	المجر
ungherese (m)	magary (m)	مجري
ungherese (f)	magariya (f)	مجريّة
ungherese (agg)	magary	مجري
Lettonia (f)	latvia (f)	لاتفيا
lettone (m)	latvy (m)	لاتفي
lettone (f)	latviya (f)	لاتفيّة
lettone (agg)	latvy	لاتفي
Lituania (f)	litwānia (f)	ليتوانيا
lituano (m)	litwāny (m)	لتواني
lituana (f)	litwaniya (f)	لتوانيّة
lituano (agg)	litwāny	لتواني
Polonia (f)	bolanda (f)	بولّندا
polacco (m)	bolandy (m)	بولندي
polacca (f)	bolandiya (f)	بولّنديّة
polacco (agg)	bolanndy	بولّندي
Romania (f)	romānia (f)	رومانيا
rumeno (m)	romāny (m)	روماني
rumena (f)	romaniya (f)	رومانيّة
rumeno (agg)	romāny	روماني
Serbia (f)	ṣerbia (f)	صربيا
serbo (m)	ṣerby (m)	صربي
serba (f)	ṣerbiya (f)	صربيّة
serbo (agg)	ṣarby	صربي
Slovacchia (f)	slovākia (f)	سلوفاكيا
slovacco (m)	slovāky (m)	سلوفاكي

slovacca (f)	slovakiya (f)	سلوفاكيّة
slovacco (agg)	slovāky	سلوفاكي
Croazia (f)	kroātya (f)	كرواتيا
croato (m)	kroāty (m)	كرواتي
croata (f)	kroatiya (f)	كرواتيّة
croato (agg)	kroāty	كرواتي
Repubblica (f) Ceca	gomhoriya el tʃīk (f)	جمهورية التشيك
ceco (m)	tʃīky (m)	تشيكي
ceca (f)	tʃīkiya (f)	تشيكيّة
ceco (agg)	tʃīky	تشيكي
Estonia (f)	estūnia (f)	إستونيا
estone (m)	estūny (m)	إستوني
estone (f)	estuniya (f)	إستونيّة
estone (agg)	estūny	إستوني
Bosnia-Erzegovina (f)	el bosna wel harsek (f)	البوسنة والهرسك
Macedonia (f)	maqdūnia (f)	مقدونيا
Slovenia (f)	slovenia (f)	سلوفينيا
Montenegro (m)	el gabal el aswad (m)	الجبل الأسوّد

236. Paesi dell'ex Unione Sovietica

Azerbaigian (m)	azrabiʒān (m)	أذربيجان
azerbaigiano (m)	azrabiʒāny (m)	أذربيجاني
azerbaigiana (f)	azrabiʒaniya (f)	أذربيجانيّة
azerbaigiano (agg)	azrabiʒāny	أذربيجاني
Armenia (f)	armīnia (f)	أرمينيا
armeno (m)	armīny (m)	أرميني
armena (f)	arminiya (f)	أرمينيّة
armeno (agg)	armīny	أرميني
Bielorussia (f)	belarūsia (f)	بيلاروسيا
bielorusso (m)	belarūsy (m)	بيلاروسي
bielorussa (f)	belarūsiya (f)	بيلاروسيّة
bielorusso (agg)	belarūsy	بيلاروسي
Georgia (f)	ʒorʒia (f)	جورجيا
georgiano (m)	ʒorʒy (m)	جورجي
georgiana (f)	ʒorʒiya (f)	جورجيّة
georgiano (agg)	ʒorʒy	جورجي
Kazakistan (m)	kazaχistān (f)	كازاخستّان
kazaco (m)	kazaχistāny (m)	كازاخستّاني
kazaca (f)	kazaχistaniya (f)	كازاخستّانيّة
kazaco (agg)	kazaχistāny	كازاخستّاني
Kirghizistan (m)	qirɣizestān (f)	قيرغيزستان
kirghiso (m)	qirɣizestāny (m)	قيرغيزستاني
kirghisa (f)	qirɣizestaniya (f)	قيرغيزستانيّة
kirghiso (agg)	qirɣizestāny	قيرغيزستاني

Moldavia (f)	moldāvia (f)	مولدافيا
moldavo (m)	moldāvy (m)	مولدافي
moldava (f)	moldaviya (f)	مولدافية
moldavo (agg)	moldāvy	مولدافي
Russia (f)	rūsya (f)	روسيا
russo (m)	rūsy (m)	روسي
russa (f)	rusiya (f)	روسية
russo (agg)	rūsy	روسي
Tagikistan (m)	ṭaʒīkistan (f)	طاجيكستان
tagico (m)	ṭaʒīky (m)	طاجيكي
tagica (f)	ṭaʒikiya (f)	طاجيكية
tagico (agg)	ṭaʒīky	طاجيكي
Turkmenistan (m)	turkmānistān (f)	تركمانستان
turkmeno (m)	turkmāny (m)	تركماني
turkmena (f)	turkmaniya (f)	تركمانية
turkmeno (agg)	turkmāny	تركماني
Uzbekistan (m)	uzbakistān (f)	أوزبكستان
usbeco (m)	uzbaky (m)	أوزبكي
usbeca (f)	uzbakiya (f)	أوزبكية
usbeco (agg)	uzbaky	أوزبكي
Ucraina (f)	okrānia (f)	أوكرانيا
ucraino (m)	okrāny (m)	أوكراني
ucraina (f)	okraniya (f)	أوكرانية
ucraino (agg)	okrāny	أوكراني

237. Asia

Asia (f)	asya (f)	آسيا
asiatico (agg)	'āsyawy	آسيوي
Vietnam (m)	vietnām (f)	فيتنام
vietnamita (m)	vietnāmy (m)	فيتنامي
vietnamita (f)	vietnāmiya (f)	فيتنامية
vietnamita (agg)	vietnāmy	فيتنامي
India (f)	el hend (f)	الهند
indiano (m)	hendy (m)	هندي
indiana (f)	hendiya (f)	هندية
indiano (agg)	hendy	هندي
Israele (m)	isra'īl (f)	إسرائيل
israeliano (m)	isra'īly (m)	إسرائيلي
israeliana (f)	isra'iliya (f)	إسرائيلية
israeliano (agg)	israīly	إسرائيلي
ebreo (m)	yahūdy (m)	يهودي
ebrea (f)	yahudiya (f)	يهودية
ebraico (agg)	yahūdy	يهودي
Cina (f)	el ṣīn (f)	الصين

cinese (m)	ṣīny (m)	صيني
cinese (f)	ṣīniya (f)	صينية
cinese (agg)	ṣīny	صيني
coreano (m)	kūry (m)	كوري
coreana (f)	kuriya (f)	كوريّة
coreano (agg)	kūry	كوري
Libano (m)	lebnān (f)	لبنان
libanese (m)	lebnāny (m)	لبناني
libanese (f)	lebnāniya (f)	لبنانيّة
libanese (agg)	lebnāny	لبناني
Mongolia (f)	manɣūlia (f)	منغوليا
mongolo (m)	manɣūly (m)	منغولي
mongola (f)	manɣuliya (f)	منغوليّة
mongolo (agg)	manɣūly	منغولي
Malesia (f)	malīzya (f)	ماليزيا
malese (m)	malīzy (m)	ماليزي
malese (f)	maliziya (f)	ماليزيّة
malese (agg)	malīzy	ماليزي
Pakistan (m)	bakistān (f)	باكستان
pakistano (m)	bakistāny (m)	باكستاني
pakistana (f)	bakistaniya (f)	باكستانيّة
pakistano (agg)	bakistāny	باكستاني
Arabia Saudita (f)	el so'odiya (f)	السعوديّة
arabo (m), saudita (m)	'araby (m)	عربي
araba (f), saudita (f)	'arabiya (f)	عربيّة
arabo (agg)	'araby	عربي
Tailandia (f)	tayland (f)	تايلاند
tailandese (m)	taylandy (m)	تايلانّدي
tailandese (f)	taylandiya (f)	تايلانّديّة
tailandese (agg)	taylandy	تايلانّدي
Taiwan (m)	taywān (f)	تايوان
taiwanese (m)	taywāny (m)	تايواني
taiwanese (f)	taywaniya (f)	تايوانيّة
taiwanese (agg)	taywāny	تايواني
Turchia (f)	turkia (f)	تركيا
turco (m)	turky (m)	تركي
turca (f)	turkiya (f)	تركيّة
turco (agg)	turky	تركي
Giappone (m)	el yabān (f)	اليابان
giapponese (m)	yabāny (m)	ياباني
giapponese (f)	yabaniya (f)	يابانيّة
giapponese (agg)	yabāny	ياباني
Afghanistan (m)	afɣanistan (f)	أفغانستان
Bangladesh (m)	bangladeʃ (f)	بنجلاديش
Indonesia (f)	indonisya (f)	إندونيسيا

Giordania (f)	el ordon (m)	الأردن
Iraq (m)	el ʿerāq (m)	العراق
Iran (m)	iran (f)	إيران
Cambogia (f)	kambodya (f)	كمبوديا
Kuwait (m)	el kuweyt (f)	الكويت
Laos (m)	laos (f)	لاوس
Birmania (f)	myanmar (f)	ميانمار
Nepal (m)	nebāl (f)	نيبال
Emirati (m pl) Arabi	el emārāt el ʿarabiya el mottaḥeda (pl)	الإمارات العربية المتّحدة
Siria (f)	soria (f)	سوريا
Palestina (f)	felesṭīn (f)	فلسطين
Corea (f) del Sud	korea el ganūbiya (f)	كوريا الجنوبيّة
Corea (f) del Nord	korea el ʃamāliya (f)	كوريا الشماليّة

238. America del Nord

Stati (m pl) Uniti d'America	el welayāt el mottaḥda el amrīkiya (pl)	الولايات المتّحدة الأمريكيّة
americano (m)	amrīky (m)	أمريكي
americana (f)	amrīkiya (f)	أمريكيّة
americano (agg)	amrīky	أمريكي
Canada (m)	kanada (f)	كندا
canadese (m)	kanady (m)	كندي
canadese (f)	kanadiya (f)	كنديّة
canadese (agg)	kanady	كندي
Messico (m)	el maksīk (f)	المكسيك
messicano (m)	maksīky (m)	مكسيكي
messicana (f)	maksīkiya (f)	مكسيكيّة
messicano (agg)	maksīky	مكسيكي

239. America centrale e America del Sud

Argentina (f)	arʒantīn (f)	الأرجنتين
argentino (m)	arʒantīny (m)	أرجنتيني
argentina (f)	arʒantiniya (f)	أرجنتينيّة
argentino (agg)	arʒantīny	أرجنتيني
Brasile (m)	el barazīl (f)	البرازيل
brasiliano (m)	barazīly (m)	برازيلي
brasiliana (f)	baraziliya (f)	برازيليّة
brasiliano (agg)	barazīly	برازيلي
Colombia (f)	kolombia (f)	كولومبيا
colombiano (m)	kolomby (m)	كولومبي
colombiana (f)	kolombiya (f)	كولومبيّة
colombiano (agg)	kolomby	كولومبي
Cuba (f)	kūba (f)	كوبا

cubano (m)	kūby (m)	كوبي
cubana (f)	kūbiya (f)	كوبية
cubano (agg)	kūby	كوبي
Cile (m)	tʃīly (f)	تشيلي
cileno (m)	tʃīly (m)	تشيلي
cilena (f)	tʃīliya (f)	تشيليّة
cileno (agg)	tʃīly	تشيلي
Bolivia (f)	bolivia (f)	بوليفيا
Venezuela (f)	venzweyla (f)	فنزويلا
Paraguay (m)	baraguay (f)	باراجواي
Perù (m)	beru (f)	بيرو
Suriname (m)	surinam (f)	سورينام
Uruguay (m)	uruguay (f)	أوروجواي
Ecuador (m)	el equador (f)	الإكوادور
Le Bahamas	gozor el bahāmas (pl)	جزر البهاماس
Haiti (m)	haīti (f)	هايتي
Repubblica (f) Dominicana	gomhoriya el dominikan (f)	جمهوريّة الدومينيكان
Panama (m)	banama (f)	بنما
Giamaica (f)	ʒamayka (f)	جامايكا

240. Africa

Egitto (m)	maṣr (f)	مصر
egiziano (m)	maṣry (m)	مصري
egiziana (f)	maṣriya (f)	مصريّة
egiziano (agg)	maṣry	مصري
Marocco (m)	el maɣreb (m)	المغرب
marocchino (m)	maɣreby (m)	مغربي
marocchina (f)	maɣrebiya (f)	مغربيّة
marocchino (agg)	maɣreby	مغربي
Tunisia (f)	tunis (f)	تونس
tunisino (m)	tunsy (m)	تونسي
tunisina (f)	tunesiya (f)	تونسيّة
tunisino (agg)	tunsy	تونسي
Ghana (m)	ɣana (f)	غانا
Zanzibar	zanʒibār (f)	زنجبار
Kenya (m)	kenya (f)	كينيا
Libia (f)	libya (f)	ليبيا
Madagascar (m)	madaɣaʃkar (f)	مدغشقر
Namibia (f)	namibia (f)	ناميبيا
Senegal (m)	el senɣāl (f)	السنغال
Tanzania (f)	tanznia (f)	تنزانيا
Repubblica (f) Sudafricana	afreqia el ganūbiya (f)	أفريقيا الجنوبيّة
africano (m)	afrīqy (m)	أفريقي
africana (f)	afriqiya (f)	أفريقيّة
africano (agg)	afrīqy	أفريقي

241. Australia. Oceania

Australia (f)	ostorālya (f)	أستراليا
australiano (m)	ostorāly (m)	أسترالي
australiana (f)	ostoraleya (f)	أستراليّة
australiano (agg)	ostorāly	أسترالي
Nuova Zelanda (f)	nyu zelanda (f)	نيوزيلّندا
neozelandese (m)	nyu zelandy (m)	نيوزيلّندي
neozelandese (f)	nyu zelandiya (f)	نيوزيلّنديّة
neozelandese (agg)	nyu zelandy	نيوزيلّندي
Tasmania (f)	tasmania (f)	تاسمانيا
Polinesia (f) Francese	bolenezia el faransiya (f)	بولينزيا الفرنسيّة

242. Città

L'Aia	lahāy (f)	لاهاى
Amburgo	hamburg (m)	هامبورج
Amsterdam	amesterdam (f)	امستردام
Ankara	ankara (f)	أنقرة
Atene	atīna (f)	أثينا
L'Avana	havana (f)	هافانا
Baghdad	baɣdād (f)	بغداد
Bangkok	bangkok (f)	بانكوك
Barcellona	barʃelona (f)	برشلونة
Beirut	beyrut (f)	بيروت
Berlino	berlin (f)	برلين
Bombay, Mumbai	bombay (f)	بومباى
Bonn	bonn (f)	بون
Bordeaux	bordu (f)	بوردو
Bratislava	bratislava (f)	براتيسلافا
Bruxelles	broksel (f)	بروكسل
Bucarest	buχarest (f)	بوخارست
Budapest	budabest (f)	بودابست
Il Cairo	el qahera (f)	القاهرة
Calcutta	kalkutta (f)	كلكتا
Chicago	ʃikāgo (f)	شيكاجو
Città del Messico	madīnet meksiko (f)	مدينة مكسيكو
Copenaghen	kobenhāgen (f)	كوبنهاجن
Dar es Salaam	dar el salām (f)	دار السلام
Delhi	delhi (f)	دلهي
Dubai	dubaī (f)	دبي
Dublino	dablin (f)	دبلن
Düsseldorf	dusseldorf (f)	دوسلدورف
Firenze	florensa (f)	فلورنسا
Francoforte	frankfurt (f)	فرانكفورت
Gerusalemme	el qods (f)	القدس

Ginevra	ʒenive (f)	جنيف
Hanoi	hanoy (f)	هانوى
Helsinki	helsinki (f)	هلسنكي
Hiroshima	hiroʃīma (f)	هيروشيما
Hong Kong	hong kong (f)	هونج كونج
Istanbul	isṭanbul (f)	إسطنبول
Kiev	kyiv (f)	كييف
Kuala Lumpur	kuala lumpur (f)	كوالالمبور
Lione	lyon (f)	ليون
Lisbona	laʃbūna (f)	لشبونة
Londra	london (f)	لندن
Los Angeles	los anʒeles (f)	لوس أنجلوس
Madrid	madrīd (f)	مدريد
Marsiglia	marsilia (f)	مرسيليا
Miami	mayami (f)	ميامي
Monaco di Baviera	muniχ (f)	ميونخ
Montreal	montreal (f)	مونتريال
Mosca	moskū (f)	موسكو
Nairobi	nayrobi (f)	نيروبي
Napoli	naboli (f)	نابولي
New York	nyu york (f)	نيويورك
Nizza	nīs (f)	نيس
Oslo	oslo (f)	أوسلو
Ottawa	ottawa (f)	أوتاوا
Parigi	baris (f)	باريس
Pechino	bekīn (f)	بيكين
Praga	braɣ (f)	براغ
Rio de Janeiro	rio de ʒaneyro (f)	ريو دي جانيرو
Roma	roma (f)	روما
San Pietroburgo	sant betersburɣ (f)	سانت بطرسبرغ
Seoul	seūl (f)	سيول
Shanghai	ʃanghay (f)	شنجهاي
Sidney	sydney (f)	سيدني
Singapore	sinɣafūra (f)	سنغافورة
Stoccolma	stokχolm (f)	ستوكهولم
Taipei	taybey (f)	تايبيه
Tokio	ṭokyo (f)	طوكيو
Toronto	toronto (f)	تورونتو
Varsavia	warsaw (f)	وارسو
Venezia	venesya (f)	فينيسيا
Vienna	vienna (f)	فيينا
Washington	waʃinṭon (f)	واشنطن

243. Politica. Governo. Parte 1

politica (f)	seyāsa (f)	سياسة
politico (agg)	seyāsy	سياسي

politico (m)	seyāsy (m)	سياسي
stato (m) (nazione, paese)	dawla (f)	دولة
cittadino (m)	mowāṭen (m)	مواطن
cittadinanza (f)	mewaṭna (f)	مواطنة
emblema (m) nazionale	ʃe'ār waṭany (m)	شعار وطني
inno (m) nazionale	naʃīd waṭany (m)	نشيد وطني
governo (m)	ḥokūma (f)	حكومة
capo (m) di Stato	ra's el dawla (m)	رأس الدولة
parlamento (m)	barlamān (m)	برلمان
partito (m)	ḥezb (m)	حزب
capitalismo (m)	ra'smaliya (f)	رأسماليّة
capitalistico (agg)	ra'smāly	رأسمالي
socialismo (m)	eʃterakiya (f)	إشتراكيّة
socialista (agg)	eʃterāky	إشتراكي
comunismo (m)	ʃeyū'iya (f)	شيوعيّة
comunista (agg)	ʃeyū'y	شيوعي
comunista (m)	ʃeyū'y (m)	شيوعي
democrazia (f)	dīmoqraṭiya (f)	ديموقراطيّة
democratico (m)	demoqrāṭy (m)	ديموقراطي
democratico (agg)	demoqrāṭy	ديموقراطي
partito (m) democratico	el ḥezb el demokrāṭy (m)	الحزب الديموقراطي
liberale (m)	librāly (m)	ليبرالي
liberale (agg)	librāly	ليبرالي
conservatore (m)	moḥāfeẓ (m)	محافظ
conservatore (agg)	moḥāfeẓ	محافظ
repubblica (f)	gomhoriya (f)	جمهورية
repubblicano (m)	gomhūry (m)	جمهوري
partito (m) repubblicano	el ḥezb el gomhūry (m)	الحزب الجمهوري
elezioni (f pl)	entaχabāt (pl)	إنتخابات
eleggere (vt)	entaχab	إنتخب
elettore (m)	nāχeb (m)	ناخب
campagna (f) elettorale	ḥamla enteχabiya (f)	حملة إنتخابيّة
votazione (f)	taṣwīt (m)	تصويت
votare (vi)	ṣawwat	صوّت
diritto (m) di voto	ḥa' el enteχāb (m)	حق الإنتخاب
candidato (m)	morasʃaḥ (m)	مرشّح
candidarsi (vr)	rasʃaḥ nafsoh	رشّح نفسه
campagna (f)	ḥamla (f)	حملة
d'opposizione (agg)	mo'āreḍ	معارض
opposizione (f)	mo'arḍa (f)	معارضة
visita (f)	zeyāra (f)	زيارة
visita (f) ufficiale	zeyāra rasmiya (f)	زيارة رسميّة
internazionale (agg)	dawly	دولي

trattative (f pl)	mofawḍāt (pl)	مفاوضات
negoziare (vi)	tafāwaḍ	تفاوض

244. Politica. Governo. Parte 2

società (f)	mogtama' (m)	مجتمع
costituzione (f)	dostūr (m)	دستور
potere (m) (~ politico)	solṭa (f)	سلطة
corruzione (f)	fasād (m)	فساد
legge (f)	qanūn (m)	قانون
legittimo (agg)	qanūny	قانوني
giustizia (f)	'adāla (f)	عدالة
giusto (imparziale)	'ādel	عادل
comitato (m)	lagna (f)	لجنة
disegno (m) di legge	maʃrū' qanūn (m)	مشروع قانون
bilancio (m)	mowazna (f)	موازنة
politica (f)	seyāsa (f)	سياسة
riforma (f)	eṣlāḥ (m)	إصلاح
radicale (agg)	oṣūly	أصولي
forza (f) (potenza)	'owwa (f)	قوّة
potente (agg)	'awy	قوّي
sostenitore (m)	mo'ayed (m)	مؤيد
influenza (f)	ta'sīr (m)	تأثير
regime (m) (~ militare)	nezām ḥokm (m)	نظام حكم
conflitto (m)	χelāf (m)	خلاف
complotto (m)	mo'amra (f)	مؤامرة
provocazione (f)	estefzāz (m)	إستفزاز
rovesciare (~ un regime)	asqaṭ	أسقط
rovesciamento (m)	esqāṭ (m)	إسقاط
rivoluzione (f)	sawra (f)	ثوّرة
colpo (m) di Stato	enqelāb (m)	إنقلاب
golpe (m) militare	enqelāb 'askary (m)	إنقلاب عسكري
crisi (f)	azma (f)	أزمة
recessione (f) economica	rokūd eqteṣādy (m)	ركود إقتصادي
manifestante (m)	motaẓāher (m)	متظاهر
manifestazione (f)	mozahra (f)	مظاهرة
legge (f) marziale	ḥokm 'orfy (m)	حكم عرفي
base (f) militare	qa'eda 'askariya (f)	قاعدة عسكريّة
stabilità (f)	esteqrār (m)	إستقرار
stabile (agg)	mostaqerr	مستقرّ
sfruttamento (m)	esteɣlāl (m)	إستغلال
sfruttare (~ i lavoratori)	estaɣall	إستغلّ
razzismo (m)	'onṣoriya (f)	عنصريّة
razzista (m)	'onṣory (m)	عنصري

fascismo (m)	faʃiya (f)	فاشيّة
fascista (m)	fāʃy (m)	فاشي

245. Paesi. Varie

straniero (m)	agnaby (m)	أجنبي
straniero (agg)	agnaby	أجنبي
all'estero	fel χāreg	في الخارج
emigrato (m)	mohāger (m)	مهاجر
emigrazione (f)	hegra (f)	هجرة
emigrare (vi)	hāgar	هاجر
Ovest (m)	el ɣarb (m)	الغرب
Est (m)	el ʃar' (m)	الشرق
Estremo Oriente (m)	el ʃar' el aqṣa (m)	الشرق الأقصى
civiltà (f)	ḥaḍāra (f)	حضارة
umanità (f)	el baʃariya (f)	البشريّة
mondo (m)	el 'ālam (m)	العالم
pace (f)	salām (m)	سلام
mondiale (agg)	'ālamy	عالمي
patria (f)	waṭan (m)	وطن
popolo (m)	ʃa'b (m)	شعب
popolazione (f)	sokkān (pl)	سكّان
gente (f)	nās (pl)	ناس
nazione (f)	omma (f)	أمّة
generazione (f)	gīl (m)	جيل
territorio (m)	arḍ (f)	أرض
regione (f)	mante'a (f)	منطقة
stato (m)	welāya (f)	ولاية
tradizione (f)	ta'līd (m)	تقليد
costume (m)	'āda (f)	عادة
ecologia (f)	'elm el bī'a (m)	علم البيئة
indiano (m)	hendy aḥmar (m)	هندي أحمر
zingaro (m)	ɣagary (m)	غجري
zingara (f)	ɣagariya (f)	غجريّة
di zingaro	ɣagary	غجري
impero (m)	embraṭoriya (f)	إمبراطورية
colonia (f)	mosta'mara (f)	مستعمرة
schiavitù (f)	'obūdiya (f)	عبودية
invasione (f)	ɣazw (m)	غزو
carestia (f)	magā'a (f)	مجاعة

246. Principali gruppi religiosi. Credi religiosi

religione (f)	dīn (m)	دين
religioso (agg)	dīny	ديني

fede (f)	emān (m)	إيمان
credere (vi)	aman	أمن
credente (m)	mo'men (m)	مؤمن
ateismo (m)	el elḥād (m)	الإلحاد
ateo (m)	molḥed (m)	ملحد
cristianesimo (m)	el masīḥiya (f)	المسيحيّة
cristiano (m)	mesīḥy (m)	مسيحي
cristiano (agg)	mesīḥy	مسيحي
cattolicesimo (m)	el kasolekiya (f)	الكاثوليكيّة
cattolico (m)	kasolīky (m)	كاثوليكي
cattolico (agg)	kasolīky	كاثوليكي
Protestantesimo (m)	brotestantiya (f)	بروتستانتية
Chiesa (f) protestante	el kenīsa el brotestantiya (f)	الكنيسة البروتستانتية
protestante (m)	brotestanty (m)	بروتستانتي
Ortodossia (f)	orsozeksiya (f)	الأرثوذكسيّة
Chiesa (f) ortodossa	el kenīsa el orsozeksiya (f)	الكنيسة الأرثوذكسيّة
ortodosso (m)	arsazoksy (m)	أرثوذكسي
Presbiterianesimo (m)	maʃīχiya (f)	مشيخية
Chiesa (f) presbiteriana	el kenīsa el maʃīχiya (f)	الكنيسة المشيخية
presbiteriano (m)	maʃīχiya (f)	مشيخية
Luteranesimo (m)	el luseriya (f)	اللوثرية
luterano (m)	luterriya (m)	لوثرية
confessione (f) battista	el kenīsa el me'medaniya (f)	الكنيسة المعمدانية
battista (m)	me'medāny (m)	معمداني
Chiesa (f) anglicana	el kenīsa el anʒlekaniya (f)	الكنيسة الإنجليكانية
anglicano (m)	enʒelikāny (m)	أنجليكاني
mormonismo (m)	el moromoniya (f)	المورمونية
mormone (m)	mesīḥy mormōn (m)	مسيحي مرمون
giudaismo (m)	el yahūdiya (f)	اليهودية
ebreo (m)	yahūdy (m)	يهودي
buddismo (m)	el būziya (f)	البوذية
buddista (m)	būzy (m)	بوذي
Induismo (m)	el hindūsiya (f)	الهندوسية
induista (m)	hendūsy (m)	هندوسي
Islam (m)	el islām (m)	الإسلام
musulmano (m)	muslim (m)	مسلم
musulmano (agg)	islāmy	إسلامي
sciismo (m)	el mazhab el ʃee'y (m)	المذهب الشيعي
sciita (m)	ʃee'y (m)	شيعي
sunnismo (m)	el mazhab el sunny (m)	المذهب السنّي
sunnita (m)	sunni (m)	سنّي

247. Religioni. Sacerdoti

prete (m)	kāhen (m)	كاهن
Papa (m)	el bāba (m)	البابا
monaco (m)	rāheb (m)	راهب
monaca (f)	rāheba (f)	راهبة
pastore (m)	'essīs (m)	قسّيس
abate (m)	ra'īs el deyr (m)	رئيس الدير
vicario (m)	viqār (m)	فيقار
vescovo (m)	asqof (m)	أسقف
cardinale (m)	kardinal (m)	كاردينال
predicatore (m)	mobasʃer (m)	مبشّر
predica (f)	tabʃīr (f)	تبشير
parrocchiani (m)	ra'yet el abraʃiya (f)	رعية الأبرشية
credente (m)	mo'men (m)	مؤمن
ateo (m)	molḥed (m)	ملحد

248. Fede. Cristianesimo. Islam

Adamo	'ādam (m)	آدم
Eva	ḥawwā' (f)	حوّاء
Dio (m)	allah (m)	الله
Signore (m)	el rabb (m)	الربّ
Onnipotente (m)	el qadīr (m)	القدير
peccato (m)	zanb (m)	ذنب
peccare (vi)	aznab	أذنب
peccatore (m)	mozneb (m)	مذنب
peccatrice (f)	mozneba (f)	مذنبة
inferno (m)	el gaḥīm (f)	الجحيم
paradiso (m)	el ganna (f)	الجنّة
Gesù	yasū' (m)	يسوع
Gesù Cristo	yasū' el masīḥ (m)	يسوع المسيح
Spirito (m) Santo	el rūḥ el qods (m)	الروح القدس
Salvatore (m)	el masīḥ (m)	المسيح
Madonna	maryem el 'azrā' (f)	مريم العذراء
Diavolo (m)	el ʃayṭān (m)	الشيطان
del diavolo	ʃeyṭāny	شيطاني
Satana (m)	el ʃayṭān (m)	الشيطان
satanico (agg)	ʃeyṭāny	شيطاني
angelo (m)	malāk (m)	ملاك
angelo (m) custode	malāk ḥāres (m)	ملاك حارس
angelico (agg)	malā'eky	ملائكي

apostolo (m)	rasūl (m)	رسول
arcangelo (m)	el malāk el ra'īsy (m)	الملاك الرئيسي
Anticristo (m)	el masīḥ el daggāl (m)	المسيح الدجّال
Chiesa (f)	el kenīsa (f)	الكنيسة
Bibbia (f)	el ketāb el moqaddas (m)	الكتاب المقدّس
biblico (agg)	tawrāty	توراتي
Vecchio Testamento (m)	el 'aḥd el 'adīm (m)	العهد القديم
Nuovo Testamento (m)	el 'aḥd el gedīd (m)	العهد الجديد
Vangelo (m)	engīl (m)	إنجيل
Sacra Scrittura (f)	el ketāb el moqaddas (m)	الكتاب المقدّس
Il Regno dei Cieli	el ganna (f)	الجنّة
comandamento (m)	waṣiya (f)	وصيّة
profeta (m)	naby (m)	نبي
profezia (f)	nobū'a (f)	نبوءة
Allah	allah (m)	الله
Maometto	moḥammed (m)	محمّد
Corano (m)	el qor'ān (m)	القرآن
moschea (f)	masged (m)	مسجد
mullah (m)	mullah (m)	ملا
preghiera (f)	ṣalāh (f)	صلاة
pregare (vi, vt)	ṣalla	صلّى
pellegrinaggio (m)	ḥagg (m)	حج
pellegrino (m)	ḥagg (m)	حاج
La Mecca (f)	makka el mokarrama (f)	مكة المكرّمة
chiesa (f)	kenīsa (f)	كنيسة
tempio (m)	ma'bad (m)	معبد
cattedrale (f)	katedra'iya (f)	كاتدرائية
gotico (agg)	qūṭy	قوطي
sinagoga (f)	kenīs (m)	كنيس
moschea (f)	masged (m)	مسجد
cappella (f)	kenīsa saɣīra (f)	كنيسة صغيرة
abbazia (f)	deyr (m)	دير
convento (m) di suore	deyr (m)	دير
monastero (m)	deyr (m)	دير
campana (f)	garas (m)	جرس
campanile (m)	borg el garas (m)	برج الجرس
suonare (campane)	da''	دقّ
croce (f)	ṣalīb (m)	صليب
cupola (f)	'obba (f)	قبّة
icona (f)	ramz (m)	رمز
anima (f)	nafs (f)	نفس
destino (m), sorte (f)	maṣīr (m)	مصير
male (m)	ʃarr (m)	شرّ
bene (m)	χeyr (m)	خير
vampiro (m)	maṣṣāṣ demā' (m)	مصّاص دماء

strega (f)	sāḥera (f)	ساحرة
demone (m)	ʃeṭān (m)	شيطان
spirito (m)	roḥe (m)	روح
redenzione (f)	takfīr (m)	تكفير
redimere (vt)	kaffar ‘an	كفّر عن
messa (f)	qedās (m)	قداس
dire la messa	’ām be χedma dīniya	قام بخدمة دينية
confessione (f)	e‘terāf (m)	إعتراف
confessarsi (vr)	e‘taraf	إعترف
santo (m)	qeddīs (m)	قدّيس
sacro (agg)	moqaddas (m)	مقدّس
acqua (f) santa	maya moqaddesa (f)	ماية مقدّسة
rito (m)	ʃa‘ā’er (pl)	شعائر
rituale (agg)	ʃa‘ā’ery	شعائري
sacrificio (m) (offerta)	zabīḥa (f)	ذبيحة
superstizione (f)	χorāfa (f)	خرافة
superstizioso (agg)	mo’men bel χorafāt (m)	مؤمن بالخرافات
vita (f) dell'oltretomba	aχra (f)	الآخرة
vita (f) eterna	ḥayat el abadiya (f)	حياة الأبدية

VARIE

249. Varie parole utili

aiuto (m)	mosa'da (f)	مساعدة
barriera (f) (ostacolo)	ḥāgez (m)	حاجز
base (f)	asās (m)	أساس
bilancio (m) (equilibrio)	tawāzon (m)	توازن
categoria (f)	fe'a (f)	فئة
causa (f) (ragione)	sabab (m)	سبب
coincidenza (f)	ṣodfa (f)	صدفة
comodo (agg)	morīḥ	مريح
compenso (m)	ta'wīḍ (m)	تعويض
confronto (m)	moqarna (f)	مقارنة
cosa (f) (oggetto, articolo)	ḥāga (f)	حاجة
crescita (f)	nomoww (m)	نموّ
differenza (f)	far' (m)	فرق
effetto (m)	ta'sīr (m)	تأثير
elemento (m)	'onṣor (m)	عنصر
errore (m)	χaṭa' (m)	خطأ
esempio (m)	mesāl (m)	مثال
fatto (m)	ḥa'ī'a (f)	حقيقة
forma (f) (aspetto)	ʃakl (m)	شكل
frequente (agg)	motakarrer (m)	متكرّر
genere (m) (tipo, sorta)	nū' (m)	نوع
grado (m) (livello)	daraga (f)	درجة
ideale (m)	mesāl (m)	مثال
inizio (m)	bedāya (f)	بداية
labirinto (m)	matāha (f)	متاهة
modo (m) (maniera)	ṭarī'a (f)	طريقة
momento (m)	laḥza (f)	لحظة
oggetto (m) (cosa)	mawḍū' (m)	موضوع
originale (m) (non è una copia)	aṣl (m)	أصل
ostacolo (m)	'aqaba (f)	عقبة
parte (f) (~ di qc)	goz' (m)	جزء
particella (f)	goz' (m)	جزء
pausa (f)	estrāḥa (f)	إستراحة
pausa (f) (sosta)	estrāḥa (f)	إستراحة
posizione (f)	mawqef (m)	موّقف
principio (m)	mabda' (m)	مبدأ
problema (m)	moʃkela (f)	مشكلة
processo (m)	'amaliya (f)	عمليّة
progresso (m)	ta'addom (m)	تقدّم

proprietà (f) (qualità)	xaṣṣa (f)	خاصّة
reazione (f)	radd fe'l (m)	ردّ فعل
rischio (m)	moxaṭra (f)	مخاطرة
ritmo (m)	eqā' (m)	إيقاع
scelta (f)	exteyār (m)	إختيار
segreto (m)	serr (m)	سرّ
serie (f)	selsela (f)	سلسلة
sfondo (m)	xalefiya (f)	خلفية
sforzo (m) (fatica)	mag-hūd (m)	مجهود
sistema (m)	nezām (m)	نظام
situazione (f)	ḥāla (f), waḍ' (m)	حالة, وضع
soluzione (f)	ḥall (m)	حلّ
standard (agg)	'ādy -qeyāsy	عادي, قياسي
standard (m)	'eyās (m)	قياس
stile (m)	oslūb (m)	أسلوب
sviluppo (m)	tanmeya (f)	تنمية
tabella (f) (delle calorie, ecc.)	gadwal (m)	جدوّل
termine (m)	nehāya (f)	نهاية
termine (m) (parola)	moṣṭalaḥ (m)	مصطلح
tipo (m)	nū' (m)	نوع
turno (m) (aspettare il proprio ~)	dore (m)	دور
urgente (agg)	mesta'gel	مستعجل
urgentemente	be ʃakl 'āgel	بشكل عاجل
utilità (f)	manf'a (f)	منفعة
variante (f)	ʃakl moxtalef (m)	شكل مختلف
verità (f)	ḥa'ī'a (f)	حقيقة
zona (f)	mante'a (f)	منطقة

250. Modificatori. Aggettivi. Parte 1

a buon mercato	rexīṣ	رخيص
abbronzato (agg)	asmar	أسمر
acido, agro (sapore)	ḥāmeḍ	حامض
affamato (agg)	ge'ān	جعان
affilato (coltello ~)	ḥād	حاد
allegro (agg)	farḥān	فرحان
alto (voce ~a)	'āly	عالي
amaro (sapore)	morr	مرّ
antico (civiltà, ecc.)	'adīm	قديم
aperto (agg)	maftūḥ	مفتوح
artificiale (agg)	ṣenā'y	صناعي
bagnato (vestiti ~i)	mablūl	مبلول
basso (~a voce)	wāṭy	واطي
bello (agg)	gamīl	جميل
breve (di breve durata)	'aṣīr	قصير
bruno (agg)	asmar	أسمر

buio, scuro (stanza ~a)	ḍalma	ظلمة
buono (un libro, ecc.)	kewayes	كويّس
buono, gentile	ṭayeb	طيّب
buono, gustoso	ṭa'mo ḥelw	طعمه حلو
caldo (agg)	soχn	سخن
calmo (agg)	hady	هادئ
caro (agg)	ɣāly	غالي
cattivo (agg)	weḥeʃ	وحش
centrale (agg)	markazy	مركزي
chiaro (un significato ~)	wāḍeḥ	واضح
chiaro, tenue (un colore ~)	fāteḥ	فاتح
chiuso (agg)	ma'fūl	مقفول
cieco (agg)	a'ma	أعمى
civile (società ~)	madany	مدني
clandestino (agg)	serry	سرّي
collegiale (decisione ~)	moʃtarak	مشترك
compatibile (agg)	motawāfaq	متوافق
complicato (progetto, ecc.)	ṣa'b	صعب
contento (agg)	rāḍy	راضي
continuo (agg)	momtad	ممتد
continuo (ininterrotto)	motawāṣal	متواصل
cortese (gentile)	laṭīf	لطيف
corto (non lungo)	'aṣīr	قصير
crudo (non cotto)	nayī	نيّ
denso (fumo ~)	kasīf	كثيف
destro (lato ~)	el yemīn	اليمين
di seconda mano	mosta'mal	مستعمل
di sole (una giornata ~)	moʃmes	مشمس
differente (agg)	moχtalef	مختلف
difficile (decisione)	ṣa'b	صعب
distante (agg)	be'īd	بعيد
diverso (agg)	moχtalef	مختلف
dolce (acqua ~)	'azb	عذب
dolce (gusto)	mesakkar	مسكّر
dolce, tenero	ḥanūn	حنون
dritto (linea, strada ~a)	mostaqīm	مستقيم
duro (non morbido)	gāmed	جامد
eccellente (agg)	momtāz	ممتاز
eccessivo (esagerato)	mofreṭ	مفرط
enorme (agg)	ḍaχm	ضخم
esterno (agg)	χāregy	خارجي
facile (agg)	sahl	سهل
faticoso (agg)	mot'eb	متعب
felice (agg)	sa'īd	سعيد
fertile (terreno)	χeṣb	خصب
fioco, soffuso (luce ~a)	bāhet	باهت
fitto (nebbia ~a)	kasīf	كثيف

forte (una persona ~)	'awy	قويّ
fosco (oscuro)	mozlem	مظلم
fragile (porcellana, vetro)	qābel lel kasr	قابل للكسر
freddo (bevanda, tempo)	bāred	بارد
fresco (freddo moderato)	mon'eʃ	منعش
fresco (pane ~)	ṭāza	طازة
gentile (agg)	mo'addab	مؤدّب
giovane (agg)	ʃāb	شاب
giusto (corretto)	ṣaḥīḥ	صحيح
gradevole (voce ~)	laṭīf	لطيف
grande (agg)	kebīr	كبير
grasso (cibo ~)	dasem	دسم
grato (agg)	ʃāker	شاكر
gratuito (agg)	be balāʃ	ببلاش
idoneo (adatto)	monāseb	مناسب
il più alto	a'la	أعلى
il più importante	ahamm	أهمّ
il più vicino	a''rab	أقرب
immobile (agg)	sābet	ثابت
importante (agg)	mohemm	مهمّ
impossibile (agg)	mostaḥīl	مستحيل
incomprensibile (agg)	meʃ wāḍeḥ	مش واضح
indispensabile	ḍarūry	ضروري
inesperto (agg)	'alīl el χebra	قليل الخبرة
insignificante (agg)	meʃ mohemm	مش مهمّ
intelligente (agg)	zaky	ذكي
interno (agg)	dāχely	داخلي
intero (agg)	koll el nās	كلّ
largo (strada ~a)	wāse'	واسع
legale (agg)	qanūny	قانوني
leggero (che pesa poco)	χafīf	خفيف
libero (agg)	ḥorr	حرّ
limitato (agg)	maḥdūd	محدود
liquido (agg)	sā'el	سائل
liscio (superficie ~a)	amlas	أملس
lontano (agg)	be'īd	بعيد
lungo (~a strada, ecc.)	ṭawīl	طويل

251. Modificatori. Aggettivi. Parte 2

magnifico (agg)	gamīl	جميل
magro (uomo ~)	rofaya'	رفيّع
malato (agg)	'ayān	عيّان
maturo (un frutto ~)	mestewy	مستوّي
meticoloso, accurato	motqan	متقن
miope (agg)	'aṣīr el naẓar	قصير النظر
misterioso (agg)	ɣāmeḍ	غامض

molto magro (agg)	rofayaʿ	رفيّع
molto povero (agg)	moʿdam	معدم
morbido (~ al tatto)	nāʿem	ناعم
morto (agg)	mayet	ميّت
nativo (paese ~)	aṣly	أصلي
necessario (agg)	lāzem	لازم
negativo (agg)	salby	سلبي
nervoso (agg)	ʿaṣaby	عصبي
non difficile	meʃ ṣaʿb	مش صعب
non molto grande	meʃ kebīr	مش كبير
noncurante (negligente)	mohmel	مهمل
normale (agg)	ʿādy	عادي
notevole (agg)	mohemm	مهمّ
nuovo (agg)	gedīd	جديد
obbligatorio (agg)	ḍarūry	ضروري
opaco (colore)	maṭfy	مطفي
opposto (agg)	moqābel	مقابل
ordinario (comune)	ʿādy	عادي
originale (agg)	aṣly	أصلي
ostile (agg)	meʃ weddy	مش ودّي
passato (agg)	elly fāt	اللي فات
per bambini	lel aṭfāl	للأطفال
perfetto (agg)	momtāz	ممتاز
pericoloso (agg)	χaṭīr	خطير
permanente (agg)	dāʾem	دائم
personale (agg)	ʃaχṣy	شخصي
pesante (agg)	teʾīl	ثقيل
piatto (schermo ~)	mosaṭṭaḥ	مسطّح
piatto, piano (superficie ~a)	mosaṭṭaḥ	مسطّح
piccolo (agg)	ṣoɣeyyir	صغيّر
pieno (bicchiere, ecc.)	malyān	مليان
poco chiaro (agg)	meʃ wāḍeḥ	مش واضح
poco profondo (agg)	ḍaḥl	ضحل
possibile (agg)	momken	ممكن
posteriore (agg)	χalfy	خلفي
povero (agg)	faʾīr	فقير
precedente (agg)	elly fāt	اللي فات
preciso, esatto	maẓbūṭ	مظبوط
premuroso (agg)	mohtamm	مهتمّ
presente (agg)	ḥāḍer	حاضر
principale (più importante)	raʾīsy	رئيسي
principale (primario)	asāsy	أساسي
privato (agg)	χāṣṣa	خاصّة
probabile (agg)	moḥtamal	محتمل
prossimo (spazio)	ʾarīb	قريب
pubblico (agg)	ʿām	عام
pulito (agg)	neḍīf	نظيف

puntuale (una persona ~)	daqīq	دقيق
raro (non comune)	nāder	نادر
rischioso (agg)	mogāzef	مجازف
salato (cibo)	māleḥ	مالح
scorso (il mese ~)	māḍy	ماضي
secco (asciutto)	nāʃef	ناشف
semplice (agg)	basīṭ	بسيط
sereno (agg)	ṣāfy	صافي
sicuro (non pericoloso)	'āmen	آمن
simile (agg)	ʃabīh	شبيه
sinistro (agg)	el ʃemāl	الشمال
soddisfatto (agg)	rāḍy	راضي
solido (parete ~a)	matīn	متين
spazioso (stanza ~a)	wāse'	واسع
speciale (agg)	χāṣṣ	خاصّ
spesso (un muro ~)	teχīn	تخين
sporco (agg)	weseχ	وسخ
stanco (esausto)	ta'bān	تعبان
straniero (studente ~)	agnaby	أجنبي
stretto (scarpe ~e)	ḍaye'	ضيّق
stretto (un vicolo ~)	ḍaye'	ضيّق
stupido (agg)	ɣaby	غبي
successivo, prossimo	elly gayī	اللي جاي
supplementare (agg)	eḍāfy	إضافي
surgelato (cibo ~)	mogammad	مجمّد
tiepido (agg)	dāfe'	دافئ
tranquillo (agg)	hady	هادئ
trasparente (agg)	ʃaffāf	شفّاف
triste (infelice)	za'lān	زعلان
triste, mesto	za'lān	زعلان
uguale (identico)	momāsel	مماثل
ultimo (agg)	'āχer	آخر
umido (agg)	roṭob	رطب
unico (situazione ~a)	farīd	فريد
vecchio (una casa ~a)	'adīm	قديم
veloce, rapido	saree'	سريع
vicino, accanto (avv)	'arīb	قريب
vicino, prossimo	mogāwer	مجاور
vuoto (un bicchiere ~)	χāly	خالي

I 500 VERBI PRINCIPALI

252. Verbi A-C

abbagliare (vt)	'ama	عمى
abbassare (vt)	nazzel	نزّل
abbracciare (vt)	ḥaḍan	حضن
abitare (vi)	seken	سكن
accarezzare (vt)	masaḥ 'ala	مسح على
accendere (~ la tv, ecc.)	fataḥ, ʃagɣal	فتح, شغّل
accendere (con una fiamma)	walla'	ولّع
accompagnare (vt)	rāfaq	رافق
accorgersi (vr)	lāḥaẓ	لاحظ
accusare (vt)	ettaham	إتّهم
aderire a ...	enḍamm le	إنضمّ لـ
adulare (vt)	gāmal	جامل
affermare (vt)	aṣarr	أصرّ
afferrare (la palla, ecc.)	mesek	مسك
affittare (dare in affitto)	est'gar	إستأجر
aggiungere (vt)	aḍāf	أضاف
agire (Come intendi ~?)	'amal	عمل
agitare (scuotere)	ragg	رجّ
agitare la mano	ʃāwer	شاور
aiutare (vt)	sā'ed	ساعد
alleggerire (~ la vita)	sahhal	سهّل
allenare (vt)	darrab	درّب
allenarsi (vr)	etdarrab	إتدرّب
alludere (vi)	lammaḥ	لمّح
alzarsi (dal letto)	'ām	قام
amare (qn)	ḥabb	حبّ
ammaestrare (vt)	darrab	درّب
ammettere (~ qc)	e'taraf	إعترف
ammirare (vi)	o'gab be	أعجب بـ
amputare (vt)	batr	بتر
andare (in macchina)	rāḥ	راح
andare a letto	nām	نام
annegare (vi)	ɣere'	غرق
annoiarsi (vr)	zehe'	زهق
annotare (vt)	katab	كتب
annullare (vt)	alɣa	ألغى
apparire (vi)	ẓahar	ظهر
appartenere (vi)	xaṣṣ	خصّ

appendere (~ le tende)	ʿallaʾ	علّق
applaudire (vi, vt)	ṣaffaʾ	صفّق
aprire (vt)	fataḥ	فتح
arrendersi (vr)	estaslam	إستسلم
arrivare (di un treno)	weṣel	وصل
arrossire (vi)	eḥmarr	إحمرّ
asciugare (~ i capelli)	gaffaf	جفّف
ascoltare (vi)	semeʿ	سمع
aspettare (vt)	estanna	إستنّى
aspettarsi (vr)	tawaqqaʿ	توقّع
aspirare (vi)	saʿa	سعى
assistere (vt)	sāʿed	ساعد
assomigliare a ...	kān yeʃbeh	كان يشبه
assumere (~ personale)	wazẓaf	وظّف
attaccare (vt)	hagam	هجم
aumentare (vi)	ezdād	إزداد
aumentare (vt)	zawwed	زوّد
autorizzare (vt)	samaḥ	سمح
avanzare (vi)	taʾaddam	تقدّم
avere (vt)	malak	ملك
avere fretta	estaʿgel	إستعجل
avere paura	χāf	خاف
avvertire (vt)	ḥazzar	حذّر
avviare (un progetto)	aṭlaq	أطلق
avvicinarsi (vr)	ʾarrab	قرّب
basarsi su ...	estanad ʿala	إستند على
bastare (vi)	kaffa	كفّى
battersi (~ contro il nemico)	qātal	قاتل
bere (vi, vt)	ʃereb	شرب
bruciare (vt)	ḥaraʾ	حرق
bussare (alla porta)	daʾʾ	دقّ
cacciare (vt)	eṣṭād	إصطاد
cacciare via	χawwef	خوّف
calmare (vt)	ṭamʾan	طمأن
cambiare (~ opinione)	ɣayar	غيّر
camminare (vi)	meʃy	مشى
cancellare (gomma per ~)	masaḥ	مسح
canzonare (vt)	saχar	سخر
capeggiare (vt)	raʾs	رأس
capire (vt)	fehem	فهم
capovolgere (~ qc)	ʾalab	قلب
caricare (~ un camion)	ʃaḥn	شحن
caricare (~ una pistola)	ʿammar	عمّر
cenare (vi)	etʿasʃa	إتعشّى
cercare (vt)	dawwar ʿala	دوّر على
cessare (vt)	baṭṭal	بطّل

chiamare (nominare)	samma	سمّى
chiamare (rivolgersi a)	nāda	نادى
chiedere (~ aiuto)	estaɣās	إستغاث
chiedere (domandare)	ṭalab	طلب
chiudere (~ la finestra)	ʾafal	قفل
citare (vt)	estaʃ-hed	إستشهد
cogliere (fiori, ecc.)	ʾaṭaf	قطف
collaborare (vi)	taʿāwan	تعاون
collocare (vt)	ḥaṭṭ	حطّ
coltivare (vt)	anbat	أنبت
combattere (vi)	qātal	قاتل
cominciare (vt)	badaʾ	بدأ
compensare (vt)	ʿawwaḍ	عوّض
competere (vi)	nāfes	نافس
compilare (vt)	gammaʿ	جمّع
complicare (vt)	ʿaʾʾad	عقّد
comporre (~ un brano musicale)	laḥḥan	لحّن
comportarsi (vr)	taṣarraf	تصرّف
comprare (vt)	eʃtara	إشترى
compromettere (vt)	sawwaʾ somʿetoh	سوّء سمعته
concentrarsi (vr)	rakkez	ركّز
condannare (vt)	ḥakam	حكم
confessarsi (vr)	eʿtaraf	إعترف
confondere (vt)	etlaχbaṭ	إتلخبط
confrontare (vt)	qāran	قارن
congratularsi (con qn per qc)	hanna	هنّأ
conoscere (qn)	ʿeref	عرف
consigliare (vt)	naṣaḥ	نصح
consultare (medico, ecc.)	estaʃār ...	إستشار...
contagiare (vt)	ʿada	عدى
contagiarsi (vr)	etʿada	إتعدى
contare (calcolare)	ʿadd	عدّ
contare su ...	eʿtamad ʿala ...	إعتمد على...
continuare (vt)	estamar	إستمر
controllare (vt)	et-ḥakkem	إتحكّم
convincere (vt)	aqnaʿ	أقنع
convincersi (vr)	eqtanaʿ	إقتنع
coordinare (vt)	nassaq	نسّق
correggere (vt)	ṣaḥḥaḥ	صحّح
correre (vi)	gery	جري
costare (vt)	kallef	كلّف
costringere (vt)	agbar	أجبر
creare (vt)	ʿamal	عمل
credere (vt)	eʿtaqad	إعتقد
curare (vt)	ʿālag	عالج

253. Verbi D-G

dare (vt)	edda	أدّى
dare da mangiare	akkel	أكّل
dare istruzioni	ʿallem	علّم
decidere (~ di fare qc)	ʾarrar	قرّر
decollare (vi)	aqlaʿ	أقلع
decorare (adornare)	zayen	زيّن
decorare (qn)	manaḥ	منح
dedicare (~ un libro)	karras	كرّس
denunciare (vt)	estankar	إستنكر
desiderare (vt)	kān ʿāyez	كان عايز
difendere (~ un paese)	dāfaʿ	دافع
difendersi (vr)	dāfaʿ ʿan nafsoh	دافع عن نفسه
dimenticare (vt)	nesy	نسي
dipendere da ...	eʿtamad ʿala ...	إعتمد على...
dire (~ la verità)	ʾāl	قال
dirigere (~ un'azienda)	adār	أدار
discutere (vt)	nāʾeʃ	ناقش
disprezzare (vt)	eḥtaqar	إحتقر
distribuire (~ volantini, ecc.)	wazzaʿ	وزّع
distribuire (vt)	wazzaʿ ʿala	وزّع على
distruggere (~ documenti)	atlaf	أتلف
disturbare (vt)	azʿag	أزعج
diventare pensieroso	saraḥ	سرح
diventare, divenire	baʾa	بقي
divertire (vt)	salla	سلّى
divertirsi (vr)	estamtaʿ	إستمتع
dividere (vt)	ʾasam	قسم
dovere (v aus)	kān lāzem	كان لازم
dubitare (vi)	ʃakk fe	شكّ في
eliminare (un ostacolo)	ʃāl, azāl	شال, أزال
emanare (~ odori)	fāḥ	فاح
emanare odore	fāḥ	فاح
emergere (sommergibile)	ertafaʿ le saṭ-ḥ el maya	إرتفع لسطح الميّة
entrare (vi)	daχal	دخل
equipaggiare (vt)	gahhez	جهّز
ereditare (vt)	waras	ورث
esaminare (~ una proposta)	baḥs fi	بحث في
escludere (vt)	faṣal	فصل
esigere (vt)	ṭāleb	طالب
esistere (vi)	kān mawgūd	كان موّجود
esprimere (vt)	ʿabbar	عبّر
essere (vi)	kān	كان
essere arrabbiato con ...	ettḍāyeʾ	إتّضايق
essere causa di ...	sabbeb	سبّب

essere conservato	ḥafaẓ	حفظ
essere d'accordo	ettafa'	إتّفق
essere diverso da ...	eχtalaf	إختلف
essere in guerra	ḥārab	حارب
essere necessario	maṭlūb	مطلوب
essere perplesso	eḥtār	إحتار
essere preoccupato	'ele'	قلق
essere sdraiato	ra'ad	رقد
estinguere (~ un incendio)	ṭaffa	طفّى
evitare (vt)	tagannab	تجنّب
far arrabbiare	narfez	نرفز
far conoscere	ʿarraf	عرّف
far fare il bagno	ḥammem	حمّم
fare (vt)	ʿamal	عمل
fare colazione	feṭer	فطر
fare copie	ṣawwar	صوّر
fare foto	ṣawwar	صوّر
fare il bagno	sebeḥ	سبح
fare il bucato	ɣasal el malābes	غسل الملابس
fare la conoscenza di ...	taʿarraf	تعرّف
fare le pulizie	ratteb	رتّب
fare un bagno	estaḥamma	إستحمّى
fare un rapporto	'addem taqrīr	قدّم تقرير
fare un tentativo	ḥāwel	حاول
fare, preparare	ḥaḍḍar	حضّر
fermarsi (vr)	wa''af	وقّف
fidarsi (vt)	wasaq	وثق
finire, terminare (vt)	χallaṣ	خلّص
firmare (~ un documento)	waqqaʿ	وقّع
formare (vt)	ʃakkal	شكّل
garantire (vt)	ḍaman	ضمن
gettare (~ il sasso, ecc.)	rama	رمى
giocare (vi)	leʿeb	لعب
girare (~ a destra)	ḥād	حاد
girare lo sguardo	aʿraḍ ʿan	أعرض عن
gradire (vt)	ḥabb	حبّ
graffiare (vt)	χarbeʃ	خربش
gridare (vi)	ṣarraχ	صرّخ
guardare (~ fisso, ecc.)	baṣṣ	بصّ
guarire (vi)	ʃefy	شفي
guidare (~ un veicolo)	sā' ʿarabiya	ساق عربية

254. Verbi I-O

illuminare (vt)	nawwar	نوّر
imballare (vt)	laff	لفّ

imitare (vt)	'alled	قلّد
immaginare (vt)	taṣawwar	تصوّر
importare (vt)	estawrad	إستورد
incantare (vt)	fatan	فتن
indicare (~ la strada)	ʃāwer	شاور
indignarsi (vr)	estā'	إستاء
indirizzare (vt)	waggeh	وجّه
indovinare (vt)	χammen	خمّن
influire (vt)	assar fi	أثّر في
informare (vt)	'āl ly	قال لي
informare di ...	'āl le	قال لـ
ingannare (vt)	χada'	خدع
innaffiare (vt)	sa'a	سقي
innamorarsi di ...	ḥabb	حبّ
insegnare (qn)	darres	درّس
inserire (vt)	dakχal	دخّل
insistere (vi)	aṣarr	أصرّ
insultare (vt)	ahān	أهان
interessare (vt)	hamm	همّ
interessarsi di ...	ehtamm be	إهتمّ بـ
intervenire (vi)	etdakχal	إتدّخل
intraprendere (vt)	'ām be	قام بـ
intravedere (vt)	lamaḥ	لمح
inventare (vt)	eχtara'	إخترع
inviare (~ una lettera)	arsal	أرسل
invidiare (vt)	ḥasad	حسد
invitare (vt)	'azam	عزم
irritare (vt)	estafazz	إستفزّ
irritarsi (vr)	enza'ag	إنزعج
iscrivere (su una lista)	saggel	سجّل
isolare (vt)	'azal	عزل
ispirare (vt)	alham	ألهم
lamentarsi (vr)	ʃaka	شكا
lasciar cadere	wa''a'	وقّع
lasciare (abbandonare)	sāb	ساب
lasciare (ombrello, ecc.)	sāb	ساب
lavare (vt)	ɣasal	غسل
lavorare (vi)	eʃtaɣal	إشتغل
legare (~ qn a un albero)	rabaṭ be ...	ربط بـ...
legare (~ un prigioniero)	rabaṭ	ربط
leggere (vi, vt)	'ara	قرأ
liberare (vt)	ḥarrar	حرّر
liberarsi (~ di qn, qc)	ettχallaṣ min ...	إتّخلّص من...
limitare (vt)	ḥadded	حدّد
lottare (sport)	ṣāra'	صارع
mancare le lezioni	ɣāb	غاب

mangiare (vi, vt)	akal	أكل
memorizzare (vt)	ḥafaẓ	حفظ
mentire (vi)	kedeb	كذب
menzionare (vt)	zakar	ذكر
meritare (vt)	estaḥaqq	إستحقّ
mescolare (vt)	χalaṭ	خلط
mettere fretta a ...	esta'gel	إستعجل
mettere in ordine	nazzam	نظّم
mettere via	ʃāl	شال
mettere, collocare	ḥaṭṭ	حطّ
minacciare (vt)	hadded	هدّد
mirare, puntare su ...	ṣawwab 'ala ...	... صوّب على
moltiplicare (vt)	ḍarab	ضرب
mostrare (vt)	'araḍ	عرض
nascondere (vt)	χabba	خبّأ
negare (vt)	ankar	أنكر
negoziare (vi)	tafāwaḍ	تفاوض
noleggiare (~ una barca)	aggar	أجّر
nominare (incaricare)	'ayen	عيّن
nuotare (vi)	'ām, sabaḥ	عام, سبح
obbedire (vi)	ṭā'	طاع
obiettare (vt)	e'taraḍ	إعترض
occorrere (vi)	maṭlūb	مطلوب
odorare (sentire odore)	ʃamm	شمّ
offendere (qn)	ahān	أهان
omettere (vt)	ḥazaf	حذف
ordinare (~ il pranzo)	ṭalab	طلب
ordinare (mil.)	amar	أمر
organizzare (vt)	nazzam	نظّم
origliare (vi)	tanaṣṣat	تنصّت
ormeggiarsi (vr)	rasa	رسا
osare (vt)	etthadda	إتّحدّى
osservare (vt)	rāqab	راقب

255. Verbi P-R

pagare (vi, vt)	dafa'	دفع
parlare con ...	kallem ...	كلّم...
partecipare (vi)	ʃārek	شارك
partire (vi)	sāb	ساب
peccare (vi)	aznab	أذنب
penetrare (vi)	dakχal	دخّل
pensare (credere)	e'taqad	إعتقد
pensare (vi, vt)	fakkar	فكّر
perdere (ombrello, ecc.)	ḍaya'	ضيّع
perdonare (vt)	'afa	عفا

permettere (vt)	samaḥ	سمح
pesare (~ molto)	wazan	وزن
pescare (vi)	eṣṭād samak	إصطاد سمك
pettinarsi (vr)	masʃaṭ	مشّط
piacere (vi)	ʿagab	عجب
piangere (vi)	baka	بكى
pianificare (~ di fare qc)	χaṭṭeṭ	خطّط
picchiare (vt)	ḍarab	ضرب
picchiarsi (vr)	etχāneʾ	إتخانق
portare (qc a qn)	gāb	جاب
portare via	rāḥ be	راح بـ
possedere (vt)	malak	ملك
potere (vi)	ʾeder	قدر
pranzare (vi)	etɣadda	إتغدّى
preferire (vt)	faḍḍal	فضّل
pregare (vi, vt)	ṣalla	صلّى
prendere (vt)	aχad	أخذ
prendere in prestito	estalaf	إستلف
prendere nota	katab molaḥẓa	كتب ملاحظة
prenotare (~ un tavolo)	ḥagaz	حجز
preoccupare (vt)	aʾlaʾ	أقلق
preoccuparsi (vr)	ʾalaʾ	قلق
preparare (~ un piano)	ḥaḍḍar	حضّر
presentare (~ qn)	ʾaddem	قدّم
preservare (~ la pace)	ḥafaẓ	حفظ
prevalere (vi)	ɣalab	غلب
prevedere (vt)	tanabbaʾ	تنبّأ
privare (vt)	ḥaram men	حرم من
progettare (edificio, ecc.)	ṣammam	صمّم
promettere (vt)	waʿad	وعد
pronunciare (vt)	naṭaʾ	نطق
proporre (vt)	ʿaraḍ	عرض
proteggere (vt)	ḥama	حمى
protestare (vi)	eḥtagg	إحتجّ
provare (vt)	asbat	أثبت
provocare (vt)	estafazz	إستفزّ
pubblicizzare (vt)	aʿlan	أعلن
pulire (vt)	naḍḍaf	نظّف
pulirsi (vr)	naḍḍaf	نظّف
punire (vt)	ʿāqab	عاقب
raccomandare (vt)	naṣaḥ	نصح
raccontare (~ una storia)	ḥaka	حكى
raddoppiare (vt)	ḍāʿaf	ضاعف
rafforzare (vt)	ʿazzez	عزّز
raggiungere (arrivare a)	weṣel	وصل

raggiungere (obiettivo)	balaɣ	بلغ
rammaricarsi (vr)	nedem	ندم
rasarsi (vr)	ḥala'	حلق
realizzare (vt)	ḥa''a'	حقّق
recitare (~ un ruolo)	massel	مثّل
regolare (~ un conflitto)	sawwa	سوّى
respirare (vi)	ettnaffes	إتّنفّس
riconoscere (~ qn)	mayez	ميّز
ricordare (a qn di fare qc)	fakkar be ...	فكّر بـ....
ricordare (vt)	eftakar	إفتكر
ricordarsi di (~ qn)	eftakar	إفتكر
ridere (vi)	ḍeḥek	ضحك
ridurre (vt)	'allel	قلّل
riempire (vt)	mala	ملأ
rifare (vt)	'ād	عاد
rifiutare (vt)	rafaḍ	رفض
rimandare (vt)	a'ād	أعاد
rimproverare (vt)	lām	لام
rimuovere (~ una macchia)	ʃāl	شال
ringraziare (vt)	ʃakar	شكر
riparare (vt)	ṣallaḥ	صلّح
ripetere (ridire)	karrar	كرّر
riposarsi (vr)	ertāḥ	إرتاح
risalire a (data, periodo)	tarīχo	تاريخه
rischiare (vi, vt)	χāṭar	خاطر
risolvere (~ un problema)	ḥall	حلّ
rispondere (vi, vt)	gāwab	جاوب
ritornare (vi)	rege'	رجع
rivolgersi a ...	χāṭab	خاطب
rompere (~ un oggetto)	kasar	كسر
rovesciare (~ il vino, ecc.)	dala'	دلق
rubare (~ qc)	sara'	سرق

256. Verbi S-V

salpare (vi)	aqla'	أقلع
salutare (vt)	sallem 'ala	سلّم على
salvare (~ la vita a qn)	anqaz	أنقذ
sapere (qc)	'eref	عرف
sbagliare (vi)	ɣeleṭ	غلط
scaldare (vt)	sakχan	سخّن
scambiare (vt)	ṣarraff	صرّف
scambiarsi (vr)	tabādal	تبادل
scavare (~ un tunnel)	ḥafar	حفر
scegliere (vt)	eχtār	إختار

scendere (~ per le scale)	nezel	نزل
scherzare (vi)	hazzar	هزّر
schiacciare (~ un insetto)	faʿʿaṣ	فعّص
scoppiare (vi)	etʾaṭaʿ	إتقطع
scoprire (vt)	estafsar	إستفسر
scoprire (vt)	ektaʃaf	إكتشف
screpolarsi (vr)	etʃaʾʾeʾ	إتشقّق
scrivere (vi, vt)	katab	كتب
scusare (vt)	ʿazar	عذر
scusarsi (vr)	eʿtazar	إعتذر
sedere (vi)	ʾaʿad	قعد
sedersi (vr)	ʾaʿad	قعد
segnare (~ con una croce)	ʿallem	علّم
seguire (vt)	tatabbaʿ	تتبّع
selezionare (vt)	eχtār	إختار
seminare (vt)	bezr	بذر
semplificare (vt)	bassaṭ	بسّط
sentire (percepire)	ḥass be	حسّ بـ
servire (~ al tavolo)	χaddem	خدّم
sgridare (vt)	wabbeχ	وبّخ
significare (vt)	ʾaṣad	قصد
slegare (vt)	fakk	فكّ
smettere di parlare	seket	سكت
soddisfare (vt)	rāḍa	راضى
soffiare (vento, ecc.)	habb	هبّ
soffrire (provare dolore)	ʿāna	عانى
sognare (fantasticare)	ḥelem	حلم
sognare (fare sogni)	ḥelem	حلم
sopportare (~ il freddo)	etḥammel	إتحمّل
sopravvalutare (vt)	bāleɣ fel taʾdīr	بالغ في التقدير
sorpassare (vt)	marr be	مرّ بـ
sorprendere (stupire)	fāgaʾ	فاجئ
sorridere (vi)	ebtasam	إبتسم
sospettare (vt)	eʃtabah fi	إشتبه في
sospirare (vi)	tanahhad	تنهّد
sostenere (~ una causa)	ayed	أيّد
sottolineare (vt)	ḥaṭṭ χaṭṭ taḥt	حطّ خطّ تحت
sottovalutare (vt)	estaχaff	إستخفّ
sovrastare (vi)	ertafaʿ	إرتفع
sparare (vi)	ḍarab bel nār	ضرب بالنار
spargersi (zucchero, ecc.)	saʾaṭ	سقط
sparire (vi)	eχtafa	إختفى
spegnere (~ la luce)	ṭaffa	طفّى
sperare (vi, vt)	tamanna	تمنّى
spiare (vt)	etgasses ʿala	إتجسس على
spiegare (vt)	ʃaraḥ	شرح

spingere (~ la porta)	za''	زقّ
splendere (vi)	lemʿ	لمع
sporcarsi (vr)	ettwassaχ	إتّوسّخ
sposarsi (vr)	ettgawwez	إتّجوّز
spostare (~ i mobili)	ḥarrak	حرّك
sputare (vi)	taff	تفّ
staccare (vt)	ʾaṭṭaʿ	قطّع
stancare (vt)	taʿab	تعّب
stancarsi (vr)	teʿeb	تعب
stare (sul tavolo)	kān mawgūd	كان موّجود
stare bene (vestito)	nāseb	ناسب
stirare (con ferro da stiro)	kawa	كوّى
strappare (vt)	ʾaṭaʿ	قطع
studiare (vt)	daras	درس
stupirsi (vr)	etfāgeʾ	إتفاجئ
supplicare (vt)	etwassel	إتوسّل
supporre (vt)	eftaraḍ	إفترض
sussultare (vi)	ertaʿaʃ	ارتعش
svegliare (vt)	ṣaḥḥa	صحّى
tacere (vi)	seket	سكت
tagliare (vt)	ʾaṭṭaʿ	قطّع
tenere (conservare)	eḥtafaẓ	إحتفظ
tentare (vt)	ḥāwel	حاول
tirare (~ la corda)	ʃadd	شدّ
toccare (~ il braccio)	lamas	لمس
togliere (rimuovere)	ʃāl	شال
tradurre (vt)	targem	ترجم
trarre una conclusione	estantag	إستنتج
trasformare (vt)	ḥawwel	حوّل
trattenere (vt)	manaʿ nafso	منع نفسه
tremare (~ dal freddo)	ertaʿaʃ	إرتعش
trovare (vt)	laʾa	لقى
tuffarsi (vr)	ɣāṣ	غاص
uccidere (vt)	ʾatal	قتل
udire (percepire suoni)	semeʿ	سمع
unire (vt)	waḥḥed	وحّد
usare (vt)	estanfaʿ	إستنفع
uscire (andare fuori)	χarag	خرج
uscire (libro)	ṣadar	صدر
utilizzare (vt)	estaχdam	إستخدم
vaccinare (vt)	laqqaḥ	لقّح
vantarsi (vr)	tabāha	تباهى
vendere (vt)	bāʿ	باع
vendicare (vt)	entaqam	إنتقم
versare (~ l'acqua, ecc.)	ṣabb	صب

vietare (vt)	manaʿ	منع
vivere (vi)	ʿāʃ	عاش
volare (vi)	ṭār	طار
voler dire (significare)	dallel	دلّل
volere (desiderare)	ʿāyez	عايز
votare (vi)	ṣawwat	صوّت

www.ingramcontent.com/pod-product-compliance
Lightning Source LLC
Chambersburg PA
CBHW071325090426
42738CB00012B/2800
* 9 7 8 1 7 8 7 1 6 7 4 4 5 *